The Future of Competition:
Co-Creating Unique Value with Customers

コ・イノベーション経営
価値共創の未来に向けて

C・K・プラハラード
ベンカト・ラマスワミ＝著
有賀裕子＝訳
一條和生＝解説

東洋経済新報社

私たちの両親に感謝の意を表して
私たちの妻たちに愛を込めて
私たちの子どもたち、
そして、未来を共創する人々に希望を託して

解説：経営の世界を動かした偉大なる思索家、C・K・プラハラード

常に従来の主流的なロジックに挑戦し、新しいコンセプトを発信し続けたC・K・プラハラードは二〇一〇年四月に亡くなった。世界の経営者、経営学者に刺激を与え続けたプラハラードの、六八歳という今の時代を考えればまだ早すぎる死を世界は惜しんだ。彼は時代の一歩先を歩みながら、世界を変える革新的なコンセプトを発信し、企業を未来に導き続けた。プラハラードは彼の著作、講演、コンサルティング活動を通じ、世界を挑発し、動かし、未来を実現したといっても過言ではない。彼はミシガン大学経営大学院で三〇年以上にわたって教えたが、「学者というよりも、現代の最も優れた思索家」(『ハーバード・ビジネス・レビュー』)と評されたのもそのためである。

時代の最先端を歩み、新しい経営コンセプトを発進し続ける

彼が一九八七年にイヴ・ドーズとともに執筆した *The Munltinational Mission* は、グローバルビジネスを理解するフレームワークを示した先駆的な名著である。グローバリゼーションという概念がまだ今ほど日常的となっていなかった当時、グローバルビジネスとは何かを語った本書は革新的だった。その後の企業の活動において、まさにグローバル化の推進に戦略的フォーカスが定められたことは言うまでもない。この本によってプラハラードの戦略研究家としての名声は高まったが、彼の名前を世

界に広めるうえで決定的だったのは、やはり一九九四年にゲーリー・ハメルとの共著で出版した *Competing for the Future*（邦題『コア・コンピタンス経営』日本経済新聞社刊）であろう。

企業は現在の競争優位の維持発展を図るだけではなく、未来の競争優位の確立もめざさなくてはならない。そのために企業が活用するのは企業独自の強みであるコア・コンピタンスであり、長期的な展望を図ってコア・コンピタンスを育成、発展しながら企業自身のイノベーションに努めなければならないと同書で二人は説いた。同書の出版によってコア・コンピタンスは一躍流行語となったが、今やそれは経営の重要概念として完全に定着している。

ところで、世界に与えた衝撃という意味では、二〇〇四年に出版された *The Fortune at the Bottom of the Pyramid*（邦題『ネクスト・マーケット』英治出版刊）も、『コア・コンピタンス経営』にひけをとらない。世界には、一日二ドル未満で生活する貧困層が四〇億人いる。経済ピラミッドの底辺に位置するこの貧困層（BOP: Bottom of the Pyramid）こそ、今後急速に成長する魅力的な市場である。企業は彼らを慈善や援助の相手としてではなく、ビジネスの対象として捉え直さないといけないと主張した本書に、世界はとても大きな衝撃を受けた。多くの企業はこのような階層を顧客ターゲットには定めていなかったからである。

しかしプラハラードは、それは企業が従来のパラダイムの中で戦略を捉えているためであり、発想を根本的に変えて、この世界の大市場で事業を伸ばせと主張した。このメッセージは世界中に響き渡り、多くのグローバル企業はこぞってBOPを戦略的最重要市場に定め、経営資源の配分を大きく変え始めた。ＢＯＰ市場のニーズに応えるために、バリューチェーン全体にわたって従来の発想、プロセスの大転換が行われ始めた。ＶＯＣ（Voice of Customers）からイノベーションが始まるという意味で、リバースイノベーションという概念もこうした取組みの中で生まれた。コア・コンピタンスと同様にＢＯＰは経営の流行語となり、これもまた今では経営の重要概念として定着している。

顧客との価値共創

『ネクスト・マーケット』の同年に出版されたのが本書 *The Future of Competition*（初版の邦題は『価値共創の未来へ』ランダムハウス講談社刊）である。ミシガン大学の同僚でマーケティングが専門のベンカト・ラマスワミとの共著による本書は、『ビジネスウィーク』誌から「破壊的なアイデアが豊富に満載された」と評価された。そのメッセージは革新的で、出版から一〇年を経ようとしている今日でも新鮮である。なぜならば、本書にはその後の未来の動きがまさに的確に描き出されているからである。その意味で本書は、これからも長く読み続けられる経営のクラシックの一つになると言っても過言ではない。

それでは本書に書かれたメッセージの何が破壊的なのだろうか。それは顧客をイノベーションの主体的なプレイヤーに位置づけ、顧客との価値共創こそ企業競争優位の源泉であると位置づけた点にある。それまでも顧客ニーズを把握することは新商品開発の必須要件とはされていた。しかしイノベーションの主体はあくまでも企業自身であり、その意味で顧客の役割は副次的であった。それに対して顧客を企業と並んでイノベーションの主体と位置づける発想は、まさにパラダイムシフトだった。

顧客に感動を与える新しい価値の創造は、企業にとって永遠の課題であった。市場がグローバルに広がり、企業が考慮しなければならない顧客、たとえば重要な顧客である消費者の価値観が多様になる中で、企業が市場に供給する商品も多様にならざるをえなくなった。従来的な店舗に加えて、インターネット、通信販売など販売チャネルが増え、多様な販売チャネルへの対応も商品種を増やした。しかし、それで消費者が商品を通じて受ける感動が高まったかといえば、必ずしもそうではなかった。

その一方で、消費者の行動に大きな変化が起こり出した。インターネットで商品情報にアクセスすることが日常的になった結果、企業と消費者との間に存在した情報格差はかなり縮まった。消費者は旅行をしなくても、図書館に出かけなくても、世界中の情報にアクセスすることができるようになった。しかもブログなどを通じて、情報の受動的な受け手から、主体的な発信者に変身する消費者も現れ始めた。情報と知識を共有するコミュニティがネット上に現れ、それがまた消費者の行動に影響を及ぼし出した。実際に本書が出版された前年の二〇〇三年には、ハーバード大学でマーク・ザッカーバーグ氏が友人とフェイスブックの前身であるネット上のコミュニティサイト、フェイシュマッシュをスタートした年だ。

このような新しい時代の到来を受けて、プラハラードらは「企業中心の価値創造」という従来的な発想を捨てよ、と本書で主張する。企業と顧客による価値共創という新しいパラダイムを確立し、それに基づき企業活動を大変革しないといけない。めざすべきことは顧客の感動経験を企業と顧客が一体となって作り上げること。イノベーションを企業と顧客が一体となって実現すること（コ・イノベーション）。そのためには、従来なかったような経験を提供するイノベーションの実現、個々人へのユニークな経験の提供、経験のネットワークを拡大をめざさなければならなかった。それに応じて市場も、従来のように企業が一方的に商品を提供する場ではなくなり、企業と顧客とが触れ合うフォーラムと再定義されることになった。また、イノベーションが企業単独ではできないように、企業同士の連携も、顧客に感動の価値を提供するためには不可欠だとされた。

経験の個別化と経験のネットワークが未来を築く

企業は、そして社会は、プラハラードが示唆したように動き始めた。日用品大手のP&Gは、イノベーションを戦略的重要課題に定め、コネクト・アンド・デベロップ（C&D）という活動を開始した。C&Dこそ、製品開発をすべて社内で行うR&D体制に対するパラダイムシフトだ。P&Gはイノベーションのパートナー、イノベーションのアイデアを社外に積極的に求めた。P&G社内のR&Dと顧客、サプライヤーなど社外のオープンイノベーションがリンクし、今やP&Gは世界で最も革新的な企業と評価されている。

フェイスブックの成長はまさに個々人の経験のネットワークが世界を動かす好例だ。個人が自分の経験、写真をネットにアップロードし、人々が「いいね！」と判断する。まさに一般市民の積極的で主体的な活動が世の中を動かす。一方、一個人のつぶやきが世の中のトレンドを生み出すことを示したのがツイッター。一個人のつぶやきにフォロワーが続き、それはあっという間に世界を駆けめぐる。企業は今やフェイスブックやツイッターなどを活用し自社の商品販売につなげようと、ソーシャルマーケティングの活用に必死である。

ところで、フェイスブック、ツイッターの影響力は企業活動にとどまらない。「アラブの春」の実現にそれらが大きな影響を与えたことは周知のことだ。また、東日本大震災の際に、ネット上のコミュニティが救済、復旧、復興できわめて重要な役割を果たしていることも忘れてはならない。新しい価値創造、新しい社会革命、新しい社会活動が、市民主体に動き出しているのである。そうした時代の登場を *The Future of Competition* は描き出していた。まさに彼らが本書において描き出した未来は実現しているのである。

企業と顧客が連携して行うイノベーションが新しい時代を切り開いた。その意義を強調するとともに、そのために必要となる経営革新の必要性を訴えるために、本書の復刻にあたって、邦題を『コ・イノベーション経営――価値共創の未来に向けて』とした。

新しい時代の担い手

未来は新しい企業によってもたらされた。本書の序文でプラハラードらは、自らの授業でのレクチャーを振り返りながら次のように記していた。昔から地位を確立した企業（「タイプA企業」）が消滅することはないだろう。新興のエネルギーにあふれたネット企業（「タイプB企業」）は必ずしも生き残らないかもしれない。だが、タイプA企業とタイプB企業の変身系、進化系である「タイプC企業」が登場するだろう。これが当時の彼らの分析だった。

アメリカの企業ランキングである「フォーチュン五〇〇」の二〇一三年のランキングを見ると、GE（第七位）やGM（第八位）らのタイプA企業の名前を今でも見つけることができる。確かにタイプB企業の数は少ない。アマゾンの社名を四九位に見つけられるだけである。注目すべきはタイプC企業である。五五位にランクしているグーグルはまさにこのタイプC企業にあたると言えるだろう。

アメリカ企業界のすごさは、このような新しい時代の担い手が登場し、世界に新しい価値を提供すると同時に、アメリカ企業界の新陳代謝を実現していることでもある。時価総額にすれば、まだまだタイプC企業はタイプA企業と比較すれば小さい。ナンバーワンのウォルマートはタイプA企業とは言えないかもしれないが、エクソンモービルが第2位、フォードが第一〇位を占めるなど、「タイプA企業」はしぶとく、健在である。

しかし、本書が出版された二〇〇四年の「フォーチュン五〇〇」と二〇一三年の「フォーチュン五〇〇」を比べてみると、いくつか注目すべき違いがある。グーグルは二〇〇四年にもちろんトップ一〇〇には入っていなかったし、今、最も注目されている企業の一つであるアップルの社名も、二〇〇四年にはトップ一〇〇の中に見つけることはできない。二〇一三年にはGEやGMよりも上の第六位にランクされているのだが。

二〇〇四年以降のアップルが飛躍的な成長を遂げることができたのは、iTunes、iPodによって音楽、ビデオの楽しみ方を、革新的なｉＰｈｏｎｅとＡｐｐストアでモバイルコミュニケーションの世界を、ｉＰａｄでコンピューティングデバイスの世界を、根本的に変えたからである。二〇〇三年にｉＴｕｎｅｓをオープンさせるまでは、創造的なパーソナルコンピュータであるＭａｃの製造業者としてもっぱら知られていたアップルは、ｉＴｕｎｅｓを契機にその後、大きく変わり、成長した。それを実現したのは、アップルが業界を変え、競争のルールを変えたからである。

しかもその戦略的な動きは、本書に記されている流れに沿っていた。その好例が、二〇〇四年にはまったく存在していなかったＡｐｐストアであり、そこでダウンロードされるアプリケーションである。新聞、ゲーム、ビジネス、ニュース、スポーツ、健康とフィットネスなど、さまざまなカテゴリーのアプリケーションが、Ａｐｐストアでは場合によっては無料で提供されている。顧客は自分のｉＰｈｏｎｅ、ｉＰａｄ、iPod touchを自分の好みに合わせてカスタマイズする。この新しい形のユーザー経験は瞬く間に世の中に広がり、二〇一三年五月にはＡｐｐストアから新規にダウンロードされたアプリケーションの数は五〇〇億本を超えた。二〇〇八年七月に五〇〇本のアプリケーションを揃えオープンしたＡｐｐストアがこの数字を達成するのに五年もかからなかった。しかも、五〇〇億本とは新規のダウンロード件数であり、再ダウンロードやアップデートは含まないというのだから驚異的である。アプリケーションによって、ｉＰｈｏｎｅなど、人々のモバイル機器の使い方は完全に変わった。個々人が自分の好みのアプリケーションをダウンロードし、それぞれに好きな方法でモバイル機器を楽しみ始めた。今や人々はNewsstandで提供される新聞や雑誌、ゲーム、ビジネス、ニユース、スポーツ、健康とフィットネス、そして旅行を含む二三のカテゴリーにわたる膨大な数のアプリケーションから好きなアプリケーションを選び、自分なりにカスタマイズしてiPhoneなどを使う。アプリケーションのダウンロードが不可欠のアップル製品は、顧客がアプリケーションをダウンロードして初めて製品となる。

それはまさに企業と顧客との価値共創の産物そのものだった。また、顧客がアプリケーションを入れ替えることによって、アップル製品は進化し続ける。顧客が製品をアップグレードする。製品のバージョンアップが企業ではなく顧客主体に起こる、以前には考えられなかった世界である。その意味で購入時には、iPhoneなどはすべては未完成だった。顧客の使い方によって製品化され、それは進化し続ける。そのために、世界に一つとして同じiPhoneはないといっても過言ではない。また、アプリケーションへの顧客の評価はネット上で共有できたから、ユーザーに評価されないものは自然と淘汰される。また、顧客のフィードバックに基づいてアップデートが頻繁になされる。まさに顧客が価値創造において不可欠な役割を果たしているのである。

ところで、アプリケーションを創造するのは主にアップル社外のデベロッパーであることも忘れてはならない。アップルは社外のデベロッパーに対して九〇億ドル以上を支払うまでに成功したアプリケーションのエコシステムも創り出したのである。

日本企業にとってのキーレッスンズ

アメリカ企業のダイナミズムと比べると、日本企業の新陳代謝は芳しくない。「フォーチュン五〇〇」のグローバル版でランクインしている日本企業にあまり変わり映えはしない。依然としてプラハラードらが言うところの「タイプA企業」が中心である。ただし、これは決して否定的にだけ捉えられるべきではない。環境変化にかかわらず変革を続け、持続的な成長を達成していることは、大いに評価すべきである。短期的な業績の善し悪しに振り回されず、しぶとく改革し続ける日本企業の強みがそこに現れている。

プラハラードは日本企業を熱心に研究していた。実際に『コア・コンピタンス経営』は、彼が行った日本企業の競争優位の研究にも基づいて執筆されている。したがって、世界的ベストセラーとなったこの本では日本企業の事例が数多く記されているのである。企業独自の競争能力に基づき、長期的な展望を持ちながら従来の事業の枠をダイナミックに成長していく日本企業は、まさに現在の競争優位と同時に未来の競争優位に備える優秀事例だ。

このような日本企業の成長は、企業の競争能力を知識と捉え、知識を駆使しながら自社の世界を大きく広げていく「知識ベースの経営論」を野中郁次郎教授が構築するうえでも、大きな示唆を与えた。プラハラードも本書の中で一つの章全部を使って、イノベーションとは知識創造をスピーディーに繰り返していくことにほかならないという考えを、野中教授らの研究に依拠しながら説明している。

知識に境界はない。自社の強みを知識ベースで捉えることにより、企業はダイナミックに成長し続ける。近年、その重要性を多くの人に伝えたのは、コダックの倒産と、それとはまったく対照的な富士フイルムのダイナミックな成長だった。コダックは二〇一二年に破産法を申請した。今後はフィルム以外のプリンターなどデジタル画像関連事業を軸に再建をめざすというが、その道は決して容易ではない。一九九〇年代に「選択と集中」の原則に沿ってフィルム以外の事業を次々に社外に切り出した。このとき、将来の成長の種まで社外に流出させることになってしまったからである。フィルム事業で培った技術をダイナミックに活用して新規事業に参入することなく、もっぱら特許収入の獲得など知的財産を静的に活用することに注力した。

たしかにフィルム事業のデジタル化を見据えてデジタルカメラを世界で初めて製造するなどコダックはそれなりの対応策は講じたのだが、高収益のフィルム事業に固執し、商品化ではソニーなど日本勢力の先行を許した。同社の破綻は、製品や事業モデルで成功しすぎたゆえに次に時代の波を捉え損ねた「イノベーターのジレンマ」の典型と言われる。

富士フイルムは違った。カラーフィルムの世界にデジタル化のきざしが一九八〇年代に見えると、同社はデジタル事業の自社開発、従来的な感光材料事業のサステイン、新規事業の創出という三つの戦略を講じた。とりわけ新規事業の創出においては、写真フィルム事業で培ったコア技術の応用開発が鍵を握っていた。写真で培った抗酸化技術、コラーゲン技術、ナノ技術を活用してヘルスケア事業に参入したのはその好例である。富士フイルムが化粧品を出したときに「なぜ富士フイルムが化粧品事業に参入なのか」と思った人はいるかもしれないが、技術、つまり従来の写真事業で生み出された知識の活用と発展という観点からすれば、それは不思議ではない。こうして富士フイルムは銀塩フィルムで培った技術と知識をベースに、自社の未来を切り開くことができた。同社の事業ドメインは今、新しいドキュメント、イメージング、インフォメーションの三事業に広がっている。それは意味なき拡大ではなく、知識をベースに実現した知識創造活動の成果であった。

アナログ銀塩市場の消滅という未来を同じように予見しながらも、コダックと富士フイルム両社の未来は全く異なった。倒産と事業ドメインを拡大しながらの成長というその違いは、あまりにもドラスティックである。その根本原因はどこにあったのか。それこそ、自社の強みの源泉である知識を静的に活用しようとしたか、それともダイナミックに動的に活用したかという点にある。知識に境界はない。だからこそ、知識のダイナミックな活用という視点で自社の強みと未来を考えれば、従来の事業ドメインを超えた成長の可能性が開ける。

知識をベースに自社の世界を広げていく知識創造活動は、依然として国際的な競争優位を企業に約束している。日本の「タイプA企業」の中にも、トヨタのように自社が直面したチャレンジに臆することなく、改善を行い、引き続き競争優位を発揮している企業がある。しかし日本に決定的に不足しているのは、時代の新しい流れに乗り、イノベーションによって未来を築き上げる新興勢力、つまり「タイプC企業」である。そして、その登場により業界時代の新陳代謝が起こり、企業界全体のさらなる発展が実現していくことである。

もちろん、イノベーションを既存の企業で起こすことは不可能ではない。しかし、それは決して容易ではないし、時間がかかる。だからこそ、新しいパラダイムを実現する企業、*The Future of Competition* を築き上げていく企業をもっと増やさないといけないし、その活動を応援していかなければならない。そのような企業の成長そのものが、人々により高い価値を提供し、社会も発展するといった、企業の成長と社会の発展との間に有機的な連関が実現しなければならない。

出版から一〇年を経ても、本書のメッセージは決して陳腐化していない。本書に書かれている *The Future of Competition* はまさに今、起こり、時代をドライブしている。だからこそ、時代の新しいパラダイムを先進的に示したと言える本書を日本で再び読者に提供することにより、新しい価値創造と日本企業界のさらなる革新が促進されるだろう。日本企業界にダイナミズムをもたらす鍵が、企業と顧客によるイノベーションをめざした価値共創にある。それを実現するコ・イノベーション経営の日本における浸透に本書が貢献することを願っている。

プラハラードとの思い出

最後に、私が持つプラハラードの思い出について記させていただきたい。私がミシガン大学経営大学院博士課程に留学したのは一九九一年。プラハラードがコア・コンピタンスという概念を確立し、『コア・コンピタンス経営』の執筆準備をしていたときにあたる。彼のセッションを初めて受けたのは、ミシガン大学で行われていた「グローバル・リーダーシップ・プログラム」（GLP）の中でのことだった。彼の迫力あるセッションにはとにかく圧倒された。

そもそも彼がファカルティーとして参加していたＧＬＰそのものもすごかった。日米欧から代表的な企業を一〇社選び、各社から将来の経営幹部を派遣して開催されたこのプログラムは、時代の先駆者プラハラードが参加するにふさわしいイノベーティブなプログラムだった。多様性に富んだ三〇人のメンバーはチームに分かれ、グローバルな事業機会を探りにフィールドワークを行ったのだが、行った先がインドやロシア、中国だった。成長力あるこれらの新興市場は今、日本企業も注目しているが、一九九一年にこうした市場をグローバルな事業機会として捉えていた日本企業がどれだけあっただろうか。プラハラードらはまさに時代の先駆けだった。

先にも書いたようにコア・コンピタンスの概念構築には、日本企業の研究成果がかなり生かされていたので、日本から来た博士課程の学生である私にプラハラードは目をかけてくれた。彼は当時の日本企業の動向を私からも熱心に探ろうとしていたし、そうしたこともあってミシガン大学のＭＢＡに留学していた仲間とともに『コア・コンピタンス経営』を翻訳することにもなった。翻訳を進める中で、プラハラードの理論への理解も深まったし、日本企業の強さを改めて再認識することもできた。

私が一九九五年に晴れて博士号を取得すると、彼は私と家族を彼の自宅に招いてくれてお祝いをしてくれた。その際に当時二歳だった娘がプラハラード家の真っ白な革製のソファーにクレヨンでいたずら書きをしてしまい、真っ青になったのも今では懐かしい思い出だ。その娘も今や二一歳で、プラハラードが学んだハーバードにも近いボストン郊外で大学に通っているのだから、月日の経つのは早い。それ以降、プラハラードと密に交流することはなかったが、ＢＯＰや顧客との共創など、常に時代を啓発し続けた彼の活動には常に注目していた。

プラハラードが亡くなったとの報を私が受けたのは、スイスのＩＭＤで授業をしていた時のことだった。ＩＭＤで教える機会を作ってくれた、ミシガン大学時代からの知人でありＩＭＤでの当時の同僚としばしばプラハラードの思い出を語り合った。彼の早すぎる死を悲しむと同時に、彼に出会わなければ自分のその後のキャリアも大きく変わっただろうと思うと、彼への感謝の気持ちを同時に強く持った。本書の第10章「Rapid Knowledge Creation」の中で私が野中教授とともに執筆した *Enabling Knowledge Creation*（邦題は『ナレッジ・イネーブリング』東洋経済新報社刊）を参考文献として挙げているのを見て、その思いをさらに強くした。だからこそ、今こうして *The Future of Competition* の日本語訳の復刊にかかわることができたことを、私はとても嬉しく思う。

二〇一三年六月

一橋大学大学院国際企業戦略研究科教授
ＩＭＤ兼任教授
一條和生

原著まえがき

本書は、企業戦略分野の型破りな研究者と、幅広い分野に関心を持つマーケティング研究者による、六年間にわたる一風変わった協働を通して生まれた。二人とも、一九九〇年代末期に経済を揺るがした変化の意味を探っていた。そして偶然の導きによって出会ったのだ。筆者たちは当初、変化の裏にはどのような原因があるのかをしきりに知ろうとしていた。そしてすぐに、激しい変化をむやみに恐れる姿勢にも、過大な期待に沸き返る姿勢にも根拠がない、との意見で一致した。

筆者の一人は一九九九年と二〇〇〇年に、MBA（経営学修士）コースで「企業戦略の今日的課題」と題した講座を受け持った。その前提は至って簡潔で、「古くからの既存企業（A型企業）が絶滅することはない。積極性あふれるネット企業（B型企業）は生き残れるとは限らず、A、B両型が進化した新しい種類の企業（C型企業）が興隆してくるだろう」というものだ。実際の変化は、もう少し深く静かなものであるように見受けられた。ネット企業と伝統企業が互いを倒そうとして戦う、などという様子ではなかったのだ。そこで筆者たちは、当時の変化をより熱心に、そして慎重に追いかけるべきだと、暗黙の合意に至った。こうして緊密な協働と徹底した研究が始まったのである。

筆者たちは、早い時期にいくつかの結論に達していた。上述の変化は決して表面的なものではなく、富裕層と貧困層、先進国と発展途上国、民間部門と公共部門といった違いを超えて浸透していたのだ。

企業と一般家庭の区別をも、あまり意味のないものにしているようだった。これは普遍的な現象で、政府・自治体にも、産業界にも、同じように変化を促しているようだった。議会、病院、大学、企業などを含めて、どのような組織でもほぼ例外なく、組織と個人の影響力のバランスが崩れる兆候が見られた。より重要な動きとして、組織による価値創造に個人が積極的にかかわる機会が生まれていた。あたかも、現代の効率性と昔ながらの「注文仕立て」の良さが結び付いたようだった。消費者と企業がいわば二人三脚で、消費者ごとに異なり、しかも企業にとって持続性のある価値を共創しようとしていたのである。

本書では、この新しい現実の本質が何であるかを、統一的な手法を用いて解き明かしていく。筆者たちの仕事は、多彩な組織、業界、国に見られるかすかな兆候を捉えて広く紹介し、価値創造のための新しい枠組みを提示することだ。問題は、人材に過度の負担を強いることなく、いかにA型企業からB型、C型への脱皮を果たすかである。現在の産業界の流行に合ったチェックリストや指南を求めている方には、本書はお勧めしない。だが、慣れ親しんだビジネスの仕組みがどのように変容し、進化しているのか、そしてそれが未来の企業間競争にどう影響するのかを理解したい方には、本書はおあつらえ向きだろう。

革命が起きるなどと述べるつもりはないが、物事の捉え方、発想、行動様式などが従来とは大きく変わりつつあるのは確かだ。たとえば、A型あるいはB型企業では、業務のほとんどは企業中心の発想で行われてきた。B2B（企業 vs. 企業）、B2C（企業 vs. 消費者）という従来の分類にしても、企業中心の見方をあからさまに示したものである。本書はこのような捉え方に挑みたい。企業に属していようと、そうでなかろうと、一人ひとりの消費者を発想の中心に据えてはどうだろう。事業形態を「消費者 VS. 企業 VS. 消費者（C2B2C）」というように呼んでみてはどうだろう。

このように筆者たちは、価値や価値創造についてのこれまでの常識、つまり企業が価値を創造してそれを消費者に売るという発想に疑問を投げかける。今後は、消費者が企業とその仕入れ先、事業パートナー、消費者コミュニティなどとともに価値を共創する傾向が強まり、その過程で消費者ごとに独自のパーソナル経験が培われていく、というのが筆者たちの見通しである。この考え方を取ると、これまでの産業界を支えてきた基本前提、すなわち価値、価値創造プロセス、企業と消費者のリレーションシップのあり方などについての前提が崩れる。この新しいパラダイムのもとでは、企業と消費者がさまざまな接点において価値を共創する。企業はもはや、単独で発想し行動するわけにはいかないのだ。

本書は、価値創造やイノベーションといった分野で、かつてないほど大きな事業機会が生まれている点を明らかにする。だが、このような見通しを理解するためには、これまでの価値創造の枠組みを十分に頭に入れたうえで、世の中を新しいレンズを通して眺めなくてはならない。これまでの発想のうちでどれを捨てるべきだろうか。新しい産業の仕組みを捉えるためには、どのような視点が求められるのか。本書を通して筆者たちは、新しいレンズを紹介し、捨て去るべき古いレンズとの比較を試みる。

本書のねらいは、はっきりしている。ビジネスリーダーを助けて、慣れ親しんだ手法を捨てて新しい手法を見つけ、これまでにない戦略資産を探し求めることだ。新しい「事業機会にあふれるゾーン」へと移行するためには、私たち全員が、慣れ親しんだ「快適ゾーン」の限界を認識しなくてはならない。

本書では、考えるヒントとして数々の具体例を取り上げる。これは筆者たちの主張と、その土台をなす主な考え方を伝えるためであって、ベストプラクティスを紹介するためではない。むしろ、ネクストプラクティス、すなわち次世代の慣行を見つけ出すのがねらいであるため、一つの事例だけで望ましい枠組みの全体像を示すのは不可能だろう。「最善の手法」を提示する、あるいは将来へのモデルとしてどこか一社をたたえる、といったこともしない。むしろ、組織や個人が探求し「ともに築く」ことのできる多彩な選択肢を紹介して、本書を読むすべての人々が、目の前の事業機会に対処し、それをつかみ取れるよう、お手伝いをしたい。

本書は、読者に新しい発想を促すだけでなく、行動への強い呼びかけを行い、可能性に満ちた新しい世界を共創する助けとなることをめざしている。主として経営者やマネジャーを読者として想定しているが、やがては私たち一人ひとりが、ビジネスリーダー、消費者、従業員、投資家、グローバルな市民などさまざまな立場で、従来の行動の枠組みを脱して、個人と大組織の影響力を逆転させるべきだ。私たちは、不慣れな環境の中を旅することになるだろう。この長く興奮に満ちた旅を通して、慣れ親しんだ環境から抜け出さなくてはならない。

読者の皆さんには、各章を読み進めながら、自分なりの疑問を持つようにお勧めしたい。遠くない将来、十分な知能を組み込んだ書籍が登場して、読者とともに中身を進化させ（いわば「生きた書籍《リビングブック》」である）、パーソナル経験の共創を可能にするだろう。だが当面は、本書を読みながらページの余白や各章の最後にご自身の疑問点を書き込み、折に触れてそれに目を通すことによって、より大きな価値を共創し、手に入れていただきたい。

C・K・プラハラード
ベンカト・ラマスワミ

謝辞

このような本を上梓するにあたっては、多数の同僚や経営者、マネジャーから後押しを得、貴重な意見交換を行うことが欠かせない。初期の草稿に目を通し、改善への助言を寄せてくださった数名の方々には、とりわけ大きな恩義を受けた。同僚のゴードン・ビューイット、Ｍ・Ｓ・クリシュナン、ゴータム・アフジャ、リチャード・バゴッジ、ヴィクラム・ナンダ、アニュラドハ・ナガラジャンからは、本書の執筆中、詳しい意見と多大な支援を与えられた。

思いやりあふれる多くの経営者も、筆者たちに展望を示すほか、惜しみない支援を与えてくださった。ラリー・キーリー（ドブリン・グループ）、ヤン・オースターベルト（フィリップス）、Ｃ・Ｖ・ナタラジ（ユニリーバ）、ロイ・ダンバー（イーライリリー）、ヴィンス・バラッバ（ゼネラルモーターズ）、ハーバート・シュミッツ（前Ｐ＆Ｇヨーロッパ）、ロン・ベンダースキー（ＵＭＢＳエグゼクティブ・エデュケーション）、デブラ・ダン（ヒューレット・パッカード）、ニージャ・ラーマン（ＨＰイメージング・ラボ）、スコット・フィンガーハットとステファノ・マルナーティ（前ＰＲＡＪＡ）、Ｓ・ラマチャンダー（ＡＣＭＥ）、Ｖ・スリナム（インド鉄道）、ジョージ・ロペス、ティム・エンウォール、ローレン・シュー、スティーブ・ベル（以上、ガートナーＧ2）。

併せて、以下の諸氏との意見交換からも多くの示唆を得た。ダイアン・クーツ、デイビッド・チャンピオン（以上、『ハーバード・ビジネス・レビュー』編集部）、ボブ・エバンス、ステファニー・スタール（『インフォメーション・ウィーク』編集部）、ブライアン・ジルーリー（『オプティマイズ』編集部）、アン・グラハム（『ストラテジー・アンド・ビジネス』編集部）。

ミシガン大学ビジネススクールの博士課程に在籍するケリムカン・オズカンは、折に触れて筆者たちとの専門的な討論に参加してくれた。深く感謝したい。ヴァンカテシュ・ラジャーとスクマール・ラマナサンは、初期の研究内容に意見を寄せてくれた。

ＭＢＡコースに在籍する四〇〇名を超す学生も、早い段階の草稿に目を通して、詳しい感想を寄せてくれた。全員に感謝の言葉を贈りたい。わけてもクナール・メーラは飽くことなく何度も意見を出してくれた。深い考えに根差した温かい意見の数々に、本当に助けられた。

もとより筆者たちは、数多くの研究者や専門家の業績を拠り所にしている。歴史的な視点から社会の発展を捉えるピーター・ドラッカーの慧眼には、絶えず啓発されてきた。以下の諸氏の業績からも多大な示唆を得た。ロー・アンダーソン、ジョン・シーリー・ブラウン、フランシス・ケアンクロス、マニュエル・カステルズ、クレイトン・クリステンセン、ジム・コリンズ、トマス・ダベンポート、スタン・デイビスとクリス・マイヤー、マイケル・ダートウゾス、イヴ・ドウズ、キャサリン・アイゼンハート、フィリップ・エバンスとトマス・ウースター、リチャード・フォスター、スマントラ・ゴシャール、アンドリュー・グローブ、スティーブ・ヘッケル、ジョン・ヘーゲル三世、ゲイリー・ハメル、チャールズ・ハンディ、Ｆ・Ａ・フォン・ハイエク、トム・ケリー、ケビン・ケリー、チャン・キムとレネ・モボルニュ、フィリップ・コトラー、ドロシー・レナード－バートン、レジス・マッケンナ、ヘンリー・ミンツバーグ、ジョン・ネズビッツ、ニコラス・ネグロポンテ、野中郁次郎と竹内弘高、リチャード・ノーマンとラファエル・ラミレス、ドン・ペパーズとマーサ・ロジャーズ、トム・ピーターズ、B・ジョセフ・パイン二世とジェームズ・ギルモア、マイケル・E・ポーター、ハワード・ラインゴールド、モハンビル・ソーニー、バーント・シュミット、マイケル・シュレーグ、ジョセフ・シュンペーター、ピーター・センゲ、パトリシア・シーボルト、カール・シャピロとハル・バリアン、マイケル・J・シルバースタインとジョージ・ストーク・ジュニア、エイドリアン・スライウォツキー、トマス・スチュワート、ドン・タプスコット、ステファン・トムク、ノール・ティシー、アルヴィン・トフラー、デイビッド・ウルリッチ、サンドラ・ヴァンダーミア、エリック・フォン・ヒッペル、ジェラルド・ザルトマン、ショーシャナ・ズボフとジェームズ・マクスミン他多数。他の人々の業績から多くを学び、その知性に負うところは大きい。ただし、本書の内容は筆者たちの主張をもとに成り立っている。

有能な編集者は優れた共同制作者でもある。クリステン・サンドバーグは、本書の内容をより良いものにするよう、尽きることのない情熱でたゆまずに筆者たちを叱咤激励してくれた。カール・ウェーバーは、原稿から余計な部分をそぎ落とし、過度の単純化を避けながらもわかりやすいものにするために、筆者たちを助けてくれた。複雑な議論を解きほぐして明快にするという仕事に、両氏は忍耐強く取り組んでくれたのだ。

スーザン・キャテラル、シャロン・ライス、ジェニファー・ウェアリングら、ハーバード・ビジネススクール・プレスで制作とマーケティングを担った人々全員に心からの謝意を示したい。

最後に、筆者たちが本書を完成させることができたのは、妻であるガヤトリとビンドゥの終始変わらぬ支援があったからだ。二人が、この研究の内容と重要性を常に信じ続け、子育てのかなりの部分を引き受けてくれたため、筆者たちは安心して研究と執筆に十分な時間をかけることができた。子どもたち――ディーパ、ムラリ、ラリサからは、事あるごとに励ましを受けた。

本書の執筆を支援してくださった多くの方々に改めて感謝すると同時に、何か至らない点があるとすれば、それはひとえに筆者たちの責任であることを記しておきたい。

◉目次

第3章

共創経験 85

第4章

経験のイノベーション 111

第5章

経験のパーソナル化 147

第10章

知識創造のスピードを高める 291

第11章

戦略とは発見への旅である 327

第12章

価値共創の未来に向けて

カバーデザイン　遠藤陽一
本文デザイン　デザインワークショップジン
本文DTP　ベクトル印刷

本書は、二〇〇四年一〇月にランダムハウス講談社より刊行された『価値共創の未来へ――顧客と企業のCo-Creation』を再編集のうえ、復刊したものである。企業名、人物の肩書きなどは、当時の記述のままである。

第1章

価値の共創とは何か

Co-Creation of Value

世の中では深く静かな変化が進みつつある。かつてないほど多くの製品やサービスが生み出され、増え続ける一方の流通チャネルを通して市場に送り込まれている。スーパーマーケット、ブティック、オンラインショップ、ディスカウントストアの数も増えていくばかりだ。消費者はあまりに多彩な製品やサービスを前に、どうしてよいかがわからなくなっている。このデジタルカメラで本当によいのだろうか。慢性胃潰瘍は適切に治療されているだろうか。このサービスに契約して大丈夫か。そのうえ、携帯電話、ウェブサイト、各種メディアが身近になったため、消費者はかつてないほどスピーディにしかも安価に、より多くの情報を得られる。だが、これほど膨大な製品やサービスを吟味するだけの時間や知識を持つ人が、果たしてどれだけいるのだろうか。製品もサービスも複雑さを増し、それに伴って恩恵とリスクの両方が大きくなっているが、たいていの消費者は忙しいため、このような現状に困惑と苛立ちを募らせている。多彩な製品が提供されているからといって、顧客の経験の質が向上するとは限らないのだ。

企業経営者にとっても、こうした状況は好ましいとはいえない。デジタル化、バイオテクノロジー、知的材料《スマートマテリアル》といった分野の進歩によって、従来とは根本的に異なる製品やサービスを開発し、事業を変容させる機会がもたらされている。ユビキタスネットワーク、グローバリゼーション、規制緩和、テクノロジーの融合などによって、企業間競争の環境が激変すると、産業間の境界や製品の定義が曖昧になる。このような激変の結果、情報、製品、アイデアなどが世界中を駆けめぐり、現状を打ち破る新しいタイプの企業が現れる。その裏で競争が厳しくなり、利益率は低下している。企業経営者にとっては、コスト、製品や業務プロセスの質、スピード、効率に注意を向けるだけではもはや十分ではない。利益を上げながら事業を成長させるには、創造性やイノベーションの新たな種を探さなくてはならないのだ。

このようにして、二一世紀の経済はかつてないパラドックスを抱えることになった。消費者には数多くの選択肢があるにもかかわらず、顧客満足度は低下している。経営者にとっても、戦略の選択肢は増えたにもかかわらず、それらが生み出す価値は小さくなっている。私たちは、これまでの常識とは一八〇度異なった新しい産業体系の入り口に差しかかっているのだろうか。本書はこの問いを土台に成り立っている。

企業が中心となって価値を創造するという体系は、過去一〇〇年以上にわたって優れた成果を上げてきたが、最近の現実は、この伝統的体系に見直しを迫っているようだ。価値創造のための新たな枠組みが求められている。価値の「共創」という従来にない発想こそが、その新たな枠組みにあたるだろう。そして共創の出発点となるのが、消費者の役割変化なのである。

◉―――消費者の役割が変わる

消費者の役割が根底から変化している。これまであまり情報を持たなかった消費者が情報を持ち、受け身の立場を捨てて積極性を示し、互いの結び付きを強めているのだ。このような消費者のあり方は、多方面に影響を及ぼしている。そのいくつかを紹介したい。*1

情報の入手

消費者は以前には考えられなかったほど豊富な情報に接して、それをもとに判断を下す。消費者への情報開示に後ろ向きな企業にとっては、これは見過ごせない動きだろう。何百万という消費者がネットワークを介してつながり、娯楽、金融、ヘルスケアといった諸分野の事業慣行に挑んでいる。

ヘルスケアに関心を持つ消費者は、ただ黙って治療を受けるだけの人々とは違って、インターネットを用いて病気や治療法について学び、医師や病院の実績を調べ、医薬品の臨床試験の最新動向を探っている。そして情報を交換するのだ。診療を受ける際にも、自分から進んで医師にさまざまな質問を投げかけ、治療に主体的にかかわろうとする。

グローバリゼーション

消費者は、世界中の企業、製品、技術、業績、価格、消費者の反応や行動などについて情報を集めることもできる。二〇年前であれば、北米の小さな町のティーンエージャーが自動車に憧れを抱くとすれば、それはゼネラルモーターズ(GM)とフォード・モーターの二社のディーラーの影響によるものだっただろう。しかし今日では、インターネット上で七〇〇を超える車種に接して、「いつかこんな車を持ちたい」と夢を膨らませるのだ。近隣のショールームに並ぶ車種が憧れの的になるとは限らない。

情報が流通するうえで地理的境界は依然として存在するが、急速に消えつつあり、企業間競争のルール変更を促している。消費者は地理的境界にとらわれずに製品の種類、価格、性能などを厳しく見極めるため、多国籍企業は、国や地域ごとに品質や価格を変えづらくなっている。

ネットワーキング

人間には、共通の興味、ニーズ、経験などを持つ人同士で集まる傾向があり、この傾向は一層強まっている。インターネットの爆発的普及、メールサービスや電話サービスの発展――すでに一〇億人を超える人々が携帯電話を利用している――によって、消費者が互いに気兼ねなく、容易にコミュニケーションを取れるようになったのだ。このようにして、特定のテーマに沿った消費者コミュニティが形作られ、地理的・社会的障壁を乗り越えて人々が意見や考えを交わすため、革新的な市場が生まれ、既存の市場にも変化の波が押し寄せている。

消費者コミュニティが強大な力を持つのは、企業に依存していないからだ。医薬品業界では、メーカーが示す効能よりも、口コミで伝わる服用者の実体験のほうが、需要に大きく影響する傾向が強まっている。従来は企業がマーケティング・コミュニケーションを主導していたが、消費者がネットワークを介してつながった結果、逆の流れが生まれたのだ。

製品の試用

デジタル分野を中心に、消費者がインターネットを使って新製品を試用したり、開発に参加したりする動きも芽生えている。デジタル音声圧縮技術MP3の事例を考えてみたい。MP3はカールハインツ・ブランデンブルグが開発し、フラウンホーファー研究所が世に送り出したのだが、技術に明るい消費者がこれを試し始めると、音声ファイルの交換・共有に向けた本格的な動きが生まれ、音楽業界を慌てさせた。同じように、アパッチ・ウェブサーバーやリナックスOSなどの開発にも、世界各地に散らばる多数のソフトウェア利用者の知恵が活かされた。

言うまでもなく、消費者同士のつながりはデジタル関連分野に限らない。シェフをめざす人々はレシピを紹介し合い、ガーデニング愛好家たちは有機野菜栽培の秘訣を教え合い、マイホームのオーナーたちは日曜大工の知恵を出し合う、といった具合である。より重要なのは、消費者が互いにつながると、他者の経験から学べるという点である。世界中の多彩な人々が情報武装をすると、幅広いスキル、関心、素養などが集積され、私たち一人ひとりがそれを活かせるのだ。

積極性

知識が増えると、製品やサービスの良し悪しをより的確に判断できる。他の人々とつながりを持つと、意見を述べたり、行動を起こしたりする勇気が湧いてくる。消費者は互いに、あるいは企業に対して、求められなくても自分から意見を伝える傾向を強めている。消費者が声を上げる場として、すでにいくつものウェブサイトが存在しており、その多くが特定の企業やブランドに関するものだ。アメリカ・オンラインのＡＯＬウォッチは、会員や元会員がＡＯＬへの不満を述べる場である。ブログも、テキスト、画像、ウェブへのリンクなどを通して各人が意見を述べる場として、表現や意見交換などを促している。

若年労働や環境保護などのテーマを掲げた団体が、企業や政府の注意をひきつけ、改善を求めるうえでも、ウェブは有効な武器となる。オンライン上での消費者運動は、企業のマーケティング活動よりも大きな影響力を持つかもしれない。ノバルティスファーマが、慢性骨髄性白血病（ＣＭＬ）への効き目が期待されるグリベックの臨床試験を始めた折には、その情報がインターネットを介してすぐに広まり、患者からの参加希望が殺到したという。早い時期に被験者となった患者がグリベックを求めて活動を始めると、それに呼応した支援団体がインターネットを使って効果的なロビー活動を展開し、生産を前倒しさせただけでなく、米国食品医薬品局（ＦＤＡ）による承認すら早めた。[*2]

では、消費者の行動様式が変わったことで、全体としてどのような結果がもたらされたのだろうか。企業は、製品設計、生産プロセスの企画、マーケティングメッセージの考案、販売チャネルの管理などを、消費者による介入なしに進めるわけにはいかなくなった。消費者は、事業のあらゆる側面に影響を及ぼそうとする。新しいツールを手に入れ、これまでの選択肢には満足できない消費者は、企業とつながりを持ち、ともに価値を創造しようとするのだ。今生まれつつある新しい現実の本質は、「交流」をテコにした価値共創にある。

消費者と企業の交流：価値創造の新しい現実

ここではヘルスケア産業の進化を例に取りながら考えてみたい。医薬、バイオテクノロジー、栄養学、化粧品、代替療法といった分野のイノベーションは、さまざまな治療法を生み出し、私たちの健康観を変容させている。消費者とテクノロジーの進歩を受けて、治療薬、予防薬、生活改善手法などの垣根が急速に低くなり、「健康増進」という分野を生み出している。この健康増進にかかわる消費者と企業の交流について、見ていくことにする。

二〇年前であれば、体調を崩して病院を訪れると、何種類もの検査を受け、その結果をもとに医師が診断を下すのを待っただろう。医師は、必要に迫られない限り診断内容を詳しく説明しない。そして治療法を選び、処方箋を書き、次回の検査スケジュールを決める。当時のヘルスケアは医師を中心に回っていた。商取引が企業主体で進められていたのと同じである。医師は、患者への対処法を知っているのは自分だけだと自負していた。患者には医学的知識がないため、おそらく黙って医師の言葉に従っただろう。これと同様に、企業は自分たちこそ顧客価値の創造方法を知っていると胸を張り、たいていの消費者は黙ってそれに従っていた。

ところが今日では、ヘルスケアの世界ははるかに複雑になっている。患者は病気の兆候を感じたら、すぐに他の患者や専門家の経験や知識に頼ることができる。豊富な情報を利用できるわけだが、その中には信頼できるものと、そうでないものとがある。乳がん、高脂血症、脂肪吸引手術などについても自分で調べられる。あらゆる病状に関して代替治療の道を探ったり、自分にとって何が効果があり、何が効き目がなさそうかについて、意見を持ったりすることもできる。

ひいては、自身の力で健康増進の道を切り開き、自分に合った健康増進策を見出せるのだ。コレステロール値が高いという問題を抱えているなら、FDAの承認を受けた降圧剤や抗コレステロール薬に頼るだけでなく、FDAの承認を経ていない健康サプリメント、インストラクターが決めたフィットネス・プログラム、心臓疾患の遺伝子検査などの併用が考えられる。

注目すべきは、この健康増進策が既存のどの産業にもピタリと当てはまらない点である。たしかに医師のもとを訪れたら、検査を受け、薬をもらい、請求書をもとに雇用主に保険料を申請する。だが、これ以外のさまざまな試みは、従来の医師による医療行為、医薬品産業、保険業界とは無関係なのだ。私の健康増進策は、私自身の健康観、好み、知識、期待内容、経験、懐具合などに応じて決まる。一方、妻は妻で、自分なりに健康増進策を考えるだろう。

医師に頼るだけでなく、ヘルスケア関連のコミュニティ、たとえばコレステロール値の高い人々のコミュニティを通して、専門知識の豊富な人を探すこともできる。こうしたネットワークを介して得た知識は、私の健康状態はもとより、人づきあいや心理面にもかかわり、私、家族、さらにはコミュニティ全体に影響を及ぼすだろう。

このため、次に医師のもとを訪れる折には、その経験は旧来型の検診とは全く違ったものになる。たとえば、「この治療法を選んだのはなぜですか。他の人々に尋ねたり、ウェブで調べたりしたところ、他の治療法もあるようですが」といった質問を医師に投げかけるのだ。医師は、私が彼の専門性や権威に挑むのを快く思わないかもしれない。私は、医師に治療法を説明・支持するよう求めているわけで、これには時間や熱意が必要になる。しかも私は、医師が広く深い知識を持っていて、医療の最前線の動きをふまえているかどうか、試しているのだ。私が、医師の知らない代替治療、すなわちハーブ、ダイエット・サプリメントなどを試していたら、どうなるだろう。これらさまざまな治療法の複雑な関係を医師は知っているだろうか。それをきちんと押さえておくのも、医師としての義務なのだろうか。

もちろん、ヘルスケアを受ける人々は、以前からある程度は自分で治療法を選んできた。風邪をひいたらおばあちゃんにチキンスープを作ってもらう、というのもその一つだ。しかし昨今では、情報、消費者の体験談、経験豊富な人からのアドバイスなどが得られるため、ネットワークを作ってさまざまな可能性を試す機会が、かつてなく広がっている。ヘルスケアの受け手は、従来の業界の垣根を乗り越えて、自分にふさわしい「価値の集合体」を積極的に選び取るのだ。

ここで、医薬品会社のマネジャーの立場に身を置いてみていただきたい。既存のさまざまな産業を融合させて、発展性のある多面的な健康増進をめざすとなると、何十年もの間に培われ、すっかり定着した暗黙の前提を打ち破ることになる。そもそも、製品やサービスとは何だろうか。レチノールを成分とした皺取りクリームは、化粧品、ファッション・アイテム、医薬品のどれにあたるのだろうか。業界の垣根が曖昧な状況では、競争優位の性質をどのように確かめればよいのだろうか。

より重要な点として、健康増進に積極的にかかわっていこうとする消費者に向けて、医薬品メーカーはどのような価値を提供すべきだろうか。消費者は、メーカーや製品・サービスとのつながりを深めたいと考えているが、この事実は、健康増進にかかわるさまざまな当事者にどう影響するのだろうか。リスクを負うのは、医師、病院、患者、いずれだろうか。患者は、専門家である医師が責任を負うべきだとの立場を取るだろう。

医師と患者の関係はひとまずおくとして、企業の立場に目を向けてみたい。仮に、消費者が製品を誤って服用したり、中身に手を加えたりして、その結果何らかのダメージを受け、あなたの会社の責任を追及してきたらどうなるだろう。消費者は、より大きな力を求めているが、責任については必ずしも引き受ける心構えがないようだ。主体的な選択をしたいと考えているが、その結果については責任を負おうとしない。医薬品会社のマネジャーはたとえ消費者が製品をどう使うかをコントロールできない状態でも、効能に責任を持たなくてはならないのだろうか。あなた自身を守るにはどうすればよいか。この種のリスクは、新たな事業コストなのだろうか。企業と消費者の役割、権利関係、責任が今後どう変わるにせよ、企業には消費者と価値を共創することが求められるだろう。

このように、健康増進という分野での消費者と企業のかかわりに注意深く目を向け、そこでの危機の兆候をクローズアップしてみると、特定のテーマを掲げたコミュニティや情報武装した個人、つまりは消費者が積極性を強めているという最近の動きについて、現実を垣間見ることができる。この動きは、これまでの事業の土台にあった根強い発想に正面から挑もうとするものだ。その発想とは、①あらゆる企業や産業は一方的に価値を創造できる、②価値はもっぱら製品やサービスの中にある、の二つである。消費者と企業の最近のかかわり合いを深く理解するためには、どのような新しい概念が必要なのだろうか。

価値の共創

引き続き健康増進の分野から、今度は心臓ペースメーカーの事例を取り上げる。アメリカでは五〇〇万人を超える成人がさまざまな心臓疾患に悩んでいるという。その多くがペースメーカーを装着したことで、心拍などの心臓の機能を監視でき、大きな恩恵を受けている。だが、誰かが（あるいは何かが）遠隔で心臓の働きをモニタリングして、数値指標があらかじめ決めた範囲を超えた際には本人と医師に注意を促してくれたなら、患者の安心度はさらに飛躍的に向上するだろう。注意喚起を受けて、医師と患者は対処法を決めればよい。

このシナリオは、患者が遠方に旅行に出かけるような場合には複雑になる。注意喚起だけでは十分とはいえず、患者に最寄りの適切な病院を紹介し、その病院の医師にこれまでの医療記録を伝える仕組みが必要だろう。旅先での担当医は、主治医とどのように協力しながら診療に当たるだろうか。患者は配偶者に連絡を取るべきだろうか。リスクをどう見極めたうえで、医療の専門家たちに従い、協力すればよいのだろうか。医師、医療施設とサービス、ペースメーカーなどは、患者とその健康増進のためにネットワークを形成しているだろうか。

一部の企業はすでに、このようなネットワークを整備している。心臓ペースメーカーなどの世界的なリーディング・カンパニー、メドトロニックは、慢性心臓疾患を抱える患者に向けて、生涯にわたるソリューションを提供しようと努力している。「バーチャル・オフィス訪問」システムを開発して、医師がインターネットを介して患者の体内に埋め込まれたペースメーカーを検査できるようにした。このメドトロニック・ケアリンク・モニターがあると、患者は埋め込み機器の小さなアンテナを伸ばすだけで、データを収集できる。データはアンテナを通して監視装置にダウンロードされ、通常の電話線を介してメドトロニック・ケアリンク・ネットワークへと送られる。医師は、セキュリティで守られた専用ウェブサイト上で患者のデータを参照できる。患者のほうでも自分の状態を確かめることができ（言うまでもなく、他人の情報は参照できない）、家族や介護者への連絡を承認するのだ。[*3]

図1-1 | 心臓ペースメーカーと患者による価値共創

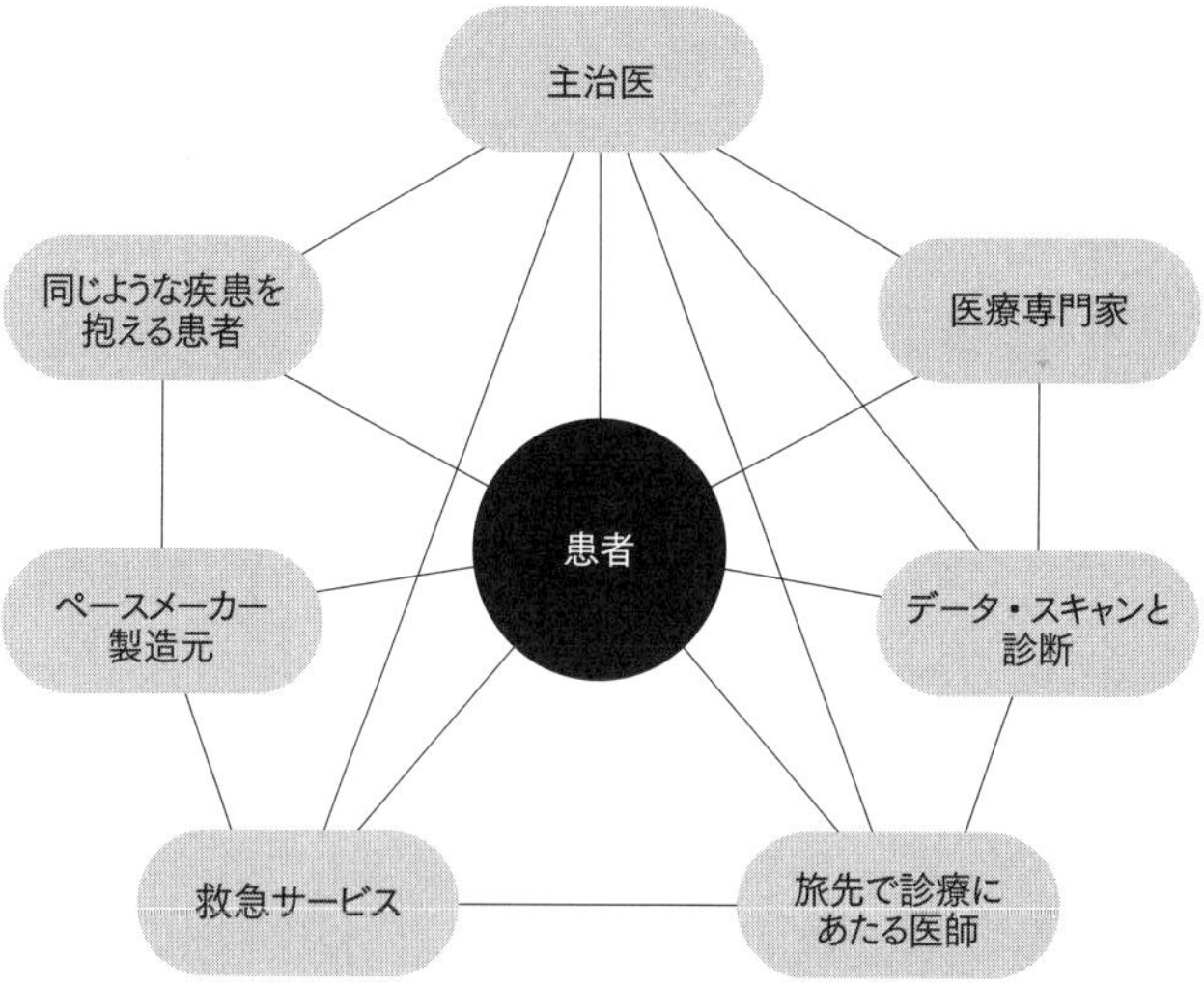

メドトロニックのケアリンクは、単なる心臓ペースメーカーとしての役割にとどまらず、価値創造活動の幅を広げるのに貢献している。たとえば、刺激に対する心臓の反応は人によって違い、しかも時とともに変化する可能性がある。将来は、こうした変化に対処するために、医師が患者のペースメーカーを遠隔操作できるようになるだろう。そのうえ、メドトロニックの技術プラットフォームは多彩な機器や遠隔監視・診断システムに対応できるため、血糖値、脳の働き、血圧ほか、重要な病理学指標のモニターにも活かせると考えられる。

このペースメーカーの事例（図1―1）は、新しい価値創造プロセスの雛型といえるだろう。

さてここで、医薬品会社のマネジャーとい

う立場から、以下の点を考えていただきたい。

①患者は、価値の共創にどう積極的にかかわっていくだろうか。

②医師、家族、旅行先の病院スタッフなどとのやり取りは、患者の経験にどう影響するか。

③この事例では、何が価値創造の土台だろうか。製品、サービス、介護者のネットワークはどのような役割を果たすのだろうか。それぞれは、その時々で患者にどのようなユニークな価値をもたらすのだろうか。患者が、ペースメーカーだけでなくネットワーク全体が共創する経験全体に価値を見出したら、何が起きるだろう。

④ネットワークがどの程度の適応力を持つか、つまり時間や場所が変わったり、心拍が乱れたりした場合にどこまで対処できるかによって、患者の経験はどう変わるだろうか。同じ患者が同じネットワークを利用しても、出来事の背景やその時々の感情などによって、経験の中身は違ってくるのだろうか。

⑤経験は文脈に左右されるだろうか。同じネットワークを利用していても、時間や場所はもとより、社会や文化などの背景に応じて、経験の中身に差が生じるだろうか。目に見えない文脈はどの程度、経験に影響を及ぼすだろうか。

⑥似たような状況に直面しても、患者によって反応は分かれるだろうか。同じネットワークを利用し、似たような健康問題を抱え、状況まで似通っていたとしても、人によって経験は異なるのだ

ろうか。患者ごとの違いは、経験の質にどう影響するのだろうか。

⑦患者にさまざまな製品やサービスの利用を強いることなしに、多様な経験をもたらすことができるだろうか。

ペースメーカーの事例は、新たな価値創造の場を描き出している。消費者が、企業や消費者コミュニティの構成するネットワークと目的意識を持って交流して、そこから自分ならではの共創経験を紡ぎ出していく。

価値は製品そのもの、つまりペースメーカーから生まれるのではない。このシステムを支える通信やITからでも、医師、病院、家族、消費者コミュニティといった技能の集まり、社会的ネットワークからでもない。価値は、特定のタイミング、場所、出来事に関係した特定の患者の共創経験から生まれるのだ。

この共創経験は、患者がネットワークとかかわりを持つところから始まる。複数の企業がネットワークを形成して、共創経験を実現するための環境を患者に提供することが、その前提となる。ネットワーク内で一社が幅を利かすのではなく、複数の企業が参加していれば、患者、家族、医師にとってペースメーカーの価値は倍増する。患者はネットワークと価値を共創する過程で、関係者の相互関係や出来事の背景を大きく決定づける。ネットワークとの共創経験は全体として、各人にその人ならではの独特の価値をもたらす。

従来の価値創造プロセスでは、企業は生産、消費者は消費というように、役割が明確に分かれていた。価値は製品やサービスに宿り、市場を通して生産者と消費者との間で交換される。価値は市場に届く前に創造されていたのだ。しかし、ペースメーカーの事例で見たように、価値共創が始まると従来の役割分担は消えていく。価値を定義したり、創造したりするプロセスに、消費者が徐々にかかわりを強めていくのだ。この消費者による共創経験こそが、まさに価値の土台となる。

ペースメーカーの事例は、企業と消費者の関係が変わりつつあるという事実を簡潔に表している。医師と患者をめぐる先の事例と同じく、ここでも消費者（この場合にはペースメーカーの利用者）はネットワークに参加するすべての当事者と密にかかわりを持つ。ネットワークでは情報の透明性が確保されており、すべてのメンバーが情報を利用できる。より重要な点として、関係者同士の対話やリスク評価なども行われるのだ。

ただし、ペースメーカーの製造・販売元は大勢の消費者に対応しなければならず、当然ながら消費者は十人十色であるため、相手に応じて異なった対応が求められる。消費者は、特定のテーマを掲げた多数のコミュニティとも交流を持てる。ペースメーカーの提供元も、ヘルスケア専門家、ITやインターネットのインフラを運用・保守する企業など、多数のコミュニティと交流する。ペースメーカー企業のこれらグループへの影響力は限られる可能性もある。加えて、一人の消費者が二度、共創を経験した場合、その内容は同じではないだろう。場所やタイミング、さらにはその人がどれだけ熱心に共創に加わろうとするかによって、経験の内容が変わってくるのだ。

図1-2｜共創経験のスペクトラム

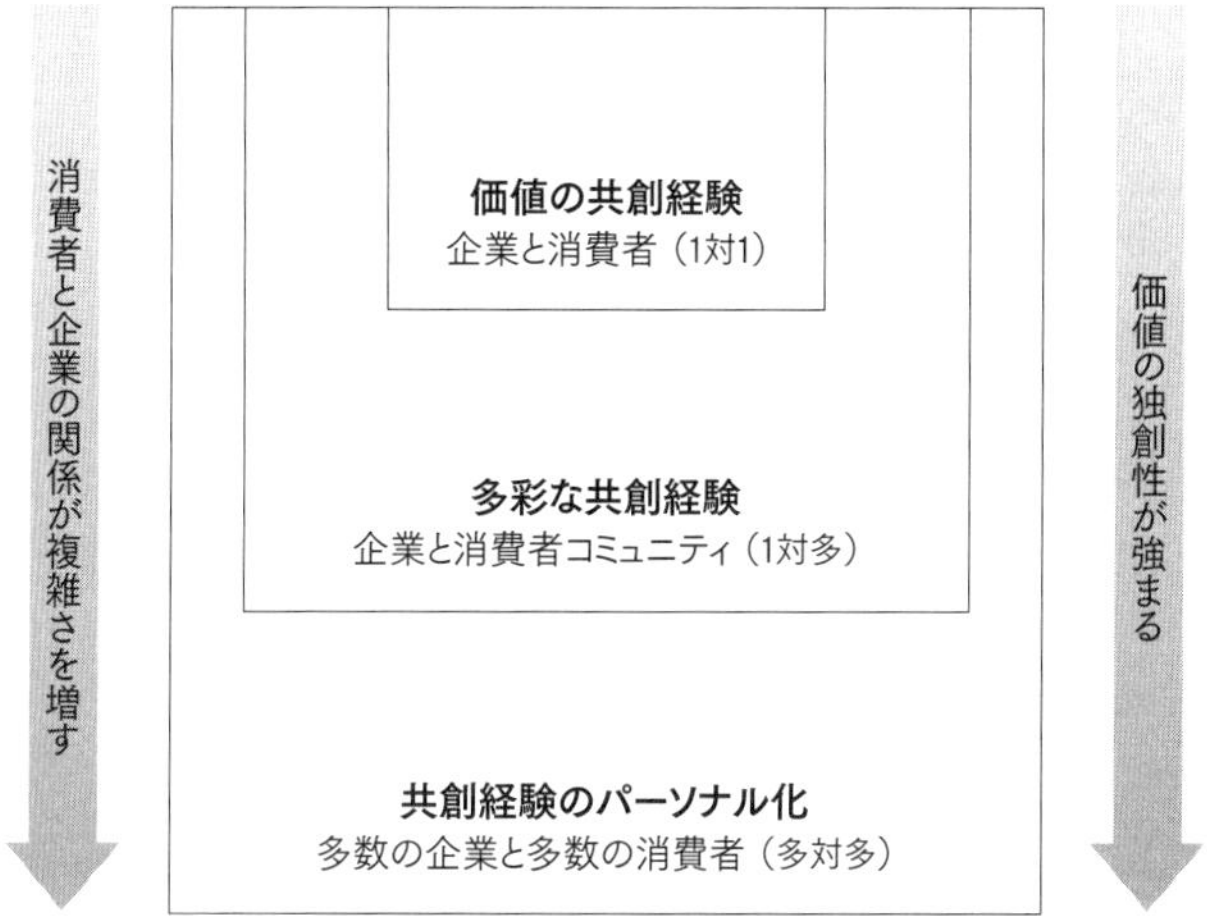

以上のように、消費者と企業の関係は複雑さを増しており、その様子は図1－2のように表すことができる。最近では、消費者と企業とのこうした関係が価値創造プロセスを形作り、これまでの事業の進め方や価値創造手法を脅かしている。と同時に、途方もない事業機会を生み出しているのだ。

もっとも、こうした機会に気づくためには、企業VS.企業（B2B）、企業VS.消費者（B2C）という従来の区別をいったん忘れる必要がある。共創の世界では、各企業は、フォークリフトの操作者、パイロット、設計エンジニア、美容師、臨床研究者、インストラクター、製造職人、法律事務専門職、公務員なども含めて、自社とかかわりのある人すべてを「消費者」と見なすべきなのだ。このような視点に立つと、企業と一般世帯という人為的な区別を捨てざるをえない。さらに言えば、従来私たちは個々の消費者ではなく、「B」、すなわち企業を発想の起点に据えていた。企業を価値創造の中心に据えるこの発想は、実に根深く、産業化時代の競争の土台だったとすらいえる。

しかし競争の未来を支えるのは、個人が主役となって企業と価値を共創する、価値創造の新しいアプローチである。この未来に目を向けるには、過去から自由になる必要がある。過去から自由になるためには、過去を理解しなくてはいけない。つまり、経営者やマネジャーの行動の裏にある考え方を理解しなくてはならないのだ。

過去からの解放：従来の価値創造システム

この一〇〇年間、ビジネスリーダーを支え、多大な成果をもたらしてきた発想をまとめると、図1―3のようになる。

この図の列と行の関係からは、従来の価値創造が首尾一貫した論理に基づいていることがうかがえる。最上段の「前提」から見ていきたい。

ビジネスは従来、価値を創造するのは企業だとの発想から出発していた。企業が、どのような製品やサービスを提供するかを選んで、自身の判断で価値の性格を決めていた。消費者はそれを受け入れる立場だったのだ。

この前提から、企業にとっての意味合いが引き出される。企業は、製品やサービスを流通させるた

図1-3｜従来の価値創造を支える発想

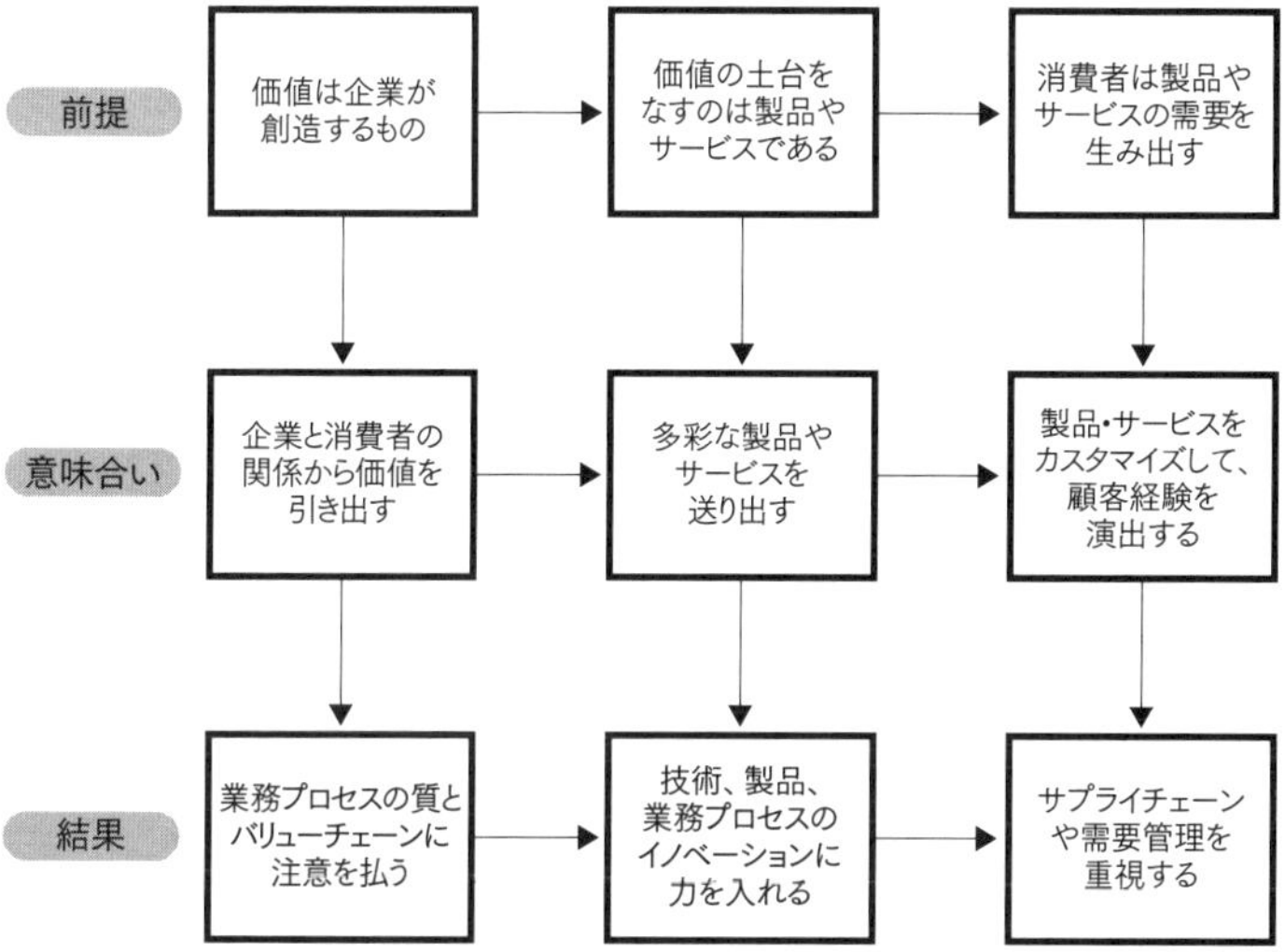
前提
価値は企業が
創造するもの
価値の土台を
なすのは製品や
サービスである
消費者は製品や
サービスの需要を
生み出す
意味合い
企業と消費者の
関係から価値を
引き出す
多彩な製品や
サービスを
送り出す
製品・サービスを
カスタマイズして、
顧客経験を
演出する
結果
業務プロセスの質と
バリューチェーンに
注意を払う
技術、製品、
業務プロセスの
イノベーションに
力を入れる
サプライチェーン
や需要管理を
重視する

めに、消費者との接点、つまり取引プロセスを必要とする。この企業と消費者との接点が、長い間、企業が消費者から価値の引き渡しを受ける場として働いてきた。そして、企業はこの価値を引き出すために、さまざまな手法を開発してきた。製品やサービスの種類を増やす、流通や顧客サポートの効果を上げる、一人ひとりの顧客に向けてカスタマイズする、さまざまな仕掛けを通して価値創造プロセスを演出する（テーマレストランなど）、といった工夫を凝らしたのだ。

このような前提と意味合いをもとに、各企業の考え方や慣行が形作られる。経営者やマネジャーは、製品やサービスの流れを制御する一連の業務オペレーション、すなわちバリューチェーン（価値連鎖）に大きな注意を払う。このバリューチェーンは主として、製品やサービスのコスト構造が「線形原価」であるとの前提で成り立っている。どのような製品を作るか、仕入れ先から何を購入するか、製品の組立てやサービス業務をどこで行うかに始まって、供給・物流面での多数の判断がすべて、この視点をもとに生まれるのだ。従業員は製品や業務プロセスの質に注目し、シックスシグマ、TQC（総合的品質管理）といった手法を通して質の向上をめざす。イノベーションは技術、製品、業務プロセスの分野で成し遂げられる。

このように、価値創造システムは首尾一貫しており、縦と横の整合が取れている。価値は企業の手で、市場とは別の場で創造される。市場で行われるのは、すでに出来上がった価値の取引だけだ。このため、バリューチェーンから生まれた価値と、消費者行動が生み出す需要を効率的にマッチングさせることが、きわめて重要になる。事実、供給と需要のマッチングが、長い間、価値創造プロセスの基盤をなしてきたのだ。

ところが、心臓ペースメーカーの事例からは、ビジネスの起点そのものが従来とは違っていることが見て取れる。今日では製品が氾濫しているため、消費者はそれに圧倒され、不満を抱いている。最新の通信ツールで武装した消費者は、一企業だけでなく、専門家、サービス提供元、他の消費者などを含むコミュニティ全体とかかわりながら、ともに価値を生み出したいと願っている。共創経験がどのようなものになるかは、まさに各人次第なのだ。その人ならではの個性が、共創プロセス、さらには共創経験にまで影響する。個人の参加がなければ、企業は価値あるものを一切生み出せない。共創が従来の取引に取って代わるのだ。

図1-4 価値創造の新たな枠組み

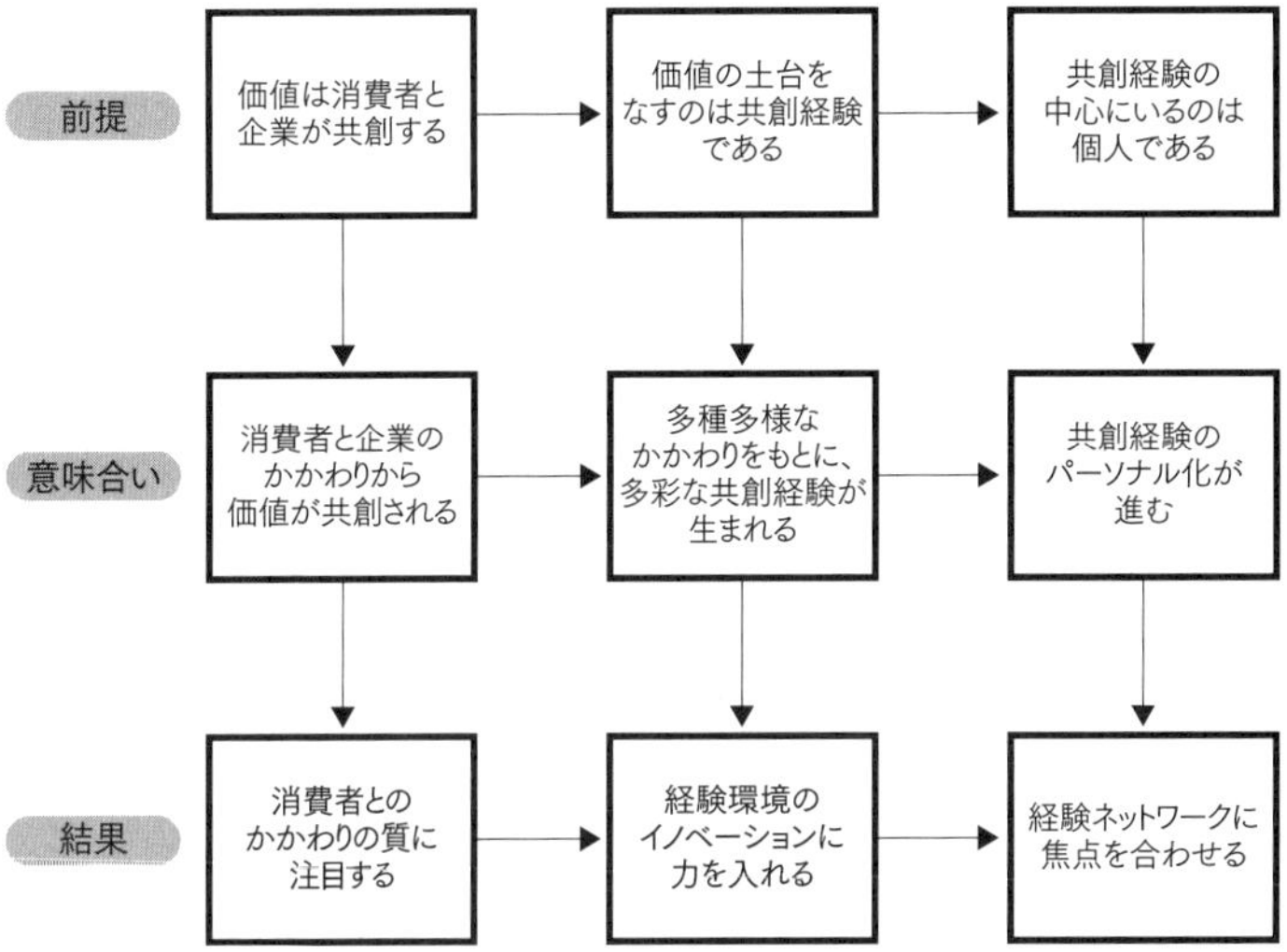
前提
価値は消費者と企業が共創する
価値の土台をなすのは共創経験である
共創経験の中心にいるのは個人である
意味合い
消費者と企業のかかわりから価値が共創される
多種多様なかかわりをもとに、多彩な共創経験が生まれる
共創経験のパーソナル化が進む
結果
消費者とのかかわりの質に注目する
経験環境のイノベーションに力を入れる
経験ネットワークに焦点を合わせる

価値創造の新たな枠組み

価値共創を土台にした新しいシステム、しかも全体として整合の取れたシステムとは、いったいどのようなものだろうか。その姿は図1－4のように表すことができるだろう。

ここでは「価値とは消費者と企業が共創するものだ」という点が大前提となっているため、共創経験が価値の土台となる。価値創造プロセスは、個人とその共創経験を中心に回っていく。

前提が変われば、必然的に事業への意味合いも変わる。消費者と企業のかかわり合いが、価値共創の新たな源となるのだ。何百万人という消費者がそれぞれ異なるかかわり合いを求めるのは間違いないため、価値創造プロセスは多彩な共創経験に対応できなくてはならない。各消費者の経験は、自分自身の関与や状況によって醸成され、他では得られない独特の価値を生み出すのだ。

これらの前提や意味合いからは、企業が新たな能力（ケイパビリティ）を必要としていることが見えてくる。経営者やマネジャーは、製品や業務プロセスの質だけでなく、共創経験の質にも気を配らなくてはならない。その質は、企業と消費者のかかわり合いを支えるインフラが、どれだけ多彩な経験を生み出せるかに応じて決まる。企業は、多彩な共創経験を実現できるように、「経験環境」のイノベーションを効果的に図らなくてはならないのだ。融通の利く「経験ネットワーク」を築いて、各個人が経験を紡ぎ出したり、パーソナル化したりするためのお膳立てをする必要があるのだ。やがて企業と消費者の役割は近づいていき、ユニークな共創経験、あるいは「他では得られない経験」を生み出す。

共創については、既成の概念との違いに気をつけていただきたい。事業活動をアウトソーシングしたり、顧客に委ねたりするのとは、わけが違う。製品やサービスを小手先だけでカスタマイズして、お茶を濁そうというのでもない。あるいはまた、製品やサービスを中心に据えて顧客経験を演出するのとも違う。今挙げたような手法では、もはやほとんどの消費者は満足しないのだ。[*4]

これまで紹介してきた変化は、根本的な潮流だといえる。ここでの価値共創とは、個々の消費者と有意義な（その消費者にとって有意義な）交流をし、その交流を通して価値を生み出していく営みなのだ。製品やサービスではなく、共創経験を基盤として、各人にユニークな価値をもたらす。市場はフォーラムのような性格を帯びていき、そこで各人は、製品やサービスを受け身で購入するのではなく、共創経験を培っていくのだ。

次代の事業慣行を探る

マネジャーは、「価値を生み出さなくてはならない」という強いプレッシャーにさらされている。だが、アウトソーシング、ビジネス・プロセス・リエンジニアリング（BPR）、従業員の削減などによって事業効率を高め、そこから価値を生み出そうとしても、人材の士気や潜在能力の点でおのずと限界がある。そこで、右記のような手法に加え、イノベーションや新規事業開発を実現しなくてはならない。社内の力をテコに利益ある成長を成し遂げるのは、並大抵のことではない。超一流企業ですら、何とか新規市場を開拓しよう、あるいはイノベーションが利益につながる確率を高めようと苦慮してきたし、いまだに苦慮している。

成長に火をつけ、革新性を発揮するためには、従来とは全く異なった発想が求められている。これは疑う余地がない。今日、価値創造の新たなフロンティアが目の前に広がっており、そこには新鮮な事業機会があふれている。ただし、その機会をうまく活かすためには、これまでとは根本的に異なった手法を用いて、価値創造の枠組みを作り、実践しなくてはならないだろう。

少なからぬ企業がすでに、伝統的なシステムは時代遅れになりつつあると悟り、新しい前提をもとに事業を展開しようと試みている。本書でこれから説明するように、このような試みは、価値共創という新しい枠組みの中で捉えれば、マネジャーにとっての指針となるばかりか、啓発にもつながる。
しかし、過去の延長線上で、見える方向が限られた曇ったレンズを通してイノベーションを眺めたのでは、抜本的なイノベーションは成し遂げられず、共創環境での競争には勝てない。

これからの経済下では、パーソナル化された共創経験を核にして競争が展開し、消費者ごとにユニークな価値が生み出される。本書はそのような未来へのロードマップを示していく。すべてのビジネスリーダーはいずれ、このロードマップに沿って果敢に旅をする必要に迫られるだろう。

第2章 価値共創を支える諸要素（DART）

Building Blocks of Co-Creation

前章では、消費者が積極性を強め、消費者と企業との関係に変化が現れている様子を紹介した。この変化の核心には、消費者と企業との新しいかかわり合いがあり、主としてこのかかわり合いを通して価値が共創されるのだ。

消費者と企業のかかわり合いと価値共創：サマーセットの事例

消費者と企業は、深いかかわり合いを持ちながら価値を共創する。以下では、住宅の注文建築を引き合いに出しながら、その様子を紹介していきたい。施主は、設計・建築のあらゆる段階に参加したいと考えている。いや、それを求めているのだ。自分や家族に特有のニーズや希望を満たすマイホームを求めており、このパーソナル化を実現するためであれば、設計者や建築者にも、必要なら何度でも企画・設計の見直しをしてほしいと考えている。注文建築では、施主、つまり消費者が深くかかわることは数ある選択肢の一つではなく、必須だろう。注文建築は地場の企業が主な担い手で、建築会社と施主が十分に時間をかけて打ち合わせをする必要がある。完成品すなわち注文住宅は、建売住宅よりもはるかに値が張る。

注文建築の精神を似た分野に応用した企業がある。ケンタッキー州に本拠を置くサマーセットは、ハウスボート［居住性を備えた滞在型ボート］分野で世界最大のデベロッパーで、年間売上高は三〇〇〇万ドルを超えている。[*1]

仮に私が、RV（レクリエーショナル・ビークル）と自宅を兼ねた、他にはない私だけのハウスボートを設計・施工したいと考え、サマーセットへの依頼を決めたとしよう。まず、サマーセットの開発グループに連絡を取って、希望のサイズ、家具、設備、特別な要望、そしてもちろん予算などを伝える。何回か相談した後、先方のエンジニアとともに、こちらのニーズに合った仕様を煮詰めていくことになるだろう。

仕様について合意したら、次は製造工程に入る。発注者である私は、ウェブ上で製造現場の様子をうかがい、製造中のボートの姿、進捗状況などを確認できる。そしてやがてはサマーセットの顧客として、ボート所有者のコミュニティの一員となる。このコミュニティとの交流を通して、ボートの設計、装備などについてアイデアを膨らませ、ボートをより一層楽しむことができるのだ。

顧客はボートの製造プロセスを手に取るようにつかめるため、通常よりも頻繁に、しかも積極的にこのプロセスにかかわることができる。このためサマーセットのエンジニアには、細やかで迅速な対応、創造性、明晰さなどがとりわけ強く求められる。たとえば、私が特大の窓を取り付けたいと考えているとしよう。この場合、サマーセットのエンジニアはこのアイデアの長所と短所、リスクなどを私に説明するだろう。私は、十分に説明を受けたうえで、エンジニアと一緒に窓の大きさを決める。

顧客である私は時として、危険を伴う要望、あるいは実現不可能な無理難題を突き付けるかもしれない。この場合、ボートの構造を弱めるおそれがあるなどの理由から、サマーセット側は私の要望を受け入れられないと判断するかもしれないが、共創の精神に従って、理由についてはこちらが納得するまで説明してくれるだろう。

サマーセットは私だけでなく、他の顧客とも絶えず対話をしており、問題を受け身で処理するのではなく、先に気づいて対処してくれる。例を挙げたい。たいていのボートには後部にエグゾースト（排気機構）がついているが、ここからはきわめて毒性の強いガスが排出されるおそれがある。サマーセットは一九九六年に、船体の横にエグゾーストを配する方式を採用したが、ボートは他のボートに横付けして使うことも多く、子どもたちはリアデッキで遊ぶのを好む。サマーセットは、二人の息子を一酸化炭素中毒で亡くすという悲劇に遭遇した夫婦がいると知って、エグゾーストの再設計に立ち上がった。こうして二〇〇二年にはドライスタック方式を導入して、搭載型のジェネレーターからエグゾーストを分離して、船体の横から無害な水を汲み上げるようにした。一酸化炭素は、デッキよりも九フィートほど高いところに設置した煙突から排出する。サマーセットは、他社製を含むあらゆるボートを対象に、ドライスタック方式への対応などの改造を請け負い、これを業界標準に据えようと熱心な運動を繰り広げた。[*2] サマーセットは顧客との価値共創を進めたため、目に見えてコストを低減させたばかりか、多くの人を死の危険から救ったのだ。独自の新技術を開発して、財務面でのメリットを享受したのも確かだ。

ここで、サマーセットと顧客の関係がどのようなダイナミクスに支えられているのか、見ておきたい。従来の製造業と同じく、このプロセスにも物理的な製品――この事例ではハウスボート――がかかわっている。だが、利用者がボートを手に入れる過程は、旧来型のメーカー製の自動車やテレビを購入するのとは違う。顧客は、契約書にサインする前から、サマーセットと密接に連絡を取り合う。その内容は、各顧客のニーズ、専門知識の有無、参加意欲などに応じて異なり、時とともに変化していくのが一般的だ。対話を育むために企業の側は、自社の従業員や知識に接する機会を顧客に設けるだけでなく、交流の中で折に触れて、それぞれの顧客の選択についてリスクや代償などを明確に説明する。互いに隠し立てをせずに透明な関係を築くのだ。顧客はどのような時にも現状を知っているべきで、企業の側でも顧客の要望や不安などを押さえておかなくてはならない。

とはいえ、すべての人がこうした双方向の共創プロセスの恩恵に浴することができるわけではない。ハウスボートの発注者も含めて、顧客の中には、製品についてじっくり話し合おうとしない人もいるのだ。すべての共創経験が好ましいものだとも限らない。顧客の側が、企業との対話が一方的だと感じたり、企業の振る舞いが公正でない、十分に情報を提供してもらえない、との印象を持ったりする場合があるのだ。リスクを率直に明かすのを怠る例もあるかもしれない。すると顧客にとって、共創経験は惨憺たるものとなる。

にもかかわらず、サマーセットからボートを購入する人々は、いくつかの特別な恩恵に浴することができる。

・共創プロセスを通して、顧客はハウスボートに関する詳しい知識や専門性を身につけることができる。これは自尊心や誇りにもつながる。
・サマーセットの従業員と対話し、工場でボートが出来上がっていく過程を追いかけると、製品やメーカーとの心理的な絆が生まれる。
・サマーセットには、積極的に情報を開示して対話しようとの姿勢があるため、顧客の側でもサマーセットや品質への信頼を抱く。
・サマーセットの顧客のコミュニティに参加すると、ハウスボートを利用する楽しみが広がる。

以上のように、共創経験の質は、従来型の製品を購入する場合とは著しく異なる。買い手にとっての価値は、製品やそれに付随したサービスだけではなく、共創経験全体に宿っている。製品設計への参加をはじめとした、ハウスボート利用者のコミュニティやサマーセットとの交流も、共創経験の一部をなしている。このため、共創経験の質や内容は、従業員やコミュニティに接する機会の豊富さやその内容、関係者相互の風通しの良さなどに応じて決まる。

この同じ共創経験を、今度はサマーセットの側から見てみたい。サマーセットと仕入れ先にとってもこのような経験は、顧客をより深く理解して、設計、エンジニアリング、製造などの新しいアイデアを得る機会になるはずだ。サマーセットの従業員は、設計エンジニアから製造職人に至るまで、顧客の望み、動機、行動様式、ひいては製品の特徴や機能についての合意点をより深く理解するだろう。対話を続けていくと、従業員は個々の顧客の顔を思い浮かべながら努力するようになる。企業の側は、投資につきものの不確実性を減らせるほか、環境上のリスクの源を見つけて排除することすらできるのだ。

ただし、共創を実践するにはさまざまな条件を満たさなくてはならず、マネジャーは新たな課題を突き付けられる。

- 顧客とじっくりと話し合うには、長い時間を要する。もし一〇〇万人、あるいは一〇〇〇万人もの消費者に対応するとしたら、いったいどうなるのだろう。顧客や仕入れ先などと、現在と同じようなつきあい方を続けるのは無理だろう。各消費者にきめ細かく対応しながら、しかも事業効率を保つには、どうすればよいのだろうか。
- 共創プロセスでは、顧客が製品設計にきわめて深くかかわる。常に高い品質を実現し、なおかつ設計面で顧客の要望に歩み寄るには、どういった方法があるだろうか。
- 透明性を大切にする以上、顧客に過度に干渉されるおそれも生じてくる。サプライチェーンの全体を通して、顧客の関与をどの程度まで許容すべきだろうか。

- 共創経験の中心にいるのは一人ひとりの顧客である。顧客はそれぞれ、異なる要望を持っているわけだが、その多様な要望にどう対処すればよいのだろうか。
- さまざまな選択肢について率直に話し合えば、顧客はリスクを制御できるが、責任を負うとは限らない。企業の側としては、どの程度までリスクを許容すべきだろうか。法的責任はどこからどこまでだろうか。
- 共創を試みると、顧客ごとに需要を捉えることになる。このような難しい状況では、需要予測はどのように行えばよいのか。

以上のような難題は、共創パラダイムのもとでは価値とは何を意味するのか、共創プロセスとはどのようなものか、といった問いかけでもある。以後の章では、価値の意味や共創プロセスがどのように進化しているのかを探り、経営者やマネジャーが直面する重要な問いへの答えを見つける努力をしたい。

共創を支える要素：DART

サマーセットの事例は、価値共創を可能にする消費者と企業のかかわり合いとはどのようなものか、その最新動向を示している。トータルな共創経験はもとより、対話（dialogue）、利用（access）、リスク評価（risk assessment）、透明性（transparency）といった主な要素（これを、頭文字をつなげて「DART」と呼ぶ）を通した共創プロセスに注目する必要性も浮かび上がってくる。これらの主要要素を一つずつ取り上げて、詳しく見ていきたい。

対話

対話とは、当事者同士が深くかかわり合いながら、行動へ向けて意見を交わすことを意味する。単に顧客の意見に耳を傾けるのとはわけが違う。顧客と同じ経験をし、その経験を取り巻く思惑、社会、文化などの背景を、感情レベルで受け止める必要があるのだ。顧客と対等な立場で問題解決にあたり、コミュニケーションを図りながらともに学習することも求められる。対話を重ねていくと、忠誠心で結ばれたコミュニティが生まれ、維持される。

共創プロセスで行われる対話には、いくつかの特徴がある。

- 消費者と企業の両方に利害のあるテーマに焦点を当てる。
- 対話を引き出す場として、フォーラムを必要とする。
- 秩序に沿って生産的な対話が実現するように、（暗黙でもよいが）参加ルールが求められる。

共創のための対話を実り多いものにするには、なぜ以上のような条件が必要なのだろうか。伝統あるゴルフ産業を引き合いに出しながら考えていきたい。セント・アンドリュース（R&A）、全米ゴルフ協会（USGA）、ゴルフクラブのメーカーの三者は、以前からゴルフクラブのヘッドがドライバーの飛距離にどう影響するかをめぐって論争を展開しており、USGAが北米、R&Aがその他の地域のゴルフルールを定めている。[*3]

一九七六年以来、USGAはスプリング効果を禁止しており（「インパクト時にボールを跳ね返す力を大きくしすぎてはいけない」）、この規定に反しないかどうかを確かめるために、ドライバーのテストを実施している。[*4] にもかかわらずメーカーは、禁止されているはずのスプリング効果を持つ柔軟なドライバーを製造している。アメリカ以外のアマチュア・ゴルファーの一部には、この種のドライバーを熱心に探し求めて、何とか飛距離を伸ばそうとする動きが見られた。R&Aは二〇〇〇年の初秋に、「ドライバーヘッドの柔軟性を規制せず、検証も行わない」と発表した。

この間にキャロウェイ社は、USGAの規定に反するERCⅡフォージド・チタニウム・ドライバーをアメリカで発売した。創業者兼会長のエリ・キャロウェイは、「アメリカのゴルフ愛好者に、これまでにないチャンスをもたらしたい、というのが当社の意図です。楽しみのためにゴルフをするのに、規定外のドライバーを使ってとがめられるのはおかしいでしょう」と述べている。[*5]

ゴルフ関係の諸団体やゴルフクラブ・メーカーは、この問題をめぐって激論を繰り広げたが、一般のゴルファーが何を望んでいるのかを誰も知らなかった。週末ゴルファーにとっては、意見を述べるフォーラムのような場はなかった。この業界では事実上、既存の組織が互いに意見を戦わせるだけで、消費者は蚊帳の外に置かれていたのだ。

同じような現象は、ファイル共有、著作権侵害、さらにはアーティスト、レコード会社、消費者の利害の衝突などといった論争に揺れる音楽業界にも見られる。この論争には、全米レコード協会（RIAA）、作詞・作曲家（全米作曲家作詞家出版社協会［ASCAP］）、複合メディア企業、インターネット関連企業などが加わっている。ところがリスナーは、（違法性を指摘されている）ピア・トゥ・ピア（P2P）方式のソフトウェア、Kazaaなどのファイル共有サイト、ナップスターの後継サービスなどを支持する他は、論争に参加する機会がないのだ。

これと対照的なのが、ソフトウェア分野で起きている「オープンソース」の動きだろう。この動きを通して自由な意見交換が促され、標準化への動きが加速した他、自主規制によって品質基準が定められた。業界の伝統的企業も、こうした意見交換や対話には大きなメリットがあると考えているようだ。IBMは二〇〇一年に、R&D（研究開発）予算（総額一〇億ドル）のおよそ二〇%をリナックスとアパッチ・サーバー関連に投じた。[*6]

類似の動きは意外な場所でも芽生えている。一例としてイーライリリーは、二〇〇一年六月に研究業務を主体としたベンチャー、イノセンティブを設立した。イノセンティブはウェブ上で世界中の企業や研究者を集め、科学上の個別課題の解決に取り組んでいる。[*7] 課題を提示した企業から最善の解決策を導いたと評価されると、その研究者は莫大な現金報酬を得られる。イノセンティブは、閉鎖的な体質で知られていた製薬業界に、大胆にもオープンソース型のアプローチを取り入れ、複雑な課題の解決策を広大な科学界全体に求めたのだ。

対話を推し進めるためには、特定のテーマを掲げたコミュニティ作りも欠かせない。アメリカ・オンライン（ＡＯＬ）はかなり以前から、利用者間の対話を促すためのフォーラムを設ける重要性にすでに気づいていた。通信事業者が先を争うようにしてインターネット・サービス・プロバイダー（ＩＰＳ）事業を立ち上げるのを横目に、ＡＯＬはチャット、メッセージボード、ニュースグループなど、利用者同士が交流できる環境づくりに精を出し、やがてはＡＯＬインターネット・メッセンジャー・プロトコルやＩＣＱソフトウェアなどを使って、お友だちリストやインスタント・メッセージングを実現した。ＡＯＬは、誰かとつながりたい、社会ネットワークに属していたい、という多くの人々の思いを汲み取ったのだ。お友だちリストがあると、メンバーを限定することでプライバシーを保てる。ユニークでありたい、社会ネットワークと独自の絆を持ちたいとの願いは、多くの人が抱いているのだ。

利用

従来は、企業の関心やバリューチェーンは、製品を作って消費者に販売する（所有権を移す）という活動を柱として成り立っていた。しかし消費者の目標は徐々に、好ましい経験を紡ぐことへと変わりつつある。必ずしも製品を所有したいとは考えていないのだ。モノを所有しなくても、望ましい経験は実現できる。そこで、所有と利用を分けて考える必要があるだろう。
真っ先に利用の対象となるのは、情報とツールである。ＴＳＭＣ（台湾積体電路製造）の事例を取り上げたい。ＴＳＭＣは世界最大手の半導体メーカーで、非常に高い創造性を発揮している。製造プロセス、設計・構成情報、品質管理プロセスなどを顧客に公開しているのだ。[*8] このため、半導体事業のソフトウェア依存が強まると、小規模企業ですらＴＳＭＣのような大手メーカーの知識ベースを利用して、少ない投資で効果的に半導体関連事業に参入できる。
ここでいう利用とは、コンピューティングのようなオンデマンド資源の利用も含む。ゲートウェイ社が試行する「プロセッシング・オンデマンド」は、二七二店舗の八〇〇〇台にものぼるコンピュータを結んで、スーパーコンピュータに匹敵する処理速度を実現、これを時間貸しするというサービスだ。価格はプロセッサー当たり一時間一五セントである。[*9] ＩＢＭも、一〇〇億ドルを投じてオンデマンド・コンピューティング施策を推進している。企業が電力と同じように手軽にコンピューティングを利用して、必要に応じて多彩なＩＴサービスの恩恵に浴する環境を思い描いているのだ。[*10]
消費者も、モノを購入するのではなく、利用することを通して、多彩なライフスタイルを経験したいと望んでいるのではないだろうか。レンタカーサービスを利用すれば、自動車を所有しなくても、マイカーのオーナーと同じようなライフスタイルを満喫できる。移動手段の分野では、新しい利用形態も生まれている。ゼネラルモーターズ（ＧＭ）やフォード・モーターと契約すれば、その日の行動に応じて、四車種を使い分けられるようなサービスがあってもよいのではないだろうか。金曜の夜には、高級車を駆って豪華レストランに食事に出かけ、土曜の朝は、娘とそのサッカーチームの仲間たちをSUV(スポーツ用多目的車)に乗せて練習場へ送り届け、木曜日には駐車の容易なコンパクトカーでショッピングモールに繰り出す、といった具合だ。こうした特別なサービスを、たとえば年間五〇〇〇ドルで利用できるとしたらどうだろう。投資、所有、維持・管理といった面倒を抱え込まずに、多様な車種を利用できるのだ。

この一〇年間、欧米の都市部では、所有よりも利用を好む顧客層に向けて、これに類したサービスの提供が進んでいる。スイスではモビリティ・カーシェアリングというサービスがある。利用者は、個人別の開錠用機器を渡され、特定の乗用車群の中から好みのものを選ぶ。時間制の料金体系であるため、ちょっとした用事を足す、郊外に住む友人を訪ねるなどといった用件に最適である。[11] このような新しい都市型ライフスタイルは、時間とお金の節約になるだけでなく、公害を軽減し、駐車場不足を緩和する。旅行・観光業界でも、別荘のタイムシェアやVIP用航空機の部分リース契約など、類似のサービスが提供されている。

「所有から利用へ」という流れは、新興市場でも新たな事業機会を生み出している。[12] コンピュータを持つ人々と持たない人々の間の「デジタルデバイド」をめぐる議論は、コンピュータは購入しない限り利用できない、との前提に立っている。しかし、新興国の大都市では、サイバーカフェやインターネット・キオスクが、従量制の料金体系でオンライン接続サービスを提供している。インドでは、一時間に三〇セント前後でインターネットを利用できるのだ。これは、一〇〇〇ドルでパソコンを購入するよりもはるかに魅力的な選択肢ではないだろうか（一〇〇〇ドルは、インドの一般家庭の年間所得に相当する）。インドの村にインターネットを利用できる環境があれば、漁師たちのコミュニティが天候情報、衛星からの魚群情報、最新の水揚げ価格などを知ることができる。その恩恵は、世界のさまざまな人々に及ぶだろう。ヘルスネット（Healthnet.org）のようなウェブサイトを利用すれば、貧しい国の医師たちも、容易にしかも低コストで最先端の医療情報に接することができる。バングラデシュでは、メディネットという地元企業が、何百種類もの高価な医療情報誌の閲覧サービスを、月に一・五ドル以下で医師たちに提供している。

所有から利用への流れはまた、人々の自己表現の幅を広げる。急速な技術発展の恩恵によって消費者は、従来は企業が牛耳っていた業界全体のバリューチェーンに接することができる。プリント・オンデマンド（ＰＯＤ）という新しい技術を用いると、誰でも四〇〇ドル以下で書籍を出版できる。ＰＯＤ出版社にカバーデザインを依頼して、書籍流通業者に本文ファイルを送ると、本文がデジタルデータとして保管される。読者から発注があると、流通業者は一冊ずつ、毎分一〇〇〇ページ超のスピードで印刷する（たいていの書籍は三〇秒もあれば印刷が完了する）。ＰＯＤは出版の経済性を劇的に変えた。従来は、発行部数の三〇％から四〇％が断裁される例もあったが、ＰＯＤの仕組みを利用すれば返品とそれに伴う無駄は避けられる。[*13] 消費者は著者、発行元、価値創造プロセスの管理者などの役割を兼ねることができ、読み手にとっては新人作家の作品に触れる機会が増える。ただし、数多くの作品の中から光るものを探し出せるかどうかは、また別の問題だが。

リスク評価

ここでのリスクとは、消費者に損害が及ぶ可能性を指す。経営者はこれまで、企業のほうが消費者よりもリスクを評価・管理する手腕に長けていると想定していた。このため、消費者とのコミュニケーションでは、マーケターはもっぱら利点ばかりを説明して、リスクにはほとんど目をつぶっていたのだ。

だが今日では、どのようなリスクがあるか、リスクと引換えにどういった利益が得られるか、といった議論がしきりに交わされている。価値共創の動きはこの議論に拍車をかける。共創環境のもとでも、企業の力だけでリスクを管理できるのだろうか。企業との間で積極的に価値共創に取り組む消費者は、リスクを負うべきなのだろうか。

ホルモン補充療法の事例をもとに考えていきたい。これは六年前に誕生した事業で、二〇〇〇年の売上は二七億五〇〇〇万ドルだった。何百万人もの女性がホルモン補充を受けて、不眠やほてりといった更年期症状から解放された。ところが最近の研究によって、この療法には以前は知られていなかったリスクが伴うと判明した。女性健康増進団体の研究によれば、ホルモン補充療法を受けた女性は、心臓発作、乳がん、脳卒中、血栓などの危険が通常よりも高いというのだ。この研究結果が公表されると、女性ホルモンの主力製品プレンプロ（二〇〇二年にはおよそ六〇〇万人のアメリカ人女性が服用していた）の売上は二五％から三〇％ほども減少した。[*14]

リスク開示をめぐる問題は、消費者と企業の主な論争テーマとして浮上している。遺伝子組換え作物の事例を引きたい。人類は一〇〇〇〇年にわたって、植物や動物の品種改良を行ってきた。ところが二〇年前からは、特定の性質を生み出す遺伝子を探し出して、生体組織に直接埋め込む方法が用いられるようになった。一定の栄養分構成を持つ大豆や害虫に強い綿花など、オーダーメード型の植物は、世界の貧困者層にとっては画期的な意味を持つかもしれない。六〇億の人口を養うのは、並大抵のことではないのだ。しかし、モンサントなど遺伝子組換え事業の最先端を走る企業は、多くの科学者や一般消費者の懸念に十分に対応してこなかった。モンサントは、フランケンフード［遺伝子組換え食品を意味する造語］の環境や健康への影響をめぐる論争で、すっかり悪役になってしまったのだ。[*15]

　モンサントが見落としたのは、昨今の消費者はリスクについて知りたい、議論したい、という気持ちを強めている、という点である。一昔前であれば、モンサントが「当社としてもリスク評価を実施しましたし、ＦＤＡも製品検査を行ったうえで販売を承認しました」と述べれば、大多数の消費者は納得しただろう。ところが今日ではそうはいかない。人々は、遺伝子組換え食品についてどこまでわかっているのか、生産を急ぐリスクは何か、などを知りたいと考えている。

　遺伝子組換え食品への疑念はどれくらい根の深いものなのだろうか。『サイエンティフィック・アメリカン』誌の調査によれば、読者は楽観論と悲観論に二分されている。[*16]同誌の読者は科学に比較的詳しく、遺伝子組換えについての知識も有するので、彼らが遺伝子組換え食品に疑いを持てば、一般の人々はなおさら大きな不安を抱くだろう。後知恵にすぎないが、農業・食品分野の各種団体、政府機関、規制当局、ＮＧＯ、一般消費者などとともに遺伝子組換え食品の長所、短所を話し合っていれば、モンサントは世論の反発や懸念を避けられたのではないだろうか。
モンサントと対照的な事例を提供しているのが、デコードというベンチャー企業である。デコードは、アイスランドの全人口を対象に、詳しい遺伝研究を行いたいとの意向を示した。この研究案には、プライバシーや個人の自由にかかわる微妙な問題が絡んでおり、遺伝子組換え食品と同じくらい激しい論争を引き起こす可能性があった。だがデコードは、この研究の長所と短所について公開討論を行った。このテーマは国内の主要紙で計七〇〇回以上、テレビ・ラジオ番組でも一〇〇回以上も取り上げられた。アイスランドの人々は、この問題について学び、議論し、コンセンサスを形成する機会を十分に与えられたのだ。こうして、アイスランド議会はプロジェクトを承認、ＤＮＡデータを収集するための法案を通過させ、プライバシー保護の仕組みを整備したうえで、研究者や製薬会社がそのデータを利用できるようにした。[*17]
リスク評価や情報提供を十分に行ったうえで判断を下す、との傾向は、ＦＤＡが過敏性腸症候群（ＩＢＳ）の治療薬ロトロネックスの再発売を認めたのを機に、一気に強まった。ロトロネックスは最初、二〇〇〇年にグラクソ・スミスクラインから発売され、二七万五〇〇〇人以上の患者が服用したが、深刻な副作用によって複数の死者が出たため、グラクソはわずか一〇カ月足らずで販売を中止したのだった。[*18]
消費者が受け身だった時代なら、ロトロネックスはこの時点で完全に葬られていたかもしれない。しかし、そうはならなかった。過敏性腸症候群に悩む何千人もの人々が販売中止に抗議して、使用条件を厳しく定めたうえで販売再開を認めるよう、FDAに迫ったのだ。FDAは二〇〇二年にこの要望を受け入れた。服用量を以前の半分に減らしたうえで、販売を認めたのだ。医師は、いくつもの条件を満たさない限りロトロネックスを処方してはならないとされ、グラクソの主催する研修プログラムに参加して、この製品の副作用やリスクについて自信が持てるまで理解するように求められた。医師から患者にリスクを十分に説明して、患者の側でもリスクを理解した旨の文書に署名をしたうえで使用することとなった。

ロトロネックスをめぐる論争が解決したのは、グラクソ、消費者、医師、FDA、薬剤師、ヘルスケア団体などの間で、リスクについて熱心に意見が戦わされたからである。しかし、ロトロネックスの服用に伴うリスクについては、誰が最終責任を負うのだろうか。答えはおよそ明快とはいえない。消費者は「情報、ツール、選択の自由を与えてほしい」と声をあげているが、「自分の選択には自分で責任を負う」との覚悟があるとは限らないのだ。

インフォームド・コンセント〔説明を受けたうえでの同意〕や企業と消費者の責任にまつわる論議は、何年も続くと思われる。だが、消費者が価値共創へのかかわりを強めていくのは、間違いないだろう。消費者が「選ぶ権利」を捨てるとは考えにくいのだ。ただし消費者は企業に対しては、「リスクを十分に説明したうえで、製品やサービスが個人や社会にどのようなリスクを与えるかを評価するためのデータ、さらには適切な評価方法を提供してほしい」と強く求めるだろう。

企業リーダーの側では、リスク評価や弊害の除去に神経質になるあまり、社内に自己防衛の意識ばかりが広がることのないよう、対策を講じなくてはいけない。その一方で、リスク管理は他社との違いを際立たせる機会でもあると、理解しておくべきだ。製品やサービスを利用するメリットとデメリットを積極的に議論すれば、消費者との間で従来よりも強い信頼関係を築けるだろう。最近の研究では、マンモグラフィーによる乳がん発見のメリットとデメリットに関して、見解が割れている。九〇〇〇人を超えるカナダ人女性を対象とした調査では、四〇代の女性はマンモグラフィーによってそれほど恩恵を受けず、不必要な診療行為によるマイナス面が大きいとされた。このような問題がある以上、事実データがたとえ複雑で矛盾に満ちたものだったとしても、それを消費者に示して話し合いを持ち、一人ひとりの消費者がリスクとメリットについて説明を受けたうえで判断を下せるようにすべきだろう。

透明性

従来は、企業が消費者よりも圧倒的に多くの情報を持ち、それによって恩恵を受けてきた。だが、このような不公平は急速に解消に向かっている。企業としてはもはや、価格、コスト、利益率などが不透明であるとの前提に立ってはいけないのだ。製品、技術、事業体制などに関して情報を得やすくなったため、かつてない高い透明性を実現することが望まれている。

有価証券取引の分野で進行している革命を考えてみたい。世界規模の証券会社インスティネットは、先進テクノロジーを活かして、投資信託や４０１ｋ（確定拠出型年金）、ＩＲＡ（個人退職勘定）などの運用者を対象に、世界四〇以上のマーケットで一日二四時間、取引を可能にしており、売り手と買い手はじかに相手と交渉してできる限り有利な価格を引き出そうとする。[*19] 取引開始から取引後のコスト評価、決済にいたるまで、高い透明性が確保されているため、顧客はリアルタイムで取引のコストを把握できる。このような取引の透明性は個人投資家もひきつけており、機関投資家だけでなく多くの個人投資家が取引に加わっている。

セレーラ・ジェノミクスとヒトゲノム計画――「生命の書（DNA）」の全解読――の事例も検討しておきたい。ヒトゲノムについては、基本構造は解読されたとはいえ、特殊な遺伝子を見つけ出して、その役割を解明したり、さまざまな健康状態との関連を探ったりする試みは、始まったばかりである。以前では考えられなかったような高い透明性が、これらの作業にとって心強い追い風となっている。研究者は現在では、研究エージェント・ソフトウェアを用いて遺伝子が形作るタンパク質に高度な分析を加える他、世界中で行われている同じような研究の動向を探り、新規医薬品の候補を探ることもできる。このように、科学研究の分野でも透明性が高まっており、それによって新たな発見や進歩の形態が生まれている。[*20]

ここでTSMCの事例に戻りたい。TSMCは、最新鋭のバーチャルファブ（仮想生産工場）の透明性を高めて、顧客であるファブレス企業（自社で生産設備を持たず、一〇〇％外部に生産委託している企業）が設計サイクルや製造プロセスのコントロールを強化できるよう、環境づくりをしている。このオンラインシステムを利用すると、顧客は製品が出来上がっていく様子を実に細かく把握できるほか、設計に役立つ多彩な最新情報の提供を受けられる。顧客は、TSMCのエンジニアリング情報やサプライチェーン情報を利用できる他、高度な技術や製造プロセス、技術ロードマップ、製品プランニング支援、イールド解析、プロセスの信頼性データの追跡など、さまざまなものを利用できる。対話、利用、リスク評価、透明性といった要素を組み合わせると、企業は消費者との協働を進めやすい。透明性があると、消費者との間で協力的な雰囲気で対話が弾む。絶えず実験や試行に取り組みながら、互いの経営資源や情報を利用し、リスク評価を行うと、新しいビジネスモデルや機能を生み、魅力的な共創経験を実現できる。ソニーのような既存企業ですら、今や消費者と友好的な対話を行い、プレイステーション2の開発に消費者の意見や知恵を反映させている。インテル、マイクロソフト、ノキアなども、ウェブ対応機器、ネットワーキング・ソフトウェア、携帯電話などの新技術を開発する際に、消費者の力を借りている。消費者は対話への参加を通して、技術面で協力するだけでなく、期待や評価を述べるという形での貢献も果たしている。そしてそのような活動を通して、企業とともに未来を創造しているのだ。

◉構成要素（DART）の組合せ

ここで要点をまとめておきたい。共創の四つの構成要素は、対話、利用、リスク評価、透明性、すなわちDARTである。対話は知識の共有を促すだけでなく、企業と消費者が深い相互理解に到達するきっかけとなる。消費者が価値創造プロセスに自分たちの価値観を反映させる契機ともなる。所有から利用への流れは、「消費者は製品を所有しない限り価値を享受できない」との考え方に挑むものだ。企業は、消費者による製品の所有だけでなく、利用という経験にも着目すると、事業機会を広げることができる。消費者が価値共創に参加すると、製品やサービスの潜在リスクについてより多くの情報を求めるため、リスク評価の重要性が高まると考えられる。ただし、リスクに対処するうえでの消費者の責任もやはり大きくなるだろう。情報の透明性は、企業と消費者の間に信頼を築くうえで欠かせない要素である。

利用と透明性

利用と透明性が組み合わさると、消費者は情報を得たうえで判断を下しやすくなる。たとえば、アメリカの消費者は現在では、たいていの金融サービス企業の投資商品について、利回りその他の情報を瞬時に得られる。多彩な投資商品の過去の実績やサービスの質はもとより、顧客の感想、体験談などに関しても透明性が確保されている。したがって、金融機関や投資商品の選択に際して、より適切な判断ができるのだ。

対話とリスク評価

対話とリスク評価が結び付くと、さまざまな分野の方針を、関係者が話し合いをしながら練り上げることができる。一例として、喫煙の可否についての幅広い層による議論、タバコメーカーへの監視強化、喫煙に伴うリスクについての情報提供などに関して、政策変更が促されているほか、消費者の側でも情報を得たうえで選択をする傾向が強まっている。この議論は引き続き展開されており、次のような問いが投げかけられている。「子どもやティーンエージャーの目に留まりやすい販売手法を、タバコメーカーに認めてよいものだろうか?」「タバコは自動販売機、インターネット、どちらで販売すべきか?」「タバコに関しては、アルコール類や処方薬と同じくらい厳しく規制やコントロールを行うべきではないか?」。人々は、消費者として十分な情報をもとに購買判断を下しながら、公共政策に大きな影響を及ぼしているのだ。

利用と対話

利用と対話を組み合わせると、テーマ別コミュニティを築き、維持するのが楽になる。NASCAR(全米改造自動車競技連盟)レースのファンは、インターネットで今後のイベント予定、各レースの優勝候補、人気レーサーの統計データなどを参照できる。レースの予想や分析に興じるコミュニティに自由に参加して、NASCARイベントの思い出や逸話を披露したり、記念品を売買したりできるのだ。フライフィッシング、一二世紀中国の楽器研究など、同じ趣味を持つ人々のコミュニティは、実に多彩である。

透明性とリスク評価

透明性とリスク評価を組み合わせると、当事者間の信頼を築きやすい。ファイアストンとフォード・モーターのタイヤ欠陥問題では、自動車の車種、タイヤ圧、走行条件などを総合したリスクについて、両社がどの程度の情報を持っていたかが争点となっている。ファイアストンは、立証済みのリスクに限って全情報を明らかにすべきだったのだろうか。それとも、立証はできていなくても、疑いがあるなら、真剣な議論をすべきだったのだろうか。リスク情報を示して、消費者グループと話し合おうとする業界や企業は、ごく一握りにすぎない。金融各社は、「消費者の権利に関する決まり」を掲げるべきではないか。専門用語ではなく、わかりやすい言葉でリスクを説明すべきではないだろうか。消費者が共創にかかわる以上は、相手企業への信頼が欠かせない。[*21] 賢明な企業は、「疑わしい場合は、情報を開示せよ」との方針に急速に傾きつつある。

共創の新たなダイナミクス

これまで見てきたように、DART（対話、利用、リスク評価、透明性）は、価値を共創するための土台のようなもので、マネジャーはこれらをさまざまに組み合わせることができる。多くの企業や業界がこれらの要素をめぐって試行錯誤しており、価値創造のあり方が変わりつつあることを示す事例も増えてきてはいる。しかしその反面、共創という新たな枠組みを受け入れられずにいる企業もいまだに多い。なぜだろうか。

答えは、共創が企業と消費者のこれまでの役割を根本から揺るがすからだろう。一つには、消費者と企業の接点での緊張関係を強める。接点とは、共創経験が生じる場、各人が判断を下す場、価値の共創が行われる場だ。企業と消費者の接点では、両者の協働や交渉の機会が、目に見えないものも含めていくつも生まれるが、その機会が台なしになるおそれもないわけではない。

次の第3章では、消費者と企業の交流をめぐる最新動向と、そこに潜む緊張関係を見ていく。

第3章 共創経験

The Co-Creation Experience

これまで述べてきたように、多くの企業がすでに価値共創に取り組み始めている。にもかかわらず、慣れ親しんだ慣行やツールを捨てたくない、安全地帯から離れたくない、と考える経営者やマネジャーも少なくないのが現実だ。その結果、旧来の「企業の論理」と最近の「消費者の論理」の間にきしみが生じる。その焦点となるのは、「共創経験にまつわるさまざまな選択を、企業側が一方的にしてもかまわないのか」という問いである。筆者たちの答えは「ノー」である。

◉──価値の土台としての共創経験：ナップスターの事例

一九九九年五月、ショーン・ファニングがナップスターを旗揚げして、インターネット上でデジタル音楽ファイルの共有・交換が可能となった。これによって、消費者に新しい魅力的な経験がもたらされた。製品をあらかじめパッケージ化して流通経路に乗せるという、企業主導の従来型の取引を離れて、個人を主役にして価値というものを捉え、利用や選択の自由を広げる可能性が開かれたのだ。ナップスターは、四〇〇〇万人を超える消費者をひきつけたが、その後、音楽業界が法的措置に訴えたため、閉鎖を迫られた。[*1] 音楽流通へのナップスターの取組みについては、法律上、道義上の議論はあるだろうが、人気ぶりについては議論の余地がない。現在はナップスターの後継といえそうな企業がいくつも産声を上げ、インターネット上で繁栄している。何百万という音楽ファンが、「私たち消費者は、自分なりの方法で好きな音楽を選んで使用する」と熱く声を上げているのだ。

エンタテインメント分野の既存企業は、ナップスターやその類似企業がしていることは、著作権侵害や窃盗にあたると受け止めている。売上や利益を大きく脅かされるからだ。だが、別の解釈もできるだろう。ナップスターの事例からは、音楽産業の将来について非常に明るい見通しも得られるのだ。ナップスター人気は、消費者が音楽作品を深く愛していて、自分なりの方法でより多く消費したいと考えている、との事実を示しているのではないだろうか。消費者は世界中の音楽作品に自由に接したい、自分の好み、環境、人づきあいなどに応じて音楽を選んで聴きたい、との希望を抱いている。

ナップスターの利用者には、音楽をダウンロードして、対価を支払う用意があっただろうか。おそらくその気持ちはあっただろう。ところが、音楽業界はそのための仕組みを用意していなかった。CD販売店も、試聴、好みの曲だけの抜き出し購入、CDへの焼付けなどを認めようとしなかった。音楽業界は、従来の「こちらがパッケージ化した製品をそのまま購入してほしい」との姿勢を、何としてでも貫こうとした。新たなテクノロジーは音楽業界の売上低減につながり、業界を破滅に追いやるだろうと恐れたのだ。映画業界は、これに先立つ一〇年前にビデオ・カセットレコーダーに脅威を抱き、現在ではデジタル・ビデオレコーダーやファイル共有技術に危機感を強めている。[*2]

ナップスターは従来の「企業と製品を中心とした」事業のあり方と、最近の「消費者と経験を中心とした」事業のあり方の間の緊張関係を浮き彫りにした。

・音楽業界のいくつもの流通段階を排除して、企業と消費者の間に大きな溝があることを明らかにした。

・音楽愛好家の多くは、パッケージ化された製品しか手に入らない現状に挑み、楽曲の選定権を経営者やブランド・マネジャーの手から奪おうとした。

・ナップスターの事例は、「価格に見合った経験とはどのようなものか」との問いを投げかけた。そしてそのうえで、レコーディングから消費に至るすべての中間段階、すなわちパッケージング、流通、マーケティング、広告、販売促進などを通して、顧客経験にどれだけの価値が付加されるのかを測定するよう、企業や消費者に迫ったのだ。

・音楽リスナーの多様性をあぶり出し、音楽業界に対して、消費者中心の発想を取り入れるよう促している。

ナップスターの事例からは、音楽業界を覆う緊張関係が、企業と消費者の関係や品質などを軸としたものだとわかる。消費者はもはや、企業が一方的に選択してパッケージ化したCDに無条件にお金を払おうとはしない。支払いをする前に、自分で楽曲を選んで試聴をしたい、と考えているのだ。

ナップスターのサービスは停止されたかもしれないが、Ｋａｚａａ（二〇〇〇万を超えるダウンロード数を誇る）他のピア・トゥ・ピア（Ｐ２Ｐ）方式のソフトウェアやファイル共有企業は、引き続き音楽業界を変えようと奮起している。これまで音楽業界とのつながりが薄かった企業ですら、論争に加わっている。その好例が、スティーブ・ジョブズ率いるアップルの運営するｉＴｕｎｅｓミュージック・ストアで、開設以来、一曲九九セントで五〇〇〇万曲以上がダウンロードされた。[*3] エレクトロニクス、コンピュータ、通信、娯楽などが融合した楽しみの空間では、ｉＴｕｎｅｓミュージック・ストアのような施策は、アーティスト、音楽ライブラリー、機器、音楽愛好家のネットワークへと発展して、消費者が自分ならではのユニークな経験を築き上げる場となる可能性を秘めている。この楽しみの空間では、新たな共創経験の可能性が次々と生まれている。たとえば、アメリカの有名ロッククラブ同士を結んで、そのコンサートをウェブ上で放送するデジタル・クラブ・ネットワーク（ＤＣＮ）だ。ＤＣＮは現在、何百ものバンドの四〇〇〇を超えるコンサートの権利を保有している。バンドの多くは無名であるため、演奏を多くの人々に聴いてもらえば、ゆくゆくはロイヤルティを得られるかもしれないとの期待から、契約書に署名するのだ。ＤＣＮは興味深い問題提起をしている。レコード会社と契約したバンドが、あるとき突然、爆発的な人気を博したらどうなるのだろうか。バンドの演奏にごく手軽に接して価値共創を経験できるなら、喜んで対価を支払うのに、なぜそれができないのだろうか。[4]

企業の論理 VS. 消費者の論理

企業のマネジャーも一般の人々の例に漏れず、世の中で広く受け入れられている考え方になじんでいく。つまり、事業環境の中で学び取った姿勢、行動、前提などに染まっていくのだ。[5] 残念ながら、大多数のマネジャーは、自分たちも消費者だという事実を忘れてしまう。従来の価値創造の枠組みにとらわれ、そこでの経営上のルーチン、制度、業務プロセス、予算、インセンティブなどに強く縛られるのだ。その焦点は技術ロードマップ、工場のスケジューリング、製品品質、コスト低減、サイクルタイム、効率などに当てられている。案の定、このような姿勢は消費者と交流する際にも貫かれる。

例を挙げて説明したい。コールセンターでの業務は、消費者と接するための稀有な機会にあふれている。コールセンターをうまく運用すれば、問題を解決したり、質問に答えたりするだけでなく、製品やサービスを楽しむ全く新しい方法を提供して、不快感を抱いていた顧客に満足をもたらすことができる。ところが大多数の企業は、コールセンターをオートメーション化して、狭い範囲の業務に特化した経験の浅い人材を配置している。そして、その生産性を、消費者にどれだけ上質の経験をもたらしたかではなく、一時間当たりのコール処理数で評価することによって、そうした機会を逃しているのだ。だが経営者は、良かれと思ってこのようなコールセンターを設けたのである。一般的なマネ

図3-1｜企業の論理 VS. 消費者の論理

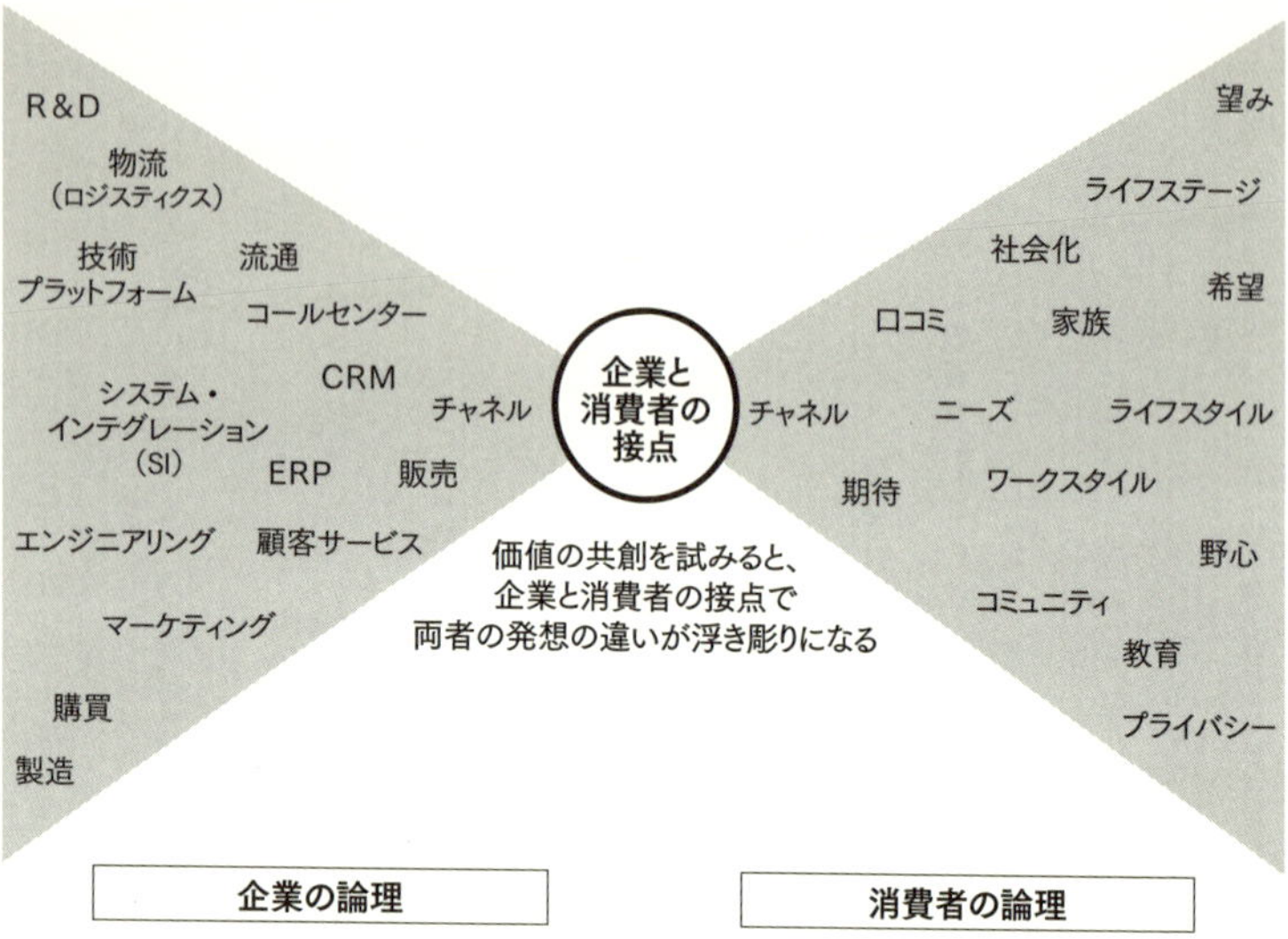

ジメント手法を採用しただけなのだ。にもかかわらずたいていの消費者は、コールセンターに電話をするとイライラさせられて楽しくない、それどころかひどく不快だ、と感じている。

企業やマネジャーは、共創の枠組みを理解しただけでは十分ではない。頭にこびりついた発想が、価値共創モードへの移行をいかに妨げているかを、はっきりと自覚しなくてはいけないのだ。私たちは、「企業の論理」と、二一世紀の成功要因である「消費者の論理」との違いを心得ておくべきだろう[*6]（図3―1）。

企業の論理と消費者の論理には、以前から隔たりがある。だが、共創をめざそうとすると、企業と消費者との接点、つまり両者がさまざまな選択をしながら交流し、経験を共創する場で、この違いが際立ってくる。

デジタルカメラの事例を考えてみたい。デジタルカメラは、見事な技術的ブレークスルーに支えられており、消費者にとっていくつもの利点がある。第一にフィルムが要らず、フィルムの補充や現像のために店舗に出向く必要もない。しかも、撮影したらすぐに写真を見られるのだ。気に入らない写真は削除し、気に入った写真にはトリミングや編集を施し、自宅で印刷したり、インターネット上で友人と見せ合ったりできる。

このような機能はたしかに素晴らしい。しかし、消費者にとっての真の価値は、製品そのものよりもむしろ、直感に従って簡単に操作でき、切れ目ない経験ができる点にあるだろう。子どもを持つ母親が、買ったばかりのデジタルカメラをビーチに持っていくシチュエーションを想像してみたい。万一この母親が、カメラの使い方が複雑で理解するのに三〇分も費やす、夕方になって子どもの写真をダウンロードしようとしたがうまくいかずに苦労する、誤っていくつかの写真を削除してしまった、などという状況になれば、カメラメーカーは苦い経験を共創したことになる。母親は買ったばかりのデジタルカメラに不信感を抱き、次の週に予定した二歳の子どもの誕生会では使うのをやめるだろう。

この母親はもっぱら経験の質にのみ注意を払っている。製品や機能そのものを求めているのではなく、経験を手軽に思い出に残したいだけである。彼女は次のような問いにシンプルな、しかし満足のいく答えを求めているのだ。「デジタル写真の参照、インデックス（索引）付け、並べ替えなどは、どのくらい簡単なのだろうか」「テレビ画面に表示するには、どうすればよいのだろうか」「グリーティングカード、Tシャツ、ウェブサイトなどの図柄に使うのは、簡単だろうか」。言葉を換えれば、消費者が知りたいのは、デジタルカメラを通してどれだけ素晴らしい経験ができるか、という点なのだ。

ところがマネジャーの大多数は、デジタルカメラという製品そのものに価値があると見なしている。自社の製品やサービスを利用する多種多様な消費者が、どのような希望やフラストレーションを抱いているかなど、ほとんど考えもせずに、むしろ、生産・物流体制の効率、先進技術などにもっぱら関心を向ける。企業の論理に絡め取られ、機能は豊富だが、貧弱な経験しかもたらさない製品で市場を埋め尽くしてしまうのだ。消費者にとっては、技術が融合した結果、かえって経験の内容がちぐはぐになる、との結果になりかねない。

技術の進歩を受けて、かつてないほど多彩な機器、機能、型式などが提供されているが、その反面、企業の論理が依然としてまかり通っているため、混乱、疑い、不安なども増幅している。消費者は、どれだけ器用で洗練されているか、ストレス許容度がどの程度かに応じて、かすかな困惑から強い批判や怒りまで、さまざまな反応を示す。

企業と消費者が接する場では、両者の発想の違いが原因となって緊張関係が生じる。では、異なる二つの論理を橋渡しするにはどうすればよいのだろうか。

◉――消費者と企業のかかわり合いと選択項目

これまで見てきたとおり、価値共創の土台をなすのは対話、利用、リスク評価、透明性、すなわちDARTである。もっとも、これらの要因だけが魅力的な共創経験を生み出すわけではない。企業と消費者がかかわる際にどのような選択がなされるかも、共創経験に影響するため、この点にも注意を向けるべきだろう。選択項目には以下の四つがあると考えられる。

- 企業とかかわりを持つにあたって、消費者はいくつもの入り口を求めている。したがって企業としては、いくつものチャネルを通して共創経験を実現しなくてはならない。
- 消費者は、自身の価値観に合った選択をしたいと考えている。このため企業の側は、消費者の望みを汲み取って、経験を軸にしたさまざまな選択肢を用意する必要がある。
- 消費者は、好みの流儀や言葉で企業とコミュニケーションを取りたいと考えている。簡単・便利に、スピーディに、しかも安全に経験を手に入れたいのだ。つまり、各消費者の選択に応えるためには、取引を軸とした共創経験にも注意を向けなくてはいけない。
- 消費者は、対価を支払うことでどのような経験を得られるかを考えながら、判断を下す。しかも、適正な価格を望んでいる。そこで企業としては、共創プロセス全体を通して価格に見合った経験をもたらすことができるよう、心を砕かなくてはいけない。

以下では、これら諸点に関連した最近の課題にはどのようなものがあるか、企業の論理から抜け出せずにいるとどのような問題に直面するか、見ていきたい。

価値共創のチャネルを増やす

ビジネスに携わる人はたいてい、技術の変化を引き金として、各産業でチャネル構造の革新が起きていると気づいているだろう。ただし、消費者と企業がどうチャネルを選択するかが、共創経験を根底から左右するとの事実は、悟っていないのではないだろうか。

アマゾン・ドットコムを見るとわかるように、ウェブの世界には、消費者と企業がじかに対話するための驚くほど充実したチャネルが用意されている。しかも、コスト面や業務プロセス面での効率が、以前では考えられなかったほど高いのだ。とはいえ、共創経験にはバーチャル環境とリアル環境の両方が必要であるため、従来型チャネルも、新しい電子チャネルを補完する役割を強めている。チャネルが複数あるということは、つまり、経験への入り口がいくつも存在するわけである。そこで、どのチャネルを用いた場合でも、同じ質の共創経験が実現できなくてはならない。

株式取引の例をもとに説明したい。個人投資家にとっては近年、取引の利便性は格段に向上し、手数料などのコストは大幅に低減した。一時代前であれば、株式取引を行うためには、充実したサービス体制を売り物にした証券会社に口座を開き、高い手数料を支払う必要があった。しかも取引は営業時間内に限られていた。それが今や、チャールズ・シュワブ証券などの新興証券会社を選べば、自分が必要とする、あるいは受けたいと思うサービスだけに対価を支払えば済む。シュワブのテレフォンサービス、テレブローカー、トレードオンラインといったサービスを利用すれば、投資ツールを用いて保有株式その他の値動き、利回りなどを追いかけられるのだ。サービスは必要最小限でよいから、とにかく簡単に、信頼性の高いオンラインサービスを利用したいという人には、イー・トレードなどの証券会社がある。各消費者が企業やチャネルを選ぶのだ。

このように、株式取引の世界では、現実に多数のチャネルが用意されている。チャネルの多様性は、消費者経験を大きく左右する重要な要素である。経験や知識の浅い消費者は、ごく一般的なウェブサイトを訪問するのですら、気が引けるかもしれない。独力でオンラインサービスを利用できない人々には、誰かが親身に対応する必要がある。既存の支店やコールセンターに、十分に研修を積んだ知識の豊富なサービス担当者を配置すべきなのだ。

引き続き、最新の広大な「富を創造し、守るための場」を見ていきたい。取り上げるのは、個人向け資産管理ソフトウェアで知られる八〇億ドル企業、インテュイットである。インテュイットは当初、クイッケンというヒット商品で成功を収めた。クイッケンは、なじみ深い小切手帳に似た、考えなくてもすぐに理解できるインターフェースを通して、資産や支出傾向の管理を実現した。インテュイットは続いて、起業家、個人事業主、零細企業向けにクイックブックスという類似商品を発売した。以後、給与管理、銀行口座やクレジットカードの明細情報の取込みといった新機能を追加して、インテュイットを利用するという経験に見事に溶け込ませた。
最新のクイッケンやクイックブックスには、ブラウザが組み込まれている。ソフトウェアを使いながら、ウェブ上のさまざまな資産管理、金融情報に接することができるのだ。インテュイットの多彩な商品やサービスは、この分野の一五〇〇を超える企業や組織と連携している。利用者は、請求書の支払いをし、住宅ローンを申請し、金融サービス関連のポータルサイトに接続できる。住宅ローンの受付窓口を紹介してもらうこともできる。インテュイットの運営するクイックブックス用インターネット・ゲートウェイを介すると、小規模企業はオンラインの給与支払いや購買サービス、ウェブ設計ツールなどを手軽に利用できる。インテュイットのネットワークには、小切手処理会社のチェックフリー、インテュイットも出資する保険会社インズウェブなどが参画している他、投資信託業界の巨人フィデリティのサイトには、顧客データをクイッケンに取り込む機能まで用意されている。[*7]
インテュイットは、顧客経験を詳しく理解したうえで、ターボタックスというソフトウェアも開発した。電子的に確定申告を行うためには、税金計算の複雑な決まりを知っておく必要があり、器用さも求められる。このためインテュイットは、ビデオ教材、専門家による相談、クイッケンとの連動、銀行口座からの納税・還付サービスなどをパッケージ化した、確定申告用ソフトウェアを用意した。インテュイットはまた、フィデリティ・タックスセンターというオンラインサイトの構築・運用にも一役買っている。

インテュイットなどのサービスを利用する人々は今後、企業と価値を共創する際に、自分の経験、興味・関心、知識や器用さ、ニーズなどに合わせて、いくつものチャネルを使い分ける傾向を強めるだろう。このため企業の側では、複数のチャネルを管理して、どのチャネルを利用しても経験の質にばらつきが生じないように、配慮する必要があるだろう。

共創経験の選択肢を広げる

かつて消費者は、手に入りやすく、価格が値頃な商品を選ぶ傾向があった。フォード・モーターは二〇世紀の初めに、標準化をテコにして優れた製品を作る方法を体得した。T型フォードは常識破りの低価格を実現し、自動車を、何百万人というアメリカの中産階級に身近な存在にした。ただし語り草になっているように、ボディカラーの選択肢は黒に限られた。

今日のトレンドは、標準化ではなくマス・カスタマイゼーションである。サプライチェーンの効率が飛躍的に向上し、イノベーションの所要期間が大幅に短縮し、流通チャネルに工夫が行き届いたため、およそあらゆる製品やサービスの分野で、消費者は多彩な選択肢を手にしている。

より最近では、ITの恩恵によって、メーカーはインターネットを基盤とした「注文生産手法」を用いて、カスタマイズ製品を速く、安く、しかも効果的に提供できるようになった。デルはパソコンを注文生産しており、その手法は今ではライバル企業に模倣されるまでになっている。BMWは、カスタムカーを受注の一二日後には納車できる体制を整えた。たとえばZ3ロードスターを購入する場合、買い手は二六種類のホイールデザイン、一二三種類のコンソールから好きなものを選べるのだ。[*8]

マス・カスタマイゼーションは多彩な選択肢を提供するため、消費者は圧倒されるかもしれないが、それが果たして満足のいく共創経験へとつながるのだろうか。パソコンの注文生産の事例を通して考えてみたい。技術に明るい人であれば、既製品を選ばずに、パソコンメーカーのウェブサイトを訪問して、案内に従って構成アイテムを選ぶことによってカスタマイズ製品を注文できるだろう。しかし、企業の論理が幅を利かせているため、依然としてカスタマイゼーションには制約がある。なぜなら、メーカーの側は、買い手の好みに応じるのではなく、自社のバリューチェーンに合った選択肢だけを用意しているからだ。

パソコンメーカーから、製品を製造・販売する前に、「パソコンをどのように使うご予定ですか」と尋ねられる例が、どれだけあるだろうか。こちらの使用法や用途にどれだけ技術仕様を近づけ、使いやすさを実現してくれるだろうか。パソコンとともにプリンターを注文する場合、グラフィックデザイナーが仕事に用いるのと、地域向けニュースレターを発行するのと、子どもの写真を使ってグリーティングカードを作るのとでは、それぞれ求める条件が異なるだろう。小売店の店頭では、プリンターメーカーがあらかじめ用意した、いかにも見栄えの良い印刷見本を参考にはできるが、自分の要望に沿ってテスト印刷を試みるわけにはいかない。ソフトウェアや部品などを搭載して、そのまま使える状態でプリンターを配送してもらうわけにもいかない。なぜだろうか。

グラフィックデザイナーは企業に対して、彼の置かれた状況、ニーズ、好み、知識や習熟度、希望などに合わせてほしいとの要望を持っている。企業が用意した選択肢の中からいずれかを選ぶのではなく、自分の価値観を選択肢に反映させたいのだ。

一部には、こうした要望を理解する企業もある。アメリカで八〇億ドル規模（二〇〇二年）に達したビデオレンタル業界だ。最寄りのレンタルショップを訪れた場合、借りたい作品は三本とも出払っているかもしれない。好みの作品を借りられたとしても、期限内に見て返却しなくてはならない。発売直後の作品を二本借りたとしたら、二本とも同時に返却しなくてはならない。何とか期限内に両方を見られるように、時間の都合をつけるか、返却を延ばして追加料金を支払うしかない。

これに対して、ネットフリックスは、消費者の論理に沿ったビデオレンタルの仕組みを考え出した。ネットフリックスに入会すると、毎月一定額（およそ二〇ドル）を支払って、一万五〇〇〇を超えるタイトルの中から好みの作品を選べる。ネットフリックスのウェブ上では、ジャンル、監督、出演者、映画評論家のお勧め情報などをもとにタイトルを検索して、自分の趣味に合いそうな作品のリストを作成できる。数日後には、リストに掲載されたタイトルの最初の三本が、自宅に届けられる。返却期限は区切られていない。見終わったビデオは、ネットフリックスが用意した封筒に入れて、ポストに投函すればよい。郵便料金は前納されている。最初の三本を返却すると、次の一本が送られてくる。こちらのペース次第で、定額料金で一カ月に見られる本数は三本にも一五本にもなる。消費者は企業との間で、自分の望む方法で価値を共創したいと考えている。ネットフリックスは、その実現に向けて立ち上がったパイオニア的企業である。

ネットフリックスの会員はすでに一〇〇万人を突破し、一日に発送するビデオは三〇万本に達するという。二〇〇二年の売上高はおよそ一億五〇〇〇万ドルである。[*9] ネットフリックスは、従来型のレンタルショップでは手に入りにくいタイトルまで広く揃えているだけでなく、共創経験に着目して、先進的な取引観に根差したサービスを実現したのだ。

取引を核とした価値共創

企業と消費者は以前から、取引を通して価値を手に入れてきた。取引を行うためには、物流、情報、チャネルなどを整備する他、両者がコストを負担し、労を取らなくてはならない。

各企業は、最新技術をいち早く取り入れて、自社の担っていた役割の一部を顧客に委ねることで、取引コストを低減させた。いわゆるセルフサービス方式である。ガソリンスタンド業界ではセルフ方式の普及が進んでいるが、これなどは石油販売会社と消費者の両方にとって非常に好ましい方法だろう。ドライバーの大多数は、サービスの低下をさほど気に留めず、利便性が増したと喜んだ。時には価格も下がったので、なおさらセルフ方式を歓迎した。

ところが、セルフサービスがこのようにスムーズに実現する事例は、実はごく稀なのだ。マネジャーは一般に、セルフサービスの低コスト性だけに目を奪われ、顧客経験にどう影響するかを正確に読めない。あるいは、結果について全く考えないのだ。コールセンターに電話をかけて、自動音声による「ご用件の番号を選択してください」式の対応に苛立ったり、オペレーターが応答するまで延々とひどい音質のBGMを聴かされたりした人なら誰でも、コールセンターの限界について思い当たるところがあるはずだ。いかにも人間が語りかけているような録音音声による対応も、自動音声認識システムも、その会社の社内用語を押し付けてくる。企業の論理に特有の、好ましくない習慣である。

既存銀行とネット銀行の違いに目を向けると、企業の論理と消費者の論理の間にある溝があぶり出される。銀行のリアル支店で問合せをすると、窓口の担当者が端末を操作して、こちらの望む情報を知らせてくれる。技術面だけに着目すれば、ネット銀行は、いわばこの端末のディスプレーを顧客に見えるように一八〇度回転させて、アプリケーションをウェブ上に移行したようなものだ。だが、入門書を読まずに金融商品を購入しようとした人はみな、銀行が使う小難しい専門用語に戸惑っただろう。商品、サービス、手続きなどに関する銀行用語を誰かに解説してもらわないことには、オンラインで取引しようにも、どうしてよいかわからず、やがては怒りに震える、などという羽目に陥りかねない。

ウェブとはいわば、究極のセルフサービスのための技術だといえる。ところがそのウェブ上で私たちは、企業が顧客経験にいかに無関心であるかを毎日のように見せつけられている。オンラインショップでも、利用手順がわかりにくい、クレジットカード番号などの個人情報が漏洩しないか心配だ、といった理由から、ショッピングカートが利用しかけのまま放棄される比率はかなり高い。

消費者が新しい取引手法を試そうとするにあたっては、見過ごせない問題が持ち上がっている。ヘルスケアの分野では、病院、薬局、研究所などがオンラインでのカルテ管理、診療、処方などを試行しているが、利用方法がわかりにくい、プライバシーやセキュリティに不安がある、などと患者から抵抗を受けている。パキシル（抗うつ薬）などの薬の副作用を心配する消費者団体が、製薬会社やＦＤＡ（米国食品医薬品局）に圧力をかけて、ウェブ上で処方を行う前に、用法や効能などについて、詳しく正確な説明をオンライン上で施すことを義務化づけた。ヘルスケアサービスの利用者は、病院に行って処方箋を書いてもらうといった個別の取引だけを重視しているのではなく、第1章でも述べたように、健康の維持・増進をめざしているのだ。このため医療従事者にも、消費者と同じ目線に立つことが求められる。

さて、取引経験の質を考えるうえでカギを握るのは、消費者の多様性である。ＩＴがプライバシーにどのような影響を及ぼすかに関して、消費者の考え方には大きな幅がある。ネット上のプライバシー問題をめぐっては激しい議論が展開されているにもかかわらず、何百万人もの消費者が、オンラインショップなどに個人情報を登録している。一回のクリック操作で注文したり、暗証番号で保護されたウェブサイト上で即座に認証を得られたりするほうが、便利だからだ。ウェブ上での取引をコスト削減の手段としてしか捉えられないマネジャーは、消費者の多様性を見落としてしまう。

繰り返しになるが、価値をめぐる企業の論理と消費者の論理には大きな隔たりがある。企業にしてみれば、取引効率が向上すればコストが下がるため、それだけで価値が創造されたことになる。消費者は、少ない制約のもとで楽に取引ができれば、相手企業への信頼感を抱き、取引経験に満足する。消費者セルフサービス型の取引は、企業の側がコスト削減だけに走るのではなく、顧客経験のマネジメントにも同じくらいの注意を払えば、非常に大きな効果を上げるだろう。サウスウエスト航空は、顧客と接する際には、ウェブや電話といったチャネルを介していようと、従業員がじかに応対するのであろうと、正確でスピーディな、しかも親しみにあふれたサービスを実現しようと努力している。アパレル通販会社のランズエンドも、セルフサービス技術に投資したり、充実した従業員研修を行ったりして、ウェブ上でも、従来のカタログ通販と同じ顧客経験を実現できるように心がけている。企業がコスト削減分を値引きという形で還元すれば、消費者は喜ぶだろうが、顧客経験にどう影響するかを考えずにただコストだけを削るのは、いかがなものか。

共創における価格と経験の関係

共創経験はさまざまな選択を伴うが、その中でもとりわけ重要なのが、価格と経験の関係である。消費者は、両者のバランスをもとに価値の大きさを判断するのだ。

フェデラルエクスプレス（以下、フェデックス）の事例を取り上げたい。フェデックスの顧客は、荷物の送り手、受け手とも、ウェブサイトにログインして、配送状況をリアルタイムで確認できるなど、従業員と同じ情報に接することができる。このシステムの導入に伴い、コールセンターの負担が軽減し、コストも減少したが、それだけでなく、各顧客を中心に据えた取引が実現したのだ。荷物がどのような状態にあるかがその時々でわかるだけでも、顧客の心配は減る。非常に透明性の高いシステムであるため、利用者には従来にはなかった選択肢がもたらされ、共創経験、ひいては価格と経験の関係があらゆる面でより良いものとなる。

フェデックスは新たに、発送後に荷物の宛先を変更できる仕組みを取り入れた。「逆追跡」機能も設けて、荷物の受取人が、自分のところへ向かっている荷物すべての情報を参照できるようにした。仮に私がどこかの企業の顧客サービスマネジャーだとして、顧客からの返品や修理品が日々どれくらい届きそうかがつかめれば、日常業務はもとより、修理・返品の調整や管理を改善できる。実際、フェデックス、発送人、受取人の三者は、互いに業務効率を高め、顧客により良い経験をもたらし、価格と経験の関係を全体として向上させているのだ。

企業は一般に、コストと価格を関連づけて考え、コスト構造をもとに価格を設定する。ところが従来のこのやり方は、顧客にとってはたいして意味がないため、矛盾をはらんでいる。デジタルカメラの購入を検討している場合、あなたにとってそのカメラの価値は何によって決まるだろうか。製造コストだろうか。そうではないはずだ。買い手の側は、製造コストを知らないはずだし、関心もないだろう。買い手にとっての価値の大きさは、カメラの購入をきっかけに、どれだけ楽しい経験ができるかにかかっている。

この経験とそれに伴う価値は、消費者ごとに異なるだろう。新しい技術に目のない人なら、早く試してみたい一心で購入するかもしれない。赤ん坊が初めて立ち上がったときの様子をレンズに収めたい、というカップルもいるだろう。小規模企業のオーナーなら、保険契約に必要な在庫品の写真を撮りたいのかもしれない。カメラの生産コストは一定でも、製品としての価値は利用者ごとに異なるのだ。

これまで企業は、製品のパフォーマンスや、価格とパフォーマンスの関係についても、企業の論理で捉えてきた。その典型例が、ＰＤＡ（携帯情報端末）のパーム・パイロットが登場する以前に、電子手帳や手のひらサイズのコンピュータを提供していたフォーチュン企業二〇社による、価格とパフォーマンスの関係についての見方である。[*10] パーム・コンピューティングは顧客中心の発想によって、この分野に新風を吹き込んだ。パソコンとの同期、情報の参照のしやすさ、「ポケットに入る手軽さ」などを実現して、パソコンを持ち歩くライフスタイルにぴたりと合う製品を提供したのである。

各企業の製品の特徴や機能が似通ってきているため、価格と経験の関係にもきしみが生じている。ワード、パワーポイント、パブリッシャー、エクセルなどをパッケージ化した、マイクロソフトのオフィスを例に取りたい。オフィスに含まれる各ソフトウェアやその機能の価値は、いったいどのようにして評価すればよいのだろうか。一人ひとりの使い手のニーズ、興味、希望などに応じて、価値には大きな開きがあるはずだ。仮に全機能の一〇％しか使わないとすれば、なぜ必要のない機能の分までお金を払わなくてはいけないのだろう。価格が経験の質に見合っているかどうかは、一人ひとりの消費者が、その時々の状況のもとでどのようなニーズを持つか、に応じて決まる傾向が強まっている。

企業は従来、消費者がどのような経験を望んでいるかとは無関係に、自社が何を提供できるかに焦点を当てて、「この金額までは支払ってもらえるだろう」との予測を立てていた。ブロードバンド通信が格好の事例を提供している。莫大な設備投資を抱える各社は、従来どおり企業中心、製品中心のアプローチで価格設定をして、「一定の通信容量にXドル支払ってください。たいていの時間帯は容量いっぱいまでは使用しないでしょうが」という理屈を押し付けてくるのだ。どれだけの通信容量が必要かを予測するのは難しいため、たいていの消費者は、必要かどうかもわからない大容量通信の契約を見送る。このようにして、通信事業者は財務面で苦境に陥ってしまったのだ。

これとは対照的に、「価値の大きさは経験の質に応じて決まる」という事実をふまえて価格を決めると、多様な顧客経験の質や中身を反映した価格になる。仮に私が重要な事業プロジェクトを立ち上げようとしていて、地球の裏側の暫定組織と連絡を取る必要があるとしよう。そのためには通常の五倍の通信容量が要るのだが、その期間はわずか二カ月間である。このような場合には、私はごく稀少な価値を求めていることになる。通常の五倍の通信容量を二カ月だけ提供してもらえるなら、相場の二〇倍の料金を支払うかもしれない。これは、通信事業者に次のような課題を突き付ける。「このような要望に応える用意はできているだろうか」「この独特の価値共創を実現するために、インフラ規模を拡大・縮小させるのは可能か」「特異な状況での経験の価値を反映させられるように、経済体系は柔軟にできているだろうか」。これらの答えがイエスなら、経済のパイを大幅に拡大させて、共創プロセスにかかわるすべての当事者に利益をもたらすことができる。

新興市場の消費者もまた、手の届く価格できわめて充実した経験を得たいと望んでいる。エイズを引き起こすウィルス、HIVに感染した人々の治療を通して考えたい。西欧諸国で入手可能な薬剤は、患者一人当たりおよそ一万ドルもして、先進国の大多数ですら、この負担に耐えられる患者は少ない。

ところが、インドの製薬会社シプラは、同じような薬剤を年間三五〇ドルで提供している。[*11] 服用者が得る経験の質に大きな開きがないのなら、シプラのこの価格設定は、アフリカにとどまらず全世界で抗ＨＩＶ薬の価格引き下げ圧力を生むだろう。従来と同じ経験（治療）を著しく小さい経済的負担で得られるとの情報は、インターネット他の媒体を通して全世界を駆けめぐる。他の地域で抗ＨＩＶ薬を三五〇ドルで入手できると知ったら、一万ドルを支出しようという気持ちには到底ならないだろう。

世界経済の底辺（ＢＯＰ）に位置する国が、価格と経験の関係を劇的に変えるイノベーションの発信地として、重要度を増している。インドにある世界最大の眼科治療センター、アラビンド・アイ・ホスピタルは、年間およそ二〇万人の治療にあたる。患者の多くは極貧であるため、全体の約六〇％は無償で治療を受け、それ以外の人々は一五ドルで白内障の手術を受けられる。[*12] 手術の成果や患者の経験の質は、一五〇〇ドル以上かかるアメリカでの手術と比べて、決して引けを取らない。しかもアラビンドは潤沢な利益を得ているのだ。アラビンドは現在、同じ仕組みを他の国や地域に広げようと試みている。この事例のように、従来とは全く異なる価格と経験の関係に根差した事業は、他の多くの産業でもグローバル化していくだろう。

従来型の取引 VS. 共創経験

これまでに本書では、共創の土台となる構成要素がＤＡＲＴ（対話、利用、リスク評価、透明性）

表**3-1** | **共創経験への移行**

	従来の取引	共創経験
かかわり合いの目的	経済価値の獲得	魅力的な共創経験を通した価値の共創、経済価値の獲得
かかわり合いの中心	バリューチェーンの末端で一度限り	いつでも、どこでも、繰り返し可能
企業と消費者の関係	取引が主体	いくつもの共創経験に焦点を当てた交流と取引
選択の際の着眼点	製品、サービス、機能、製品パフォーマンス、業務手順の多彩さ	多数のチャネル、選択肢、取引手法により共創経験を実現し、価格に対して優れた経験をもたらす
企業と消費者のかかわり方	受け身、企業が主導、1対1（ワン・トゥ・ワン）	積極的、企業・消費者のどちらも主導するケースがある、1対1あるいは1対多
品質の重点	社内業務プロセスと製品の質	消費者と企業間のやり取りや共創経験の質

であると特定した。併せて、消費者と企業がかかわり合いながら価値を共創する中で、何が消費者側から見た共創経験の質を決定づけるのかも見極めた。つまり、多彩なチャネルや選択肢が用意されているか、充実した取引経験が得られるか、価格に対して納得のいく経験ができるか、といった点が大きな意味を持つのだ。このような検討プロセスでは、消費者と企業のかかわり合いの質が、競争の未来にとって重要だという点も見えてきた。

企業と消費者の関係についての従来の考え方では、最近の実情には全く対応できない。両者の違いは**表3－1**にまとめたとおりだが、以下の諸点にも注意していただきたい。

・従来の手法では、企業と消費者は主として取引プロセスを通してかかわり合い、そこでの目的は価値の獲得だった。これに対して共創のアプローチでは、消費者と企業のかかわり合いは、価値の創造と獲得という二つの目的を持っている。

- 従来のアプローチでは、消費者と企業のかかわり合いは、主としてバリューチェーンの諸活動の末端で起きる。他方、共創のアプローチでは、両者のかかわり合いはいつでも、どこでも、繰り返し起きる。
- 最も重要な点として、従来のアプローチでは、品質とは企業が提供する製品やサービスの品質を指すが、価値共創では、消費者が企業とともに価値を共創する際の、各人にとっての経験の質が問われる。

共創経験にはさまざまな選択肢がありうるため、企業と消費者のかかわり合いの質を向上させれば、豊かな関係を生み出せるだろう。企業のマネジャーは、消費者と交流する際に、個人を中心に据えたレンズを通して新しい事業機会を発見し、共創経験の質を注意深くマネジメントすれば、無限に近い競争手法を手に入れられるだろう。多様な消費者の「さまざまな方法で企業と交流したい」という要望に応えながら、経験環境のイノベーションをめざしていけば、企業にとっての可能性は無限大だ。次章では、これらの可能性を詳しく探っていく。

第4章 経験のイノベーション

Experience Innovation

第2章で紹介したハウスボート・メーカーのサマーセットは、ハウスボートを購入するという経験を、顧客にとって十分に満足のいく、その人ならではの共創経験へと変えた。サマーセットの場合は、事業の性質上、取引相手は比較的少数で、みな裕福で豊富な知識を持った人々だ。では、マス・マーケット向け製品の場合にも、同じプロセスは機能するのだろうか。

第3章ではナップスターの事例を取り上げ、一人ひとりの消費者の顔が見えない状況でマス・マーケットに対処するのが、いかに難しいかを述べた。このような状況のもとで価値共創をめざすと、当然ながらさまざまな緊張関係が生じる。同時に、企業の論理と消費者の論理の間の緊張関係も見逃せない。人それぞれに考え方やニーズが異なり、各人が価値共創にどう取り組むかが予測できなかったら、どのような事態になるだろうか。

興味、技量、ニーズ、希望などが異なる多数の消費者に対応できる共創プロセスを、一般化して捉えておく必要がある。つまり、企業が何百万人もの消費者との間で多彩な共創経験を生み出すための、枠組みが求められているのだ。この枠組みを経験環境と呼ぶことにする。

◉――経験環境：レゴ・マインドストームの事例

従来のレゴは、レゴ社の設立者オーレ・キアーク・クリスチャンセンが一九三二年に考案したもので、楽しみながら学ぶための素晴らしい道具である。[*1] 子どもたちは、六種類の基本ブロックと八種類の飾りブロックを組み合わせて、想像力や創意工夫の趣くままに、何百万種類もの形を作り上げる。レゴ人気はすさまじく、現在では、地球上のブロック数は世界人口を超えている。

では子どもたちは、レゴのどの点に価値を見出しているのだろうか。レゴ・ブロックそのものだろうか。それとも、レゴを使って多彩な経験ができる点だろうか。レゴを素材にして、人々は経験を紡ぎ出す。レゴを組み立てるたびに、異なった経験ができる。同じブロックを使っていても、人によってそこから生まれる経験は異なる。このようにレゴの利用者は、経験環境の中でレゴ社との間で価値を共創しているのだ。

この数年間、玩具、エレクトロニクス、コンピュータ、ソフトウェア、双方向ビデオ、ウェブなどの融合が急速に進み、子どもたちの想像力をひきつける新しい可能性が生まれた。レゴ社は一九九八年に、シーモア・パパート博士らマサチューセッツ工科大学（ＭＩＴ）の研究者による児童、コンピュータ、学習に関する革新的な研究に感銘を受けて、技術融合に対応したレゴ・マインドストームというロボットを世に出した。マインドストームとは、ギア、ホイール、モーター、センサー、ソフトウェアを組み合わせて、従来のレゴ・ブロックをもとにさまざまな動作や反応ができるロボットを創り上げるシステムだ。

マインドストームには、ＲＣＸという専用のマイクロコンピュータが搭載されていて、利用者が作成したプログラムを赤外線通信によってパソコンから受信のうえ、実行できる。パソコンを砂場のように使って、まるでレゴを組み立てるようにプログラムコードを寄せ集め、ロボットに複雑な動作をさせるのだ。

マインドストームは一九九八年のクリスマス商戦で大ヒットとなり、二〇〇ドル前後のセットが一〇万組も売れた。*2 レゴ社自身が驚いたことに、マインドストームは大勢の大人たちの童心を呼び覚まし、使用者の半数以上を成人が占めたのだ。関連ウェブサイトが次々と生まれ、熱烈なファンが、選別機、侵入防止警報、四輪駆動車など無数のレゴ・ロボットについて、アイデアを交換したり、作り方を教え合ったりした。

レゴ・マインドストームは、共創経験の魅惑的な一面を浮き彫りにしている。サマーセットの事例では、消費者と企業とのかかわり合いが中心だったが、マインドストームの場合には消費者同士のやり取りが生じているのだ。経験環境に大きな魅力があると、企業によるコントロールの外で、いやそれどころか、事によると企業の知らないところで消費者コミュニティが誕生、進化していく。多数の消費者コミュニティで突如として、企業を介さない価値共創が始まるのだ。

予想外の展開はそれだけではなかった。マーカス・ノーガというマインドストーム・ファンが、RCX用に非公認の新しいOSを開発したのだ。ノーガはこれを「LegOS」（レゴのOS）と名づけ、インターネット上で公開した。[*3]

このような動きに、レゴ社はどのように対処すべきだろうか。非公認OSについて責任を負うわけにはいかない。仮にLegOSをインストールした結果、マインドストームの専用マイクロプロセッサーに障害が起きたとしたら、顧客はレゴ社を非難するかもしれない。その一方でレゴ社は、忠誠心の高い顧客が製品をめぐってさまざまな試行錯誤をするのを、禁じるわけにもいかない。

では、レゴは社どうすれば七〇年来の名声を守れるのだろうか。ノーガのような発明者を訴え、開発を止めさせるという手段もないわけではない。音楽業界がショーン・ファニングとナップスターを提訴して、ソフトウェアを介した音楽ファイルの流通を止めさせたように。あるいは、広告やPR活動を通して顧客にLegOSを使用しないように訴えかけ、LegOSをインストールした場合には、レゴ社はマインドストームの性能を保証できない、と警告する手もあるだろう。ノーガらと手を組んで、LegOSをレゴ社の公式商品にしてもよいかもしれない。どの選択肢をとっても、それなりの影響はあったはずだ。

レゴ社は上記のいずれの選択肢もとらず、ただ、マインドストームを分解する、新しいソフトウェアを開発する、自分で開発したソフトウェアコードを無償配布する、といった行為について誰も訴えない、と発表するにとどめた。それどころか、ノーガのソフトウェアを公に承認こそしなかったものの、顧客による偉大な創意工夫として称えたほどだ。*4

この逸話は重要な問いを投げかけている。レゴ・マインドストームの製品開発や戦略は誰がコントロールしているのだろうか――企業と消費者コミュニティ、どちらだろうか。顧客が発明をすれば、マインドストームに関するレゴの開発計画を変えられるのだろうか。製品の高度化に貢献した場合、たとえば新しい構成を考案したような場合、消費者コミュニティは知的所有権を主張できるだろうか。消費者コミュニティによる開発に関与していなくても、企業はその便益を手に入れることができるのだろうか。

消費者コミュニティによる活動には、メリットとデメリットの両方がある。メリットは、消費者コミュニティが社内のR&D活動を後押ししてくれる点である。共創を効果的に行う条件を満たせば、企業は創造のための経営資源を増やせるというわけだ。デメリットとしては、熱心だが未熟な消費者が野放図に動いて、品質や安全に責任を負わないままに、知らず知らずのうちに他の消費者の経験を台なしにしてしまうおそれがある。ひいては企業の評判も傷つくだろう。そこで疑問が湧いてくる。どうすれば企業は、コミュニティを管理するための不文律を設けて、デメリットを最小限に食い止め、メリットを可能な限り引き出せるのだろうか。

マネジャーが好むと好まざるとにかかわらず、消費者コミュニティは経験環境が許せばいつでも生まれ、予測できない方法で消費者経験に影響を及ぼす。選択肢や行動パターンを変える場合もあるだろう。現にヘルスケア分野では、オンライン・コミュニティの影響で特定の治療法の需要が生まれている。レゴ・マインドストームの事例と同じく、製品革新者の役割を果たしたり、ナップスターと同じように、流通チャネルやマーケティング手法に革命を起こしたりするかもしれない。

そもそも、消費者コミュニティの役割は進化するため、前もって予想できないのだ。その結果、企業は消費者コミュニティとともに、経験環境——消費者が個人あるいは集団として経験を共創できる環境——の革新を図らざるをえなくなる。この新しい挑戦を本書では「経験イノベーション」と呼ぶ。

◉経験環境を革新する

経験環境は、さまざまな個性を持った個人による、特定の文脈での多彩な経験に対応できる。頼りになる存在なのだ。経験環境は、製品、サービス、さらには個人と企業との接点、すなわち多彩なチャネル、方法、従業員、コミュニティなどで形成され、消費者の経験全体を促進する。

これまで述べてきたように、価値が共創経験から生まれる傾向が強まるのなら、ビジネスリーダーは、製品やサービスから、魅力的な共創経験を生み出す活気あふれる経験環境へと、イノベーションの軸足を移さなくてはならない。具体的にどのような経験が実現するかは、当然ながら、あらかじめ詳しくわかるわけではない。したがって、経験環境を革新するには、製品やサービスを革新するのとは違った重点の置き方が求められる。

以上の議論をもとに、経験環境を設計する際のおおよその条件が決められる。経験環境は、少なくとも以下の条件を満たさなくてはならない。

・消費者の必要に応じて、特定の状況のもとで特定の時間に、経験を共創する機会を提供できる。
・洗練度の高い積極的な人々から洗練度の低い受け身の人々まで、多種多様な消費者に対応する。
・積極的で賢明な人々を含めて、すべての消費者が常に共創を望んでいるわけではない、という点を心がけておく。受け身で消費だけしているのが心地良い人々もいるのだ。
・新技術によって可能となる新しい機会に目を留め、その実現をめざす。
・消費者コミュニティの参加を歓迎する。
・消費者を理屈で動かすだけでなく、感情にも訴えかける。
・共創経験の技術面だけでなく、組織や人間関係も理解する。

経験環境にこれだけの条件を備えるのは、並大抵のことではないだろう。特に、新製品開発、製品の多様化、業務プロセスの改善、市場シェアの向上、サイクルタイムの短縮などにばかり気を取られてきた人々にとっては、ハードルが高いと思われる。しかし幸いにも、製品多様化につながる技術は、経験の多様化にも役立つ。必要なのは、技術の可能性を従来とは別の視点から眺めることだ。

経験を実現する新技術

テクノロジーの劇的な進歩を受けて、経験環境が活性化する可能性が一気に高まっている。ここでは五つのテクノロジーに着目して、それらが経験のイノベーションにどう影響するかを説明していく。五つのテクノロジーとは、小型化、環境センシング、組込み知能、適応学習、ネットワーク・コミュニケーションである。*5

小型化

エレクトロニクス製品を小型化する能力を活かして、メーカーは小型・軽量で持ち運びやすい製品を開発してきた。一昔前には、ソニーのウォークマンの恩恵で、消費者はいつでもどこでも、ステレオ品質の音楽を楽しめるようになった。今日では、記憶媒体の記憶密度向上とデジタル化を受けて、音楽コレクションすべてを持ち運ぶのも可能となった。記憶媒体やマイクロプロセッサーの小型化によって、ポケットサイズのデジタルプレーヤーも登場した。アップルのiＰｏｄを使えば、五〇〇〇曲以上をポケットの中に入れておいて好きなときに聴け、使いやすいインターフェースで好みの曲をすぐに選べる。小型化の潮流によって、ポケットサイズの機器が電話、カメラ、インターネットツール、ゲーム機、一般のコンピュータなどの機能を果たすようになり、これらすべての役割を併せ持つデバイスまで誕生した。

環境センシング

現在ではマイクロセンサーが環境を監視して、生物、化学物質、磁力、光、熱などを感知する。一例として、自動車には髪の毛よりも細いMEMSというシステムが搭載されている。車両の進む方向、加速具合、速度などを感知して、衝突が起きた場合にはエアバッグを膨らませ、運転手を激しい衝撃から守る。この他にも、タイヤ圧の激変を感知して運転手に知らせるMEMSもあり、これなどはファイアストンの欠陥タイヤから人命を救うのに役立ったかもしれない。

フレキシブル・ディスプレイやエレクトロ・テキスタイルといった技術を活かして、医療目的で衣服にセンサーを埋め込む取組みも行われている。たとえば、ベルトに小さな機器を取り付けて、歩幅や消費カロリー、血圧などを測定するのだ。遠からず、衣類に縫い込まれたセンサーによって、スポーツ選手の心拍数、水分補給状況、血糖値などを測定することも可能になるだろう。やがては、ナノテクノロジーの力で、分子レベルでの分析が実現するのではないだろうか。

組込み知能

すでにさまざまな製品にマイクロプロセッサーやマイクロチップが組み込まれ、具体的な働きをしている。組込みプロセッサーの販売数は、自動車、電子レンジ、自動缶詰開け機などを動かすアプリケーションを除いても、パソコン用プロセッサーの販売数をしのぐ。これらチップは機能、性能ともに向上しつつある。日立製作所のミューチップなどは非常に薄くて小さいため、折りたたんだり、衣類や紙に埋め込んだりできる。しかも、単価は一五セントを切っているのだ。

あるいはRFID(無線IC)タグを考えてみたい。RFIDタグはチップとアンテナで構成され、読み出し側から起動されると、情報を送受信できる状態になる。バーコードは人の手でスキャンしなくてはならないが、RFIDタグは、読み出し側から一定以内の距離に置いておくだけでよい。タグは盗難品、紛失品、間違った場所に配置された品など、個々のアイテムをサプライチェーンの各段階を通して追跡できる。タグに組み込まれたマイクロプロセッサーも、情報を感知して保存できる。たとえば、生鮮品の入った箱に付けられたタグは、出荷用コンテナ内部の温度を知らせてくれる。

適応学習

次に、高機能デジタル・ビデオレコーダーのTiVoを取り上げたい。TiVoは私、妻、子どもたちの視聴歴を記録して、嗜好や興味の対象を分析、その結果をもとに番組を評価する。そのうえで、私の好みそうな番組を選び出してデジタル録画するのだ。私が一切操作をしなくても、これらすべてを成し遂げてしまう。

このような適応学習システムが時とともに洗練度と威力を増していく様子を、想像していただきたい。私の好みや娯楽習慣だけでなく、同じような傾向の人々が現在観ている番組、あるいは推薦している番組を勧めるようになるのではないだろうか。もちろん、好みが変わったり、気まぐれを起こしたりした場合には、いつでも自分で番組を選べるようでなくてはいけないが。

これと似た双方向型の適応学習は、リアルタイムの対戦型ゲームにも応用できるだろう。マイクロソフトのXboxやソニーのプレイステーションなどに対応したゲームだ。将来的には、双方向コミュニケーションの世界で組込み知能や適応学習をどのように開発・活用すべきかを悟った企業が、成功を手にするだろう。

ネットワーク・コミュニケーション

テクノロジーの進歩によって、各種機器が存在を主張し、互いに通信を行えるようになってきている。デジタル音楽機器を、自動車、電話、PDA、パソコン、家庭のステレオ、ゲーム機のコンソール、テレビなどと連動させれば、どこからでも聴ける音楽コレクションが生まれるだろう。パーム・パイロットを世に出したパーム・コンピューティングは、手軽に同期が取れて、持ち運びしやすいコミュニケーション機器の威力を理解していたのだ。ソニーは、各利用者の使い方に応じて、自社製の機器すべてをネットワークで相互接続できるよう、開発を進めている。

このように、実に多彩なテクノロジーが次々と誕生している。ただし、新しいテクノロジーは経験と結び付いて初めて顧客にとって意味を持つのだ。たとえばワイヤレス・センサー・ネットワークは、消費者とありふれた家電製品とのかかわり方を変え、新しい経験空間を生み出す可能性を秘めている。

表4-1｜経験促進要因としての技術

	新技術				
経験を生み出す可能性	自己診断・遠隔診療	追跡・監視	接続性・相互通信	移動性・継ぎ目のない経験	連続性・変形の容易さ
小型化					
環境センシング					
組込み知能					
ネットワーク・コミュニケーション					
適応学習					

表4－1は、新技術とその経験促進要因としての可能性をマトリックスに表したものである。経験のイノベーションを図るうえでは、テクノロジーに何ができるかを理解することが欠かせない。小型化は、顧客の自由度を増やす、シンプルライフを実現する、心躍る経験を生み出す、といった役割を果たしてこそ意味があるのだ。あなたの事業領域についても同じようなマトリックスを作り、成功のカギを握る新技術を列挙してみてはどうだろう。

技術を経験促進要因として活かす

技術がどのようにして経験促進要因としての役割を果たすのか、再び小型化の例を引きながら説明したい。患者が飲み込めるような小さなカメラが開発され、医師が臓器の3D（三次元）画像を見ることができたなら、テクノロジーの力によって、自己診療や遠隔診療という経験を実現したといえる。あるいは、電子本の読み出しデバイスの適応学習を考えてみたい。このデバイスが、数日間の旅行の間に新しいニュースを読むのを助けてくれるなら、あるいは社説や特集ページを読みながら関連ページへのアクセスを可能にしてくれるなら、継ぎ目のない経験と移動性が実現するだろう。

次にＩＢＭのコンセプトモデルであるメタパッドを取り上げたい。これはハードウェアとソフトウエアを独特の手法で組み合わせた、カメレオンのようなコンピュータだ。ドッキング・ステーションが付属しており、キーボードとモニターが接続でき、ウィンドウズＸＰ対応のデスクトップ・コンピュータにもなる。特製のハンドヘルド・スクリーンにつなげば、パーム・インターフェースのパーソナル・カレンダーその他のデータを見られる。リナックスを使いたいという要望にも、もちろん対応している。メタパッドを使用するのは、デスクトップパソコンを使いながら、新しい機能を追加するようなものだ（連続性を保ちながら同時に高度化を実現するのである）。このため、まずは経験促進要因となりそうな技術を使い始め、それを既存技術で補強してもよいだろう。[*6]

特筆に値するのは、メタパッドが投資から高い効果を引き出して長く持続させる点だ。単一の製品が多彩な経験を生み出す力を秘めているのである。伝統的な製品中心の発想に立てば、「製品を多様化すれば多彩な経験が生まれる」と考えられるかもしれないが、必ずしもそうではないのだ。

マネジャーは従来、テクノロジーを製品の多様化にどう活かせるかを検討して、その結果に従ってテクノロジーの進化をマネジメントしてきた。大多数のＲ＆Ｄチームには、技術ロードマップが欠かせないのだ。たいていのハイテク企業のＲ＆Ｄ部門では、プラットフォーム、世代、バージョン、リリース、更改といった概念が氾濫している。たしかに、現在では当たり前と見なされている多彩でカスタマイズされた製品は、このような計画の産物だろう。しかし、多彩な共創経験をマネジメントするのは、多彩な製品をマネジメントするのとはわけが違う。というのも、各企業は結局のところ、消費者とのかかわり合いをマネジメントすることになるのだ。経験の幅は、製品やサービスの幅を超える。「経験デザイン」「経験マッピング」「経験プロトタイピング」といった新しい道具や取組みが求められる。[*7]

だがまずは、技術を経験促進要因として活かせるようにならなくてはいけない。これは多くの企業にとって容易なことではない。たとえこれをうまく成し遂げたとしても、マネジャーは、企業の視点から経験促進要因を眺めないよう、気をつける必要がある。企業の論理にとらわれるのは、いとも容易なことだ。この傾向に打ち勝つためには、各経験促進要因に関して、企業の論理、消費者の論理をそれぞれ区別して理解しておくよう、お勧めする。自己診断・遠隔診断という経験促進要因を例として挙げたい。

第1章で紹介した心臓ペースメーカーの事例を思い起こしてほしい。企業の論理に従えば、適正なセンサーを製造してネットワークを築き、適切な数値（心拍数、筋収縮、血流など）を測定し、異常値がないかどうか確かめることに重点が置かれるだろう。ところが、消費者の論理では、主な疑問や心配は別のところにある。「この企業に遠隔モニタリングを任せて大丈夫だろうか」「私に関して、他にどのような情報が収集されるのだろうか」「私の情報をどう使うのだろうか」「情報システムへのアクセスは認めてくれるのか」「モニタリングには深刻なリスクはないのか」。言うまでもなく、共創経験の質に応じて、消費者の抱く問いは異なってくるが、いずれにしても、消費者が何より重んじるのは信頼である。ビジネスリーダーは信頼の獲得に力を入れなくてはならないのだ。

◉——経験促進要因を経験環境に組み込む

技術の力を活かして経験促進要因を生み出し、それを経験環境にうまく組み込む方法を説明するために、ファッション分野の企業プラダと、プラダがニューヨークに開いた初の旗艦店を例として取り上げたい。この店は二〇〇一年一二月に開店し、以後、インタラクティブ技術を用いてより楽しいショッピング経験を実現するための試行を続けている。

その核となる技術はすでに紹介したRFIDタグシステムである。プラダは製品すべてにRFIDタグを付けており、手のひらサイズのワイヤレス機器でそれをスキャンすれば、セールス担当者はたちどころに豊富なデータを入手できる。どのサイズ・色であれば在庫があるかなど、アイテムごとの最新データが揃っているため、セールス担当者は倉庫に赴いて確かめるまでもなく、応対を中断せずに一人ひとりの顧客の質問や要望に応えることができる。スケッチ、ビデオクリップ、色見本などの情報もあり、顧客は店内のそこかしこに設置されたディスプレーでそれらを見ることができる。顧客の好みは顧客カードに記載のうえ、データベースに保存される。

プラダはこの他にも数多くのテクノロジーを店内に配備して、豊かなショッピング体験を演出している。試着室はガラスで囲まれた何の変哲もない正方形の空間だが、来店者が足を踏み入れると、四方が透明ガラスからすりガラスに変わる。試着室の外にいる連れに見てもらいたい場合は、スイッチを入れると透明ガラスに戻る。昼間の明るい日差しのもと、あるいは夕暮れ時など、照明をさまざまに変化させて、見栄えを確かめることもできる。各試着室にはＲＦ（ラジオ波）アンテナが設置されていて、自動的にタグを感知してタッチスクリーンと接続し、顧客が他のサイズ、色、生地、スタイルなどを探したり、選び出したアイテムをスローモーションのビデオクリップで観たりするのを助ける。ビデオを装備した「マジックミラー室」では、来店者はあらゆる角度から自身の姿を見ることができる。

この店舗を支えるテクノロジーは、二〇社以上ものコンソーシアムによって実現されたもので、実に見事だが、その陰では顧客の発想についても徹底的に探求がなされており、これも素晴らしいというほかない。この企画は主に、デザイン会社ＩＤＥＯが設計事務所ＯＭＡと密に連携しながら推進したものだ。それを支えたのは、深い探究心、徹底したショッピング研究、スタッフへのインタビュー、顧客データベースを利用した嗜好や購買パターンの分析、といった努力である。こうして、目を見張るようなショッピング経験を共創するための環境が創造されたのだ。プラダの共同ＣＥＯミウッチャ・プラダは「(共創環境は) 店舗の設計そのものに溶け込んでいる」と述べている。[*8]

◉――経験イノベーションのテコ

経験環境のイノベーションに熟達するためには、どのようなツールが企業に求められるのだろうか。筆者たちはテコの役割を果たす四つの特性に行き当たった。きめ細かさ、伸展性、連携性、進化する力である。

きめ細かさ

きめ細かさとは、経験環境とのかかわりの度合いを顧客が自由に選び、その時々の好みの方法で経験に浸れるようにすることを指す。企業の視点からは、これはイベント（出来事）を土台にして経験環境をデザインし、消費者とさまざまな頻度や密度で交流する能力を意味する。

きめ細かさを実現するためには、顧客を深く理解し（いやそれどころか顧客に感情移入し）、消費者とともにたゆまずに試行錯誤を重ねなくてはいけない。ここで再び心臓ペースメーカーの事例に戻りたい。メドトロニックの技術者が、自身が心臓病を患わずに顧客の経験を理解するには、いったいどうすればよいのだろうか。

デザイン会社のIDEOは、試作機を作ったり、さまざまな問いかけをしたりして、この課題に挑んだ。彼らの投げかけた問いとは以下のようなものである。「心臓疾患のせいで除細動ショック療法を受けるというのはどういうことだろうか」「飛び上がりそうなほど強い除細動ショックをいつ、どこで受けるかわからずにいる気持ちは」「こうした不安は日々の生活にどう影響するのだろう」。デザインチームでは、全員がペースメーカー利用者と意見交換などをするほか、ポケットベルを常に身につけていた。突然ポケットベルが鳴り出すのは、除細動ショックを受けるのに似ており、メンバーは実際に除細動ショックを受けたと想定して反応する決まりだった。各メンバーはポケットベルが鳴ったときの状況を記録した。「どのような状況だったか」「どこにいたか」「誰と一緒だったか」「何をしていたか」「どのような不安がよぎったか」「どのような気持ちだったか」「そばで見ていた人とどうコミュニケーションを取ったか」「医療支援をどのように求めたか」*9。

この調査からチームはいくつもの貴重な教訓を得た。具体的には、患者には除細動ショックが起きる可能性をあらかじめ知らせて、心構えをしておいてもらう必要がある、患者のそばにいた人とのコミュニケーションは複雑である、患者と直接・間接にかかわり合いのある人々のコミュニティが重要な役割を果たす、などである。このストーリーが示すように、経験の密度を重視するのはいわば、消費者になりきって、その苛立ち、不安、ストレスなどを身をもって感じることである。併せて、消費者を対話に誘い込み、新たな洞察を引き出し、消費者と同じようにテーマコミュニティからさまざまな事柄を学ぶという意味でもある。

もう一つの事例を紹介したい。インドをはじめ、アジア、南米、アフリカなどの新興市場における、地場の起業家たちが経営する小売店の事例である。インドの食品雑貨業界だけを見ても、この種の店舗は二〇万店を超えている。これだけの規模があれば、膨大な少額取引の自動化、迅速化、追跡などを可能にするIT機器にとって、巨大な潜在市場だといえるだろう。その一方でこれらの店舗は、IT企業にとって大きな挑戦をもたらす。というのは店のオーナーたちは、他では見られない種類の難題に直面しているのだ。

アメリカでは、IBMなどの企業がかなり以前から、小売現場のオートメーション化を進めるために専用のPOS（販売時点情報管理）システムを提供している。パソコンを使った従来型のPOSシステムを小売店用にカスタマイズしたものが、普及してきている。しかし、フル機能のPOSシステムを導入するには、店舗当たり三〇〇〇ドルを超えるコストを要する。これは、新興国の事業主にとっては高すぎる。もう少し手の届きやすい代替品、すなわちNCRやオムロンなどのキャッシュレジスターであれば、一〇〇〇ドル未満で購入でき、基本機能は備わっている。年間収益が三万ドルを超えていれば、POSシステムを導入する余裕はあるだろうが、インドでは実際の導入率は四%にも満たない。なぜなら、POSシステムはアメリカ型の小売り環境に合わせて作られているからだ。百貨店やコンビニエンスストアを想定しているのである。このため、大多数のPOSシステムの設計思想は、インドの店主たちの価値観に合わない。

TVSエレクトロニクスは、「インドの小売店主の経験を分析して」独自のソリューションを一から開発しようと腰を上げた。手始めとして、スタッフをインドの小売業界に送り込み、店舗オーナーと同じ目線でさまざまな経験をさせた。そこに展開していたのは、アメリカの小売業界とは全く違った世界だった。インドの小売店は概してせせこましくて騒々しく、ほこりっぽい。道端にまでせり出すように商品が並び、店主の立つカウンター内は狭く、従来のPOSシステムを設置するだけのスペースはとてもない。電圧は一日を通して一定しない。商品のほとんどは包装もされていなければ、バーコードも付いていない。従業員の多くは技術に疎く、使う言語もまちまちで、独特の事業慣行や規範に従っている。

こうした状況を受けてTVSは、店主や買い物客と協力して、インドの小売店向けに革新的で頼りがいのあるシステムを開発した。ソフトウェア、ハードウェアともに、簡単に使えるだけでなく、直感的に操作できる設計を一から考案したのだ。売れ筋の商品に探しやすい工夫を施し、商品分類にも売り手の経験や言葉を反映させた。このシステムは、各家庭が何を頻繁に購入しているか、追跡する機能も備えている。どの種類の米やレンズ豆を好むか、といった点までわかるのだ。店主は「これを買い忘れていませんか」などと顧客に注意を促すこともできる。買い手の使用する言語でレシートを印字するため、家計管理の助けになる他、店主の側でも配送を効率化できる。プリンターとバックアップ電源は持ち運び可能な単一ユニットにまとめられていて、ケースやエレクトロニクス部品はほこりをあまりかぶらずに済み、電圧の変動や利用者の誤用からも守られる。これだけの優れ物でありながら、経験の充実度の割に価格はきわめて安い。この「eショップ」経験は、月額およそ三〇ドルで享受できるのだ。[*10]

TVSはインドの小売業を細部まで理解したうえでeショップ環境を築き上げ、小売店主の経験空間を広げたといえる。この小売り経験環境のイノベーションにかかわった小売店主マリアッパンは、「以前とは別の人生が開けた」と語っている。

伸展性

伸展性とは、技術、チャネル、配送方法などを活かして、既存の機能をもとにいかに新しい消費者経験をもたらすか、あるいは全く新しい機能をいかに生み出すか、という可能性を意味している。

スターバックス・カードの成功例をもとに考えたい。このカードがあると、スターバックス全店でドリンクやフード類の支払いを簡単に済ませられるほか、手軽なギフトとしても使える。スターバックスでの購入履歴を確かめるのにも役立つ。出張の多いビジネスパーソンに支給しておけば、少額のレシートを取っておいて後から精算する手間を省ける。このカードは、あらかじめ金額の決まったテレホンカードなどとは違って、店舗で、あるいは電話やウェブなどを使って、金額を必要に応じて増やせる。一定額になった時点で、あるいは一定期間ごとに自動チャージすることも可能で、この機能を使えば残額不足に陥る心配がない。紛失・盗難などの場合には、電話かウェブで使用停止の手続きができ、残額は返還される。

アメリカのスターバックス・カードは、ウェブをはじめとした数多くの販売ポイントで同じように使えるため、さらに多彩な顧客経験を実現すると考えられる。遠からず、「ノンファット、ノンフォーム、エキストラホットのキャラメル・マキアートをトールサイズで。キャラメルソース少なめ、バニラシロップも追加して」などと言葉に出して注文しなくても、カードを示すだけで望みの品が出てくる日が訪れるのではないだろうか。

次に、きわめて長い歴史を誇る印刷・出版業界に目を転じたい。この業界では、新しい技術、製品、業務プロセスによって、新しい機能が生まれ、昔ながらの読書のあり方を変えつつある。[*11] 第一に、デジタル化、コンピュータ、ネットワーキング、ウェブなどの恩恵で、各人は絶えず変化する多彩な文字情報に接することができ、それらの情報は操作、更新、ダウンロード、印刷、他のフォーマットへの変換なども容易である。すでに何百万という人々が、好みの雑誌を電子版で読んでいる。内容は紙媒体とほとんど違いがないが、検索しやすいという特徴がある。

技術の力によって、読書経験をより豊かで幅広いものにする大きな可能性が開かれているのは間違いない。子どもに童話を読み聞かせたシーンを思い起こしてほしい。これは、何世紀にもわたって無数の親から子へと引き継がれてきた、人間ならではの経験である。では、もし童話の本が動いたらどうだろう。現にリープパッドという人気商品がある。子どもが言葉、文字、絵などを付属ペンでタッチすると、本が話したり、歌を歌ったりして、子どもたちに興味深い事実やアイデアを教える。子どもたちは、学習を目的としたゲームを通して本の世界と交流するのだ。この交流経験を支える技術は、本に埋め込まれた小型カートリッジに詰まっていて、これがリープパッド・コンソールに接続しているる。別売りのマインド・ステーションというコネクタを使えば、経験環境がインターネットと結び付いて、他の子どもたちやその親との果てしない学習経験がもたらされる。

リープパッドを発売した一九九九年以来、製造元のリープフロッグはおよそ四五ドルのこの製品を五〇〇万セット以上も売り上げている。二〇〇二年の売上高は、一七億ドル規模とされるアメリカの教育玩具市場のおよそ四分の一に当たる。[*12]

リープパッドは玩具と本のどちらだろうか？　電子製品？　ゲーム　コンピュータ？　娯楽の一種だろうか？　学習のツールか？　リープパッドはこのすべてに当てはまる可能性を秘めている。リープパッドが提供する経験環境は、消費者に共創の機会をもたらすが、その中身はリープフロッグ自身もあらかじめ決められないのだ。経験の中身は、リープパッドの伸展性によって生み出される。

連携性

連携性とは、消費者から見て、いくつものイベント（出来事）がさまざまな方法で結び付く状態をいう。したがって、単一のイベントではなく、互いに関連するいくつものイベントが集まって、共創経験の質を決定づけるのだ。

レンタカーの事例を取り上げたい。エイビス（ＡＶＩＳ）は、レンタカーを予約してから使い終えてキーを返却するまでの顧客経験全体を重視している。このプロセスを、予約をする、エイビスのカウンターを見つける、駐車場へ行く、運転する、ガソリンを補給する、返却する、支払いを済ます、などといった多数のイベントに分解して、各ステップを、「顧客の経験全体をより豊かなものにするにはどうすればよいか」という観点から分析するのだ。[*13]

エイビスはまた、顧客ニーズを先取りして、連携性に注目しながら顧客経験を観察し、そこから新サービスの着想を得るよう、従業員を教育している。小さい子どもを連れた借り手には、「ベビーチェアがあります」と声をかけ、ゴルフクラブを持った顧客には天気情報、近場のゴルフコースの地図などを提供し、荷物が多いようなら大型車を割安料金で提供する、といった具合である。調査によれば、エイビスの顧客が何よりも重視しているのは、ストレスの軽減である。これに応えてエイビスでは、空港内にコミュニケーション・センターを開設して、顧客がくつろいだり、ノートパソコンを開いて電子メールを読んだり、電話をかけたりできるようにしている。その間、小型のディスプレーでフライト情報の確認もできる。

以上のようにエイビスは、いくつものイベントを連携させているが、マイクロソフトのドットネット・イニシアチブのようなウェブサービスのための最新インフラを用いると、さらにこれを高度化できる。インターネット「クラウド」を作っておくと、いくつものウェブサービスが自動的に互いを見つけ、交渉し、リンクを張るのだ。航空会社のウェブサイトからレンタカーを予約した場合、万一フライトが遅れたり、欠航になったりしたときに、それに合わせてレンタカーの予約も自動的に変更されるとしたら、どうだろう。レンタカーのガソリン残量が少ないことを自動検知して、電話一本で、数秒後には最寄りのガソリンスタンドへの行き先を案内してくれたらどうだろう。

このようなサービスを提供するためには、音声認識・自然言語ツール、最寄りのガソリンスタンドを探すための位置情報サービス、複数のガソリンスタンドからどれか一店舗を選び出すための比較ショッピングサービスなどを、電子的につなぎ合わせる必要がある。しかも、簡単に、迅速にサービスを提供して、あたかもすべてが単一のサービスによって実現されているかのような印象を、利用者に与えなくてはいけないのだ。この点が、連携性を確保しようとする際の設計上の課題であり、真価を問われる部分でもある。

企業のマネジャーを消費者として想定してもよいだろう。仮にあなたが、これから新製品の製造に取りかかろうとしているとしよう。マネジャー向けのポータルサイトを訪問して、仕様に沿った部品を注文し、製造設備を予約し、倉庫や配送の手配をする。マウスをクリックするだけで、瞬時にサプライチェーンが出来上がり、業務が完了すればチェーンは解消されるとしたら、どうだろう。このようなサービスの実現に向けた取組みも、すでに始められている。*14

進化する力

進化する力とは、共創経験から教訓を引き出して、それをもとに、消費者のニーズや好みに合わせて経験環境を進化させていくことを指している。決してその逆であってはならない。

「経験環境」というレンズを通してアマゾン・ドットコムを眺めてみたい。消費者はアマゾンから書籍、CD、DVDなどのお勧め情報を得る。その土台には、各人の嗜好、同じ商品を購入した他の顧客の購入品、ベストセラーリスト、書評家やアマゾン利用者のレビューなど、いくつもの判断基準がある。このように、テーマコミュニティが経験環境と結び付いて、誕生・変容・消滅していく。一時期、モンティ・パイソンの一員ジョン・クリーズの出演映画を愛する人々のコミュニティとつながった人が、次に、南北戦争で活躍したロバート・E・リー将軍の人生と経歴に関する情報を求めるコミュニティ、あるいはマハトマ・ガンジーのリーダーシップ哲学に関する情報を求めるコミュニティとつながるかもしれない。

アマゾンは絶えず新しい技術を取り入れて、顧客経験の刷新を図っている。現在アマゾンの書籍コーナーでは、目次、サンプルページ、表紙、裏表紙などを参照できる。リアル書店で本を手に取るのと同じような経験ができるのだ。CDの一節をオンラインで試聴することもでき、こちらはリアル店舗の多くが未導入の仕組みである。アマゾンは、ユーズド商品を購入するためのコーナーも提供して、経験空間をさらに広げた。取引に潜むリスクはアマゾンが引き受けている。

進化する力を活かしてイノベーションを実現するのは、決して容易ではない。たとえ各人の文脈が変わったとしても、経験環境は知恵を働かせてコミュニティを維持しながら、探求や変革を成し遂げなくてはならない。このような二重の役割を果たすためには、経験の土台をなすイベント相互の関係を十分に理解しておく必要がある。

ごくシンプルな事例を取り上げたい。仮に私が、証券会社に口座を開いたばかりの投資初心者だとしよう。証券会社のウェブサイトを訪問すると、株式、債券、投資信託、不動産投資信託（REIT）、金融派生商品、オプション、先物、年金型などといった商品が難解な言葉で紹介されている。私は初心者なのだから、このサイトは初歩から始めてわかりやすく明快に、基本的な投資判断プロセスを案内してくれなくては困る。「なぜ投資をするのか」「投資目的は何か」「株式とはそもそもどのようなものか」「債券とは」といった内容が求められているのだ。

ここで一、二年後に時間を早送りしよう。私はいくつかの株式銘柄の売買を経験した。そこで今度は自分のポートフォリオを分析して、資産配分、リスク管理といった概念を理解する必要がある。投資をめぐる私の経験は進化したため、証券会社が提供するオンライン環境もそれに応じて進化すべきだろう。だが残念ながら、現在のところウェブサイトは頻繁には変わらない。消費者から学んで、ニーズや興味の変化に対応するということがないのだ。次のフロンティアは、「適応型ウェブ」だろう。「企業との間で自分に適した経験を共創したい」と考える多彩な個人のために、ウェブを進化させるのだ。

同じことは製品についても当てはまる。私が製品から学ぶのと同じように、製品も私から学ぶべきなのだ。ところが従来は、大多数の製品は技術の変化とともに進化するだけで、顧客の変化には対応してこなかった。私たちは従来とは異なるアプローチで製品を進化させる必要がある。ザ・ラーニング・カンパニーが提供しているような子ども向けの教育用ソフトウェアが、そのための一つの道筋を示している。同社のソフトウェアは、子どもたちとともに進化していくのである。子どもがこれまでにマスターした技能に応じて、作業の内容や難易度を調節する。前回までの到達度を見たうえで、より高度な課題を出し、新機能を小出しに紹介していく。したがってこのソフトウェアは、子どもが成長するとすぐに飽きられ忘れ去られる、これまでの教育用玩具とは異なり、その時々に新鮮で興味深いプロジェクトを提供しているのだ。

経験イノベーションというフロンティア

経験イノベーションは共創の最前線に位置づけられる。これを実現するには、想像力、顧客の知恵、先進技術などを一つにまとめ上げる必要がある。経験イノベーションを成し遂げるうえでの課題は、共創経験の基本要素DART（対話、利用、リスク評価、透明性）を共創経験の選択基準（チャネル数、取引経験の質、価格と経験との総合的なバランス）や経験イノベーションのテコ（きめ細かさ、伸展性、連携性、進化する力）などと結び付けて、共創のための新しい充実した経験を生み出すことである。

この課題の意義を理解していただくために、性質の異なる二つの事例を取り上げる。片や石油産業、片や投資マネジメントの事例である。

まずは、石油探査における価値の共創を考えたい。石油業界では長らく、地形画像が重要な役割を果たしてきた。石油は地下深くの岩穴に高圧力で埋蔵されている。岩は音を伝えやすいため、地質専門家たちは油脈を探り当てるのに音波を使う。だが長年の間、時間をかけて数理分析を行い、粗雑な二次元画像を創り出すのが精一杯だった。しかし最近では三次元画像システムが進歩し、シュルンベルジェなどが開発したセンサーや電子制御機能が搭載されたため、状況は一変した。高解像度の地質画像は、かつてないほど短時間にしかも低コストで、地下油脈の正確で詳しい画像を生み出す。二〇マイル四方の一帯を分析するには、一九八〇年には八〇〇万ドル以上を要したが、二〇〇二年には五万ドルを下回るまでにコスト低減が進んだ。[*15]

傾斜掘りという新しい技術の恩恵もあって、以前であれば手の届かなかった油脈にも接近が可能となった。足を踏み入れることの困難な地域の地下に、石油が埋蔵されていると確認できた場合、近接地帯に掘削装置を配置して、最大五マイルも斜めに掘り進められるのだ。これによって、「ドリルの先端部分がどの地点にあるかを正確に知るにはどうすればよいか」というIT面での新たな課題が持ち上がった。解決策は、高度なセンサーと組込み知能を用いたMWD（Measurement While Drilling）という新工法によって、行く手の地形を掘削者や地質専門家が把握するというものだ。「ビット」と呼ばれるドリルの先端部分には、ペンティアムパソコン三台分を超える処理能力が備わっている。

以上のような石油探査プロセス全体をインターネットと融合させると、どうなるだろうか。世界各地の地質専門家や石油会社の幹部は、メキシコ湾、北海、あるいはボルネオのジャングルで技術者が目にしているのと同じ光景を、パソコン画面上で参照できる。地下一万五〇〇〇フィートまで掘り進んだら、あるいは石油の埋蔵が確認できたら、掘削装置からPDAやノートパソコンに通知を出すよう、設定しておくこともできる。

これらのテクノロジーはすべて、互いに補完しながら新しい経験環境を創造している。そのうえ、対話、利用、リスク評価、透明性などを新たな方法で組み合わせて、石油会社、顧客、仕入れ先などが価値を共創できる環境を作っているのだ。

次の事例として、アーキペラーゴを取り上げる。アーキペラーゴは世界最高水準の洗練度を誇る電子証券取引ネットワークで、参加者は、株式について最も有利な取引価格を探ることができる。アーキペラーゴは、独自の処理手順と照合エンジンを用いて、瞬時に取引情報を転送して、流動性と価格の面で最も有利な取引条件を探し出す。米国証券取引委員会（SEC）は先頃、アーキペラーゴを正規の証券取引所として認めた。顧客には証券会社、投資銀行、マーケットメーカーなど、世界の主力金融機関が名前を連ねている。

アーキペラーゴのような高度な経験環境が生まれると、投資家はリスク管理能力を高めることができる。会長兼CEOのジェラルド・パトナムが「一切の情報を公開しています」と述べているように、[*16]アーキペラーゴは、従来は専門家しか見られなかった取引記録を一般顧客にも開示して、かつてない高い透明性を確保した。注文の実行状況や処理状況も逐一知らされる。したがって顧客は、取引価格や手数料などをリアルタイムで把握できるのだ。また、指し値を小刻みに設定できるようにして、NASDAQ（米国店頭株式市場）やNYSE（ニューヨーク証券取引所）の上場銘柄の大多数について、スプレッド（値開き）をそれぞれ平均で五〇%と一五%にまで低減させた。取引コストも全体として下がり、投資家のコスト負担は何千万ドルも軽くなった。

アーキペラーゴは最近、新しいツールを公開した。取引の実行品質の良し悪しをモニターするための、一般顧客向けツールだ。これらのツールによって利用者はさまざまな取引所の取引を比較・分析でき、より多くの情報をもとに取引所を選べるのだ。なぜこの点が重要なのか、二〇〇一年一二月二日のエンロン倒産のような、株式市場の大波乱を考えてみたい。この日、スタンダード・アンド・プアーズ（S&P）がエンロンの格付けを「投機的」レベルに引き下げると発表し、これを引き金にして株式市場では狼狽売りによる下落スパイラルが起きた。売り注文が殺到したため、NYSEはエンロン株の売買を停止したが、それまでの間に電子証券取引ネットワークなどでは一〇〇〇万株超が取引され、エンロンの株価は二・六ドルから一・一ドルへと下落した。NYSEでは三〇分後に取引が再開され、再開時にはこれら代替市場での取引価格で値がついた。[*17]

エンロン株にまつわるこの実例は、情報伝達を通して効率的に価格が決定されると、システム全体を大きく揺るがす事態に直面しても、リスクを分散・最小化できるという事実をあぶり出している。取引のための経験空間を通して複数の市場が連携しているため、メリルリンチのような大手機関投資家ですら、より多くの選択肢を手にできた。メリルリンチは顧客からの大口注文を処理する際、証券取引ネットワークと自社システムのどちらを用いてもよい。有利な価格を選べばよいのだ。大きな波乱によって急激な値動きが生じた際には、代替市場は緩衝材の役目も果たす。注文を処理するためのチャネルをいくつも提供して、顧客が事態に対処しやすい環境を作っているのだ。

アーキペラーゴは技術力を活かして経験イノベーションを実現し、効率を高めただけでなく、魅力的な経験を通して価値を共創する機会をすべての当事者にもたらしている。メリルリンチ他の顧客のリスク管理を向上させるなど、より良い経験を実現して、大小の何千もの投資家とともに価値を共創しているのだ。

◉経験イノベーションへの道のり

本章では、さまざまな分野の多彩な事例を紹介しながら、経験イノベーションを実現する必要性を説いてきた。大多数の企業は、製品・サービスを土台とした企業主体のイノベーション観を捨て、経験を土台とした共創型のイノベーションをめざさなくてはいけない。新旧のイノベーション観の相違を**表4―2**にまとめてある。

経験イノベーション実現への道のりは平坦ではない。大企業では、製品のイノベーションに多大な熱意と労力が費やされている。社内ではどのくらいの時間をかけていつの時点までに新機能を開発できるか、いつ製品やサービスに組み入れるか、といった内容がしきりに議論される。多数の用途を持った製品を開発して、R&Dや物流分野の投資を十分に活かそうとの傾向が強まっている。競争優位の大きさは、これらの点でどの程度他社をしのげるかにかかっている。したがって経営者やマネジャーは、この競争空間での効率向上に力を注ぐ。たとえば、機能や製品の開発スピードの向上（製品サイクルタイムの短縮）には、経営陣はひとかたならぬ関心を払っている。コスト削減、品質、さらには、応用例やアプリケーションを増やしたり、新しい事業機会を見出したりするためのプラットフォーム作りにも、同じように力が入る。製品やサービスの競争力を高めようとして、それに関連したさ

表4-2 経験イノベーションへの道のり

	従来型のイノベーション	経験のイノベーション
イノベーションの対象	製品と業務プロセス	経験環境
価値の基盤	製品・サービス	共創経験
価値創造の発想	価値を創造するのは企業——供給がプッシュ、需要がプル	価値とは共創するもの、個々の顧客を中心に据えた価値の共創
開発の主眼	コスト、品質、スピード、モジュール化	きめ細かさ、伸展性、連携性、進化する力
テクノロジー観	機能、技術とシステムの統合	経験促進要因、経験の統合
インフラのねらい	製品やサービスの完成を後押しする	経験のパーソナル化と共創を後押しする

まざまな側面に注意を向けるのだ。彼らはコスト、品質、バラエティの豊富さなどが競争優位の主な源泉だと考えている。たいていの経営者やマネジャーは、こうした発想から抜け出さなくてはならない。*18

経験イノベーションと効率

コストを削減しなくてはいけないというプレッシャーのもと、大多数の経営者は効率にばかり目を向け、イノベーションについては、気晴らしのようなものだと見なしている。「両方は無理」だと考えているため、「効率とイノベーションのどちらを取るか」などという問いを抱くのだ。たとえイノベーションを重視していたとしても、えてしてイノベーションそのものよりも、それを効率的に進めるためのプロセスの開発に気を取られてしまう。そしてやがては例外なく、顧客のことを忘れて企業の論理にとらわれ、社内のコンピタンス（企業力）しか目に入らなくなるのだ。

ただし本来、効率とイノベーションは対立関係にはなく、歩調を合わせるはずである。きわめて効率的な世界規模のサプライチェーンを通して、この点を見ていきたい。こうした世界規模のサプライチェーンを構築・運用するためには当然、技術や組織の面で多数のイノベーションが求められる。多数の国に部品を配送するだけでも、情報共有、部品の追跡、取引管理、移転価格、品質保証、人材管理などの面でイノベーションが必要になる。そしてそれらの努力は、革新的なITネットワーク、データベース、アプリケーションなどに支えられている。このように、二一世紀に求められる効率水準は、イノベーションなしには達成できないのだ。

逆に、高い効率を達成しなければイノベーションは成功しないのも事実である。インテルが、新しいマイクロプロセッサーの市場投入を考えているとしよう。生産規模の決定、コスト低減、世界の複数の製造施設の運用などに際して、効率基準を設けないことには、イノベーション成果は上がらないだろう。イノベーションの成果は、その実現プロセスの効率に左右されるのだ。

だが、経営者は逆の発想をしがちである。コスト vs. 品質、多様性 vs. 大量製造、効率 vs. イノベーションといった枠組みで物事を捉えるのだ。こうした二者択一的な発想をすると、往々にして現実が見えなくなる。すでに述べたとおり、品質を深く追求していくと、コストを目覚ましく低減できる。多様性を犠牲にせずに大量製造を行い、マス・カスタマイゼーションを実現することも可能だ。同じように、効率と経験イノベーションも両立できる――いや、両立させなくてはいけない。これはあまりに単純な理屈であるため、多くの人はかえって見落としてしまうのだが、要点は三つの簡潔な命題にまとめられる。

①従来の常識を打ち破るような事態によって業界や技術の垣根が崩れ、試行錯誤の必要性が高まっている。

②価値を共創するには、「リスクを回避する」ための試行錯誤を要する。そのためには経営資源の活用、市場での試行、顧客の期待やニーズの形成などを、効率的に行うことが求められる。

③すべての試行が成功するとは限らず、成功したものについては、すぐに本格導入して市場を拡大しなくてはならない。つまり、製造、物流、チャネル、顧客サービス、ブランディング、コミュニティ管理などの活動を全体として効率化しなくてはならないのだ。

このような取組みを本書では「効率的な経験イノベーション」と呼ぶ。効率に注意を払いながら、経験イノベーションと試行を追求していくのだ。効率とイノベーションのどちらを取るかという議論には意味がない。アーキペラーゴ、石油探査、レゴといったこの章の事例、あるいは前章までのナップスター、サマーセット、心臓ペースメーカーなどの事例を思い出してみると、いずれの事例でも経験イノベーションと効率がともに実現されている点に気づくだろう。効率を保つには経験イノベーションが欠かせず、試行のリスクを減らし、経験イノベーションを推し進めるためには効率がカギとなる。

ここでの効率とは、生産や業務遂行（従来のバリューチェーンの諸要素）のコストを減らすだけにとどまらない。共創経験をめざすにあたっては、試行錯誤や着想の力を伸ばし、試行を実施したり、事業機会を探したりする際のリスクを減らし、経営資源やコンピタンスを十分に活かして投資を抑え、試行と本格実施の両方で時間を短縮しなくてはならないのだ。

本章の冒頭では、経験環境のイノベーションを図らざるをえなくなると述べた。これは製品中心とも業務プロセス中心とも異なる、顧客との共創経験を中心に据えた新しいイノベーションの考え方である。幸いにもテクノロジーの進歩を受けて、今日では多彩な経験促進要因が利用できる。経験イノベーションを実現するためには、きめ細かさ、伸展性、連携性、進化する力などが求められるという点も見てきた。そして、経験イノベーションと効率は相反するものではなく、表裏一体の関係にあることも説明した。

以上で、次の問いに移る準備は整った。一人ひとりに個性があるなら、各人各様の価値を共創するためには、経験環境をどのように革新すればよいのだろうか。次章ではこの点に照準を合わせる。

第5章 経験のパーソナル化

Experience Personalization

第3章と第4章では、共創経験をいかに経験環境のイノベーションへと発展させるかを説いた。独特の価値を顧客と共創するためには、「パーソナル化された共創経験」を尊重すべきだ。さらに、この経験は一社あるいは一個人にとどまらず、他者を巻き込む可能性があるため、多数の企業やコミュニティがいかにネットワークを形成して、このようなパーソナル化された共創経験を促進するかを理解しなくてはならない。その過程全体を通して、中心にいるのは個人である。

◉――共創経験のパーソナル化

共創経験は一人の消費者が、経験環境とかかわり合う中から芽生えるという点を思い起こしていただきたい。かかわり合いのパーソナル化を理解すれば、共創経験のパーソナル化にも近づける。

一例として、ニューヨークのホイットニー美術館を訪れる場面を想像していただきたい。通りかかった人々の中には、この美術館をアッパー・イーストサイドの街角にあるただの建物としか見ない人もいるだろう。しかし、数多くの愛好家にとってはこの美術館は、壁の内側と外側両方で意義深い経験をもたらしてくれる。美術品、工芸品、展示、カタログ、マルチメディア機器、ツアーガイド・案内員、研究資料、逸品の揃ったギフトショップ、ウェブサイトなどが揃っているのだ。さらには熱心なファンや美術愛好家、スタッフなどによるテーマコミュニティも築かれていて、これら多数の要素が複雑に絡み合いながら、ホイットニーでの経験をより充実したものにしてくれる。このようにホイットニー美術館が提供する経験環境の中で、訪問者は美術館ではなく自身を中心に据えて自分ならではの経験を紡ぎ出せる。ホイットニー美術館には優れた経験環境があるのだ。*1

大多数の美術館では、経験環境の構成要素は時とともに増えていくだろうが、プランニングの核に愛好家が据えられる事例は少ない。次に、意識的なパーソナル化を可能にする別分野の事例を引こう。モバイル向けニュースサービスである。この種のサービスを利用するためには、ウェブ上でアカウントを取得して、モバイル機器に必要情報を設定のうえ、メニューを操って配信されてきたニュースをふるいにかける。

一般にカスタマイズ化は容易ではない。メニューには曖昧な言葉が並び、「インターネット・ビジネスニュース」など大括りの分野を選択せざるをえず、「台湾の半導体産業」といった、私自身の関心に沿った具体的なテーマは指定できないのだ。時の経過とともに私の関心が移り変わっても、それに応じてメニュー内容が変わるわけでもない。娘が半年間、サンクトペテルブルクに交換留学していた間は、ロシア情勢に関心があったが、その後は関心が薄れたとしたら。オスカー賞の発表直前は映画業界についてしきりに情報を集めていたが、発表後は急速にその熱意がしぼんだとしたら……。『ロサンゼルス・タイムズ』のモバイルサイトは、右記のような弱点を克服しようと、適応型のパーソナライゼーション技術を試行導入している。新規ユーザーがログインすると、サイトは基本情報を問いかけ、それをもとにユーザーに気に入られそうな環境を用意するのだ。その後は、ユーザーの関心の変化に即応しながら、適応学習を活かしてパーソナル化を強めていく。

こうしたシステムを設計・実現するのは骨の折れる仕事である。たとえば、あるトピックについての私の関心度を推し量るためには、各記事を私がどれだけ読んでいるかを測定する必要がある。仮に私が二週間に、水処理業界についての記事一〇本中九本を読んだとすると、システムの側では私がこのテーマをさらに追おうとしていると推測する。ところが、状況が動けば利用者の行動パターンも変わるため、単なる計算だけでは正確な予測はできない。大リーグのシーズン中、ロサンゼルス・ドジャースについての記事を一六二本続けて無視した読者が、ナショナル・リーグ・チャンピオンシップでの勝利に関する四本の記事には、すべて目を通すかもしれないのだ。『ロサンゼルス・タイムズ』のリサーチチームはまさにこの問いを自分たちに投げかけた。「一六六本中四本」という実績からは、この読者が今後もワールドシリーズでのドジャースの記事に関心を持つと予想できるだろうか。おそらく答えは「ノー」だろう。[*2]

『ロサンゼルス・タイムズ』のモバイルサイトは、この複雑な課題に対応しながら進化しているわけだが、そこでのねらいは、各人にふさわしい経験環境を作り出すだけにとどまらない。場所や時間が変わり、新しいイベントが起きるのに伴って、個人の嗜好は変化するため、その変化に対応しようというのだ。多彩な消費者に向けて、真にパーソナル化された共創経験を楽しめるような環境経験を設計するのは、決して些細な仕事ではない。

次に、航空事業に目を転じたい。香港を一時間前に離陸したエアバス340が、ニュージーランドに向けて飛行している。この機体には四機のGE製エンジンが搭載されているが、その一機の逆スラストの表面から断熱材がごくわずかだが剥がれ落ち、冷たい外気が忍び込んできたとしよう。温度変化は微小であるため、計器盤には異常は表れない。[*3]

ところが、エンジン内の熱電対は温度の下降を感知した。エンジンの計器データを定期的に収集するコンピュータが、このデータをサテライト拠点に送り、データはさらにオハイオ州のGEのコンピュータに転送された。データ内容がエンジンの保守記録や他のセンサーからのデータとかけ離れていたため、GEの従業員が分析を行って断熱材が剥離した可能性を突き止め、航空会社に電話でその旨を知らせる。これを受けて、オークランドの整備士が、エンジンの逆スラストの表面を補修するための部品を発注する。

わずか五年前であれば、このような微細な剥離には誰も気づかなかったはずだ。問題はやがて深化して、定期点検時に発見されるだろうが、そのときには補修に何週間も要する状態になっているだろう。補修の間、機体は就航できないわけで、GEの顧客である航空会社は大きな損害を受けることになる。

この逸話は、パーソナル化された共創経験の諸要素を理解するうえで、どう役立つのだろうか。当然ながら、イベントを取り巻く文脈が大きな意味を持っている。たとえば、機体の目的地によっては、GEのエンジニアは「最寄りの空港に緊急着陸してすぐにでも補修をすべきだ」と強く主張するかもしれない。その時々の文脈に応じて、イベントをもとに判断を下すわけで、これにはパーソナル化されたやり取りを必要とする。

ただし、判断に実質的にかかわるためには、航空会社の側もGEと同じデータ利用する必要がある。対話、透明性、リスク評価が重要になってくるのだ。では、問題の飛行機に乗っている人々はどうだろうか。予定外の着陸によって、乗客の旅行経験に影響が及ぶのは間違いない。航空会社はどれだけの透明性を確保すべきだろうか。GEの担当者、航空会社の技術者、パイロットが全員、リスクはきわめて小さく、飛行を続けるべきだとの意見で一致した場合、航空会社は事実を乗客に伝えるべきだろうか。

航空会社は昨今、こうした課題を突き付けられている。デルタ航空は、新しい情報システムを導入して、以前はゲート担当者しか参照できなかったリアルタイムの飛行状況、空席情報、座席のアップグレードやキャンセル待ちといった情報を、乗客にも公開した。この透明性によって乗客の不安は和らぎ、ゲート担当者のストレスも軽くなった。もっとも時としては、「ファーストクラスのあの空席に移してもらえないだろうか」などといった、以前にはなかった要望を受けることになるが。

以上三つの事例には、経験とそのパーソナル化を支える基本要素、すなわちイベント、文脈、個人の巻き込み、パーソナルな意味づけなどが見て取れる。ホイットニー美術館は融通の利く経験環境を提供して、その中で各愛好家にとって意味ある価値共創を実現している。『ロサンゼルス・タイムズ』のシステムは、顧客の記事閲覧状況を調べ、それに応じて進化することで、空間や時間という文脈の中で各顧客にふさわしいかかわり合いを実現している。航空会社の事例は、多数の関係者が特定のイベントをめぐってネットワークを組む必要性を浮き彫りにしている。GEのエンジニア、航空会社のクルーや整備スタッフ、空港職員みなが力を合わせて、最終顧客すなわち乗客の経験を共創しているのだ。

以下では、共創経験のパーソナル化を支える主な要素を個々に見ていく。

イベント

経験の基盤となるのはイベントである。イベントとは、状況が変化して当事者に影響を与えることを指す。アメリカンフットボールの試合、ビジネスセミナー、結婚式、朝食ミーティングなどはいずれもイベントである。心臓ペースメーカーを装着する人にとっては、動悸もイベントであるし、ハウスボートの購入者が設計エンジニアに調理室への戸棚設置の件で電話をするのも、イベントである。あなたが本書を読んでいるのも、オフィスビルの地下でパイプからガス漏れが発生するのも、やはりイベントだ。

イベントは細分化でき、さまざまな構成要素に分解することもできる。セミナーであれば、午前中は大人数を集めてのプレゼンテーションが行われ、ビュッフェ形式の昼食を挟んで午後は少人数での討議に移るかもしれない。アメリカンフットボールのＮＦＬのシーズンは一六試合で構成され、各試合がクオーターに分かれる。各クオーターはポゼッションに、ポゼッションはプレーに分かれる。このように、イベントは重箱状になっており、すべてのイベントが別のイベントの一部をなしているのだ。

イベントを経験する密度は、時と場合によって実にさまざまである。私がスポーツにさほど関心のない人間なら、日曜日のニューヨーク・ジェッツの試合について勝敗ぐらいしか知ろうとしないだろう。だがジェッツの熱狂的なファンなら、選手たちの一挙手一投足にまで分析を加えようとするかもしれない。

ここで株価の動きを考えてみたい。投資家によって、毎日のダウ平均がわかればよいという人から、個別銘柄の日々の値動きを知りたい、いや分単位で追いかけたいなど、要望はまちまちだろう。うまく設計された経験環境では、各人は経験の密度を好みに応じて選べるのだ。

一部の企業はすでに、多彩な製品やサービスを提供するのはもとより、それに伴う経験を演出する方法まで身につけている。次になすべきは、多様な共創経験を実現して、消費者が好みに応じてイベントとイベントをつなげたり、細分化したりできるようにすることだ。

イベントの階層関係が、明確なルールによって決まっている場合もある。スポーツが好例で、シーズン、試合、クォーター、ポゼッション、プレーというように階層関係がはっきりしている。逆に階層関係が明確ではない、あるいは理解されていない事例もある。緊急救命室（ER）に収容された患者への措置を細かく分けて捉えるのは、医療関係者にとってさえ難しいのではないだろうか。

そのうえ、イベントの階層関係は文脈に応じて変化する。アメフトファンが、「ファンタジーリーグ」と呼ばれる人気シミュレーションゲームを行う場合、その人はアメフトにまつわるさまざまな経験を再構築する。実在のさまざまなチームから選手を引き抜いたり、トレードしたりして、スターターを選び、テーマコミュニティに属する他のファンと週ごとに戦果を比べるだろう。この状況では、日曜日のニューヨーク・ジェッツの試合結果よりも、ランニングバックのカーティス・マーティンが何ヤード、ゲインしたかのほうが重要である。なぜならマーティンはアメフトゲームで私のチームに属していて、彼の残り試合での戦いぶりは、ジェッツファンが集まるコミュニティの一部メンバーから熱い期待を寄せられているのだ。個人、コミュニティ、経験環境のかかわり合いは、イベントの意義を決定づける重要な役割を果たす。*4

イベントの文脈

文脈、すなわち時間や場所は、すべてのイベント、ひいてはすべての経験の一部をなしている。イベントが内容を指すとすれば、文脈とは、いつ（時）どこで（場所）それが起きたかを指している。これらが経験の意味を決定づけるのだ。たとえば同じソーダ水でも、夏の昼下がりに、ビーチで子どもたちと一緒に氷を入れて飲むのと、金曜日の午後に同僚たちと窓の少ない会議室で飲むのとでは、違った経験を生み出す。前者には後者の経験よりも、ずっと高い価格を支払ってもかまわないのではないだろうか。同様に、午前九時に自宅で不整脈に陥るのと、遠隔地のホテルで真夜中に不整脈に見舞われるのとも違う。文脈が異なるため、経験も異なったものになるのだ。

文脈はまた、イベントの起こり方やそれを取り巻く状況を左右する。すでに一部の企業は、イベントそのものを提供するだけでなく、イベントを取り巻く状況を演出しようとの動きを見せている。これをコーヒーショップ業界で実践したのがスターバックスだ。店の立地、内装、照明、製品ラインアップ、BGMなどの相乗効果によって、来店者にくつろぐ、読書をする、友人とおしゃべりに興じる、楽しいひと時を過ごす、といった環境を用意している。スターバックスは経験環境を通して多彩な状況を演出しているが、同時に、各人が自分なりの文脈を決めて、思い思いのスターバックス経験を楽しめる余地も設けている。グループでの来店者は、椅子の配置を自分たちでアレンジし直すかもしれない。特注ブレンドの味や香りを満喫する人もいるだろう。あるいは、新しい出会いにつながったり、静かに考えにふける場になったりする、この温かい雰囲気が好きだという人もいる。[*5] スターバックスは、商品、従業員、消費者コミュニティを工夫して組み合わせれば、各人にユニークな経験をもたらすことができる、と心得ているのだ。

したがって、各人は自分自身の文脈を持ち込んで、それに応じて経験を共創できなくてはならない。企業は洞察を働かせて各人の経験の違いを理解し、それぞれに多彩な経験をもたらすことができるよう、素地を用意しなくてはならない。

文脈とは、出来事の社会的、文化的な背景でもある。イベント企画、たとえば結婚式のプロデュースなどを考えてみると、社会や文化の重要性が見えてくるだろう。イベント・プランナーは結婚を控えたカップルと密に連絡を取り、場合によってはその両親も交えながら、仕事を進める必要がある。教会での愛の誓いから披露宴でのテーブルクロスに至るまで、結婚式や披露宴の一コマ一コマがカップルにとっては特別な意味合いを持つ。当然ながら、二人は自分たちで細部まで決めたいと考えるだろう。そのうえ、細かいイベントの一つひとつに、親族や招待客の一人ひとりが異なったかかわり方をする。同じ結婚式を通して各人が異なった経験をするのだ。結婚式の同じシーンで、各人各様の感慨に浸る。加えて、新郎、新婦、親友、両親、同僚などが、各シーンをどのように受け止めるかは、その人の趣味や好みにも左右される。

以下では、経験のパーソナル化を図る中で、個人を巻き込み、各人にとっての意味合いを引き出すことがいかに重要かを述べる。

各人のかかわり方

個人と各イベントとのかかわり合いは、多彩な製品、チャネル、サービス、相手企業の従業員、テレマコミュニティのメンバーなどとどう接するかによって、さまざまな形態を取る。

テレビで映画を観ていても、関心の払い方はその時々で明らかな違いがある。ソファに身を沈めて観るかもしれないし、退屈な映画ならエンディングを待たずにうたた寝してしまうかもしれない。だが、強く興味をそそられる映画なら、より深くかかわりたいと思うだろう。高機能CD、体験型DVD、パーソナル・ビデオレコーダーなどはこれを可能にし、魅力的な未知の経験への扉を開いてくれる。

同じことは顧客志向の強い小売店スタッフにもいえる。あるビデオ店の店長は、私がアルフレッド・ヒッチコックの『北北西に進路を取れ』の熱狂的ファンだと知り、ヒッチコック風の『メメント』を勧めてくれた。あるいは、経験を培うことを目的に作られたウェブサイトも同じで、ネットフリックスは、映画への私の評価コメントをもとに、気に入りそうな他の映画を紹介してくれるのだ。既存事業のさまざまな要素はみな、ゆっくりとしかし着実に「経験チャネル」へと変容しつつある。つまり大きな経験環境の一部を形成するのだ。

ソニー・オンラインエンタテインメント（SOE）製のゲーム、エバークエストは、空想の世界に何千ものプレーヤーを引き込んでいる。人々は特定の役回りを引き受け、冒険に出かける、友人や敵を作る、あるいはゲームの中で使命を終える、といった経験をする。あまりに血沸き肉躍る経験であるため、四〇万人近くの人々が月におよそ一三ドルを支払ってこのゲームに参加している。[*6] 通信の普及率で世界最高レベルにある韓国では、エバークエストなどインターネットを用いた冒険ゲームの愛好家たちが集うパーラーが、ブームを巻き起こしている。マイクロソフトは、多彩なマルチプレーヤー型ゲームのネットワークを築こうと一〇億ドル超を投資するかたわら、日常的に使用する機器の利便性を高めるためのSPOT（Small Personal Objects Technology）プロジェクトを推し進めている。*7 心臓ペースメーカーの事例からもわかるように、インタラクティブ技術は身の回りのあちらこちらに組み込まれつつある。

加えて私たちには、他の人々と経験を共有して楽しむ傾向がある。デジタル写真を眺めて休暇の思い出に浸り、買ったばかりのドレスを自慢し、『ハリー・ポッター』シリーズの最新刊の感想を述べ合うのだ。モバイルインターネットの急速な普及を受けて、技術を用いて人と人がかかわる新しい形態が生まれ、テーマコミュニティへの参加を促している。テーマコミュニティは、地縁に基づくコミュニティとは異なる。「近隣同士のコミュニティ」とは違って、テーマコミュニティとは、「乳がん経験者の集まり」「オーストラリア産ワインを愛する会」などを指す。企業の「経営委員会」や「お得意様会」もテーマコミュニティの一種といえ、各メンバーはコミュニティへの参加を通して互いの経験を紡いでいく。概して、企業、都市、国家などの複雑な社会機構では、テーマコミュニティのメンバーが力を合わせ、情報を共有すると、効果的な活動を展開できる。乳がん経験者は、自分一人では健康保険法の改正を勝ち取れないかもしれないが、大人数のテーマコミュニティであれば、思い切ってロビー活動を推進できるだろう。

各人にとっての意味合い

「各人にとっての意味合い」とは、イベントがその人にどれだけふさわしいか、そこからどのような知識、ひらめき、楽しさ、満足、気分の高揚などがもたらされるか、を指している。イベントにどの程度かかわろうとするかは、人によって開きがあり、それに応じて意味合いも変わってくる。ハーレーダビッドソンの所有者は、人格の発露としてハーレー製のバイクに乗っているといわれる。ハーレー愛好者はバイクに乗るだけでなく、付属品の取り付け、カスタマイズ、装飾、洗車などにも同じように時間を費やす。移動に便利なバイクがあればそれでよいという人は、おそらくハーレーを購入しようとはしないだろう。ハーレーのもたらす経験を満喫するのは、ハーレーの世界に没頭したいと考える人々である。ハーレーオーナーの中には、それだけでは飽き足りないという面々もいて、そういった人々はHOG（ハーレー・オーナーズ・グループ）に所属している。HOGは結束力の強い団体で、ラリー、ショー、クロスカントリー・ライドなどを開催している。HOGのメンバーは会話や活動を表面的に楽しむだけでなく、共通の価値観で結ばれていて、その絆は互いの交流を通して絶えず強まっていく。このように、ハーレーを所有するというのは、個人の主張であるだけでなく、社交上のメッセージでもあるのだ。[*8]

筆者たちの同僚ケリムカン・オズカンは、「意味づけとは、非常に広い意味に捉えれば、心の中での意思表示だといえる」と述べている。[*9] イベントの個人にとっての意味合いは次のような特徴を持つ。①各人の発想、信念、意図などに根差していて、主観的な性格を持つ、②イベントの状況や結果と結び付いているため、客観的な側面もある、③イベントの関連領域での役割に応じて、合理的な側面を持つ。自分にとっての意味合いを引き出すという行為は、共創経験のパーソナル化を支えるきわめて重要な要素である。

この点を説明するために、ラインマネジャーの役割を考えてみたい。マネジャーの任務によっては、全社の在庫水準よりも、特定の地域の特定の時点での在庫のほうが大きな意味を持つかもしれない。文脈、すなわち場所や時間が、在庫情報の重要度を決定づけるのだ。たとえば、売上全般に関心を払いながらも、「先週、売上実績が予測の八〇％に届かなかったのは世界のどの支店か」という点のほうが重大な関心事なのである。ドイツなどの主要市場で売上が急減すれば、すぐさま注意を振り向けるだろうが、チリで同じ率だけ販売が減少しても、それほど反応は示さないかもしれない。だが他のマネジャーは、チリでわずかに売上が減っただけでも神経を尖らすかもしれないのだ。

イベントの意味合いを考える際には、個人を発想の中心に据え、一人ひとりの重要性を忘れないようにしなくてはいけない。たとえば、マネジャーはみな自分なりの視点を持っているため、特定のイベントに関しても、どの情報に意味や重要性を見出すかは、人それぞれなのだ。同一の人物が同一のイベントに遭遇しても、タイミングが異なれば、対応に開きが生じるだろう。

●——経験のパーソナル化：オンスターの事例

以上で述べてきた四点、すなわち、イベント、イベントの文脈、各人のかかわり方、各人にとっての意味合いに着目すると、個人を柱にして共創経験を眺められる。このような見方をすると、もはや企業が単独で各人の経験を決定づけるわけにはいかないとわかってくる。そこで、各人が自分らしいやり方で経験環境とかかわることができるようにお膳立てをし、消費者の多様な関心、知識、ニーズ、望みなどに応えることが課題となる。

テレマティクスという先進分野を通してこの点を考えてみたい。テレマティクスとは、自動車の運転者や同乗者に向けたモバイル情報サービスである。ゼネラルモーターズ（GM）はオンスターサービスを開始して、顧客に安全確保・緊急時対応サービスを提供している。GMは顧客の幅広いニーズや関心を学び取り、それにつれてオンスターも着実に進化してきた。オンスターは今では「運転の安全性を高めるために、ITをどう活用すればよいか」ではなく、「顧客はどのような乗車経験を望んでいるのか」「IT技術は、長時間の通勤途上に、森林地帯を走り抜けるときに、あるいは家の近くで用事を足すときに、運転経験をどのように向上させられるか」といった問いかけをしている。多彩な答えが見えてくるにつれて、オンスターは新しい経験空間を生み出していく。その中で顧客はパーソナル化された共創経験を楽しみ、より快適で、便利で、楽しく、情報を収集できて、しかも安全なドライブを実現させるのだ。[*10]

テレマティクス・サービスを利用するには、衛星や基地局を介したモバイル通信ができるよう、必要機器を自動車に搭載する。オンスターのインターフェースは簡潔である。運転者がダッシュボード上のボタンを押せば、コールセンターのオペレーターが応答するのだ。オンスターは常に自動車の正確な位置を特定できるため、位置情報を活用した多彩なサービスが可能である。その一部は安全の確保に重点を置いている。利用者が万一事故に巻き込まれたら、オンスターは衛星経由で送られてくるデータをもとに、パトカーや救急車に現地への急行を依頼する。

もっぱら快適性の向上を目的としたサービスもある。たとえば利用者が「自宅から二〇〇マイルのところにいるが、この近くにイタリアンレストランはあるだろうか」と問いかけると、サービス担当者が自動車の現在位置を確認して、データベースから最寄りのイタリアンレストランを探し出す。場合によっては予約まで代行してくれる。

オンスターは、車載センサーに接続して走行性能などをモニタリングし、必要と判断した場合には何らかの手立てを講じる。顧客が自動車から閉め出されたような場合には、遠隔で開錠することもできる。エアバッグが作動した際には、事故を察知してその深刻度を判断する。車両が盗難に遭ったら、警察を助けて追跡にあたる。

経験空間に対応したサービスだからこそ、オンスターは役に立っているのだ。事故、イタリアンレストランでの食事、閉め出しといったイベントに着目し、イベントの場所と時間、すなわち文脈を重視している。そのうえ、融通の利くシンプルなインターフェースを提供している。

オンスターはすでに目を見張るような能力を備えているが、その技術力をもってすれば、さらに別の経験も実現できるだろう。仮に私がコロラド州パイクスピーク在住で、テレマティクス対応の自動車に乗っているとしよう。テレマティクス・サービスセンターは、電話や電子メールで、天気、交通、緊急情報などを知らせてくれてもよいではないか。「明朝パイクスピークに吹雪のおそれがあると、警報が発令されました。運転は避けるようお勧めします。仕事でどうしても運転しなくてはならないのなら、次のような代替ルートをご提案します……」。仮に私が、提案されたのと別の代替ルートを知っていた場合、どうすればオンスターと力を合わせて最善のルートにたどり着けるだろうか。

テレマティクス・システムには、私に適応して進化することも求められる。私の嗜好を学び取って、それに合わせてサービスを提供するのだ。シェリル・クロウの音楽を聴く、デンバー・ブロンコス〔アメリカンフットボールNFLのチーム〕の熱狂的ファンでもある、といった私に関する情報をもとに、自動的にクロウのコンサート情報やブロンコスの試合のハイライトを伝えてくれてもよいだろう。ただしその際には、特定の文脈の中で理想的な経験ができるように、私自身を巻き込んで経験を形成しなくてはならない。

オンスターの事例からは、経験環境を創り出すためには、往々にして新技術への投資が求められるという事実も見えてくる。オンスターは、ワイヤレス通信、衛星通信、車載システム、車内センサーといった技術を理解し利用するために、多大な投資を行ってきた。さらには車両診断機能を一般通信網、コールセンター、消防や警察などの緊急サービスと連携させるためにも、投資を要した。オンスターを車載型アプリケーションとして安全に配備するためのハードウェア、ソフトウェアの仕様や品質水準はきわめて優れている。このように、創意工夫によってさまざまな新技術を組み合わせると、非常に幅広い事業分野で共創経験を促進できるのだ。

最後に、各顧客とのかかわり合いをパーソナル化するためには、その土台として、いずれかの企業が中心、すなわちノード企業となって、多数の仕入れ先、パートナー企業、消費者コミュニティを「経験ネットワーク」として統率していく必要がある点に注意していただきたい。共創経験のパーソナル化――「その人だけの経験」（エクスペリエンス・オブ・ワン）――を実現できるかどうかは、この経験ネットワーク全体のコンピタンスを活かせるかどうかにかかっているのだ（図5―1）。

◉――ユニークな価値の共創：大学教育の事例

次はがらりと趣向を変えて、情報に敏感な業界に目を向けたい。大学である。二〇〇一年四月、マサチューセッツ工科大学（ＭＩＴ）は「オープン・コースウェア」と名づけた一〇年計画を発表した。最大一億ドルを投じてウェブサイトを構築して、二〇〇〇にのぼる講座のほぼすべての講義ノート、課題、模擬講義、講義ビデオなどを掲載するというのだ。イギリスのオープンユニバーシティによる遠隔学習とは違い、ＭＩＴの施策は教材を「学習の材料」として提供して、ＭＩＴの教室、他の大学、オンライン上など、世界のどこででも利用できるようにしようというのだ。[*11]

この事例は興味深い問いを提起している。ＭＩＴの教育内容を無償で公開するなら、その価値はどこに存在するのだろうか。もちろん、単に教授から学生へと情報を伝達するだけが大学教育ではない。優れた教え手は必ず、学生を討議へと引き込むものだ。最近では患者は予備知識を仕入れてから医師のもとを訪れるが、それと同じように、学生も予習をして講義に臨み、教授や同級生らと熱心に意見を戦わせたり、新しいアイデアを探ったりする。学生たちは、学習経験の共創にかつてないほど深く

図5-1 経験のパーソナル化

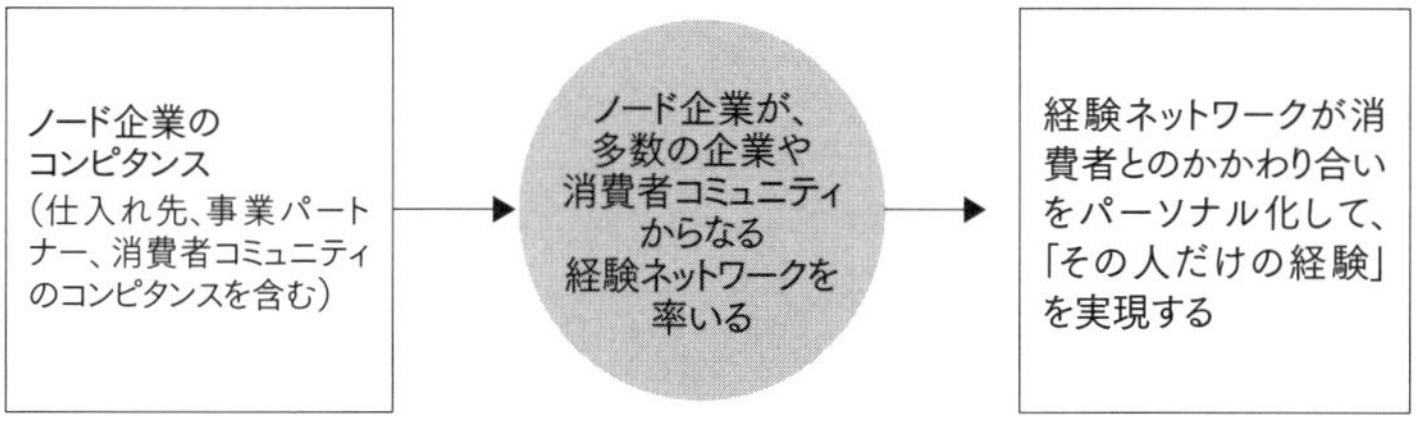
ノード企業のコンピタンス（仕入れ先、事業パートナー、消費者コミュニティのコンピタンスを含む）
ノード企業が、多数の企業や消費者コミュニティからなる経験ネットワークを率いる
経験ネットワークが消費者とのかかわり合いをパーソナル化して、「その人だけの経験」を実現する

かかわっているのだ。

さらに、インタラクティブ技術を学習ツールとして試行導入する教員も増えている。講義の前後に、教え手と学生の一対一のやり取りに活かすだけでなく、学習コミュニティに参加する多数の学生による自由な議論にも応用しているのだ。学生は一人で学習するのではなく、仲間たちのコンピタンスに助けられて力をつける傾向をますます強めている。

こうした手法には目を見張るほどの利点がある。たとえば、チップス教授が四五人の学生を対象に、九〇分間のビジネスコースを教えると想定しよう。仮に講義を一切せずに、学生全員を議論に参加させるとしても、学生一人当たりの議論時間はわずか二分しか取れない。しかし、双方向の予習講座を設ければ、学生一人ひとりがユニークな学習経験をでき、講義本番では学生同士のより難解な議論を中心に据えられる。

この概念を一歩先に進めたい。概要テーマやスレッドを中心にしながら知識を共創する学習コミュニティを想像してほしい。このコミュニティをキャンパス外にまで広げて、専門家、熱心な卒業生、コンサルタント、著述家など、数多くの人々を巻き込んで知識を共創するとしよう。知識の創造と普及は切っても切れない関係にある。ノード（中核）としての大学の役割は、幅広いコミュニティとともに価値ある知的資本を共創することへと移ってきたのだ。

筆者たちも大学での講義で、右記のような学習経験のパーソナル化を試みてきた。ある講座の毎回の授業をビデオに撮ったのだ。その後学生たちが、マルチメディア対応の統合型インデックス技術を用いて、テーマ、成果、課題などについての自分たちなりの見方をもとに講義をまとめ直し、ビデオストリームを制作した。学生たちはいわば「文脈に応じた知識カプセル」を創り出したわけで、そのそれぞれがビデオの一部、テーマに関する教授のスライド、学生の討議内容、その他の教材を含んでいる。学生たちはこのカプセルを、個人あるいはグループ単位でより良い自習経験を実現するのに役立て、お気に入りのカプセルを仲間の学生に紹介する。すると、仲間はそのテーマについて新たな意見を出してくれるというわけだ。

このように、学生は自分たちの技能、知識、学習経験をもとに新しい教材を創り出した。教え手の側は、単に参加者を中心に据えた学習経験を促しただけである。この結果を受けて、コミュニティを基盤とした生涯学習を促そうとの取組みが、再び盛り上がった。

コミュニティ内でのこうした多方面にわたる話し合いでは、各参加者の役割は固定しておらず、その時々で役割が決まる。教育者の間では従来、「学生は顧客（教育サービスの買い手）と商品（知識を吸収して雇用主へと売られる商品）のいずれなのか」という議論がなされてきたが、そのような議論は古くからの役割分担や立場を前提にした、企業中心の発想に染まっており、結局のところ無意味である。学生は顧客であり、同時にまた商品でもある。それどころか、従業員、教え手としての性格も併せ持つのだ（新入生をリクルートするという面では組織構築者であり、教え手でもある）。

以上のように、双方向のやり取りを通して、個々のニーズに合った価値を共創していくのが、ＭＩＴのオープン・コースウェア・プロジェクトの本質である。ではその教育の中身を「無償」で公開するなどということが、なぜできるのだろうか。ＭＩＴの教育の真価は、教授が学生に伝える情報よりもむしろ、学習コミュニティのメンバーが行う意見交換や交流の質にあるのだ。学生は学ぶという経験、すなわち知識の共創に価値を見出すのであって、その基礎となる商品やサービスは副次的な意味を持つにすぎない。

経験のパーソナル化へ向けて

従来型のカスタマイゼーションと、経験のパーソナル化の違いを、表５－１にまとめておく。

これまで述べてきたように、企業は昨今、従来の市場セグメントよりも複雑で捉えどころのない多様性（この多様性はかかわり合いを通して見えてくる）と向き合わなくてはならない。「セグメント・オブ・ワン」という発想を身につけただけでは、その道のりの一部を進んだにすぎない。セグメント・

オブ・ワンと言うとき、マネジャーたちは消費者をマーケティングの標的と見なしている。この消費者に製品やサービスを売るのだ。当社のシステムを知ってほしい。メニューによる製品構成の変更を可能にしたり、特別割引を提供したりしよう。しかし、消費者との価値共創に積極的に取り組んだりはしない。むしろ、音楽業界がナップスターと戦ったように、当社も共創の動きとは戦うつもりだ。

この点を説明するために、ディズニー流あるいはリッツ・カールトンでの経験を考えてみたい。ディズニーやリッツ・カールトンは、たしかに消費者経験に焦点を当ててはいるが、消費者を基本的には受け身の存在と見なしている。いまだに主として製品中心、サービス中心、ひいては自社中心の発想に浸っていて、顧客経験の質も自社が主体となって決めているのだ。[*12]

仮に、ディズニーのＭＧＭスタジオでインディ・ジョーンズ・スタント・スペクタキュラーを見ていたところ、演技者から舞台に上がるように手招きされたとしよう。私は観る側から演じる側へと早替わりして、ワニの大群がいる川をインディとともに渡るのだ。この場合私は、積極的に経験に参加しているのだろうか、それとも、入念に演出されたパフォーマンスの小道具にすぎないのだろうか。円形劇場でこのパフォーマンスに見入る、何百人という他の観衆はどうだろう。スタント・スペクタキュラーは各消費者のための共創経験ではなく、企業主体のステージ・パフォーマンスにすぎない。

では、「リッツ・カールトンでのひととき」はどうだろう。リッツ・カールトンに一泊して飲食を楽しみ、さまざまなサービスを受けるという経験である。ホテル側は明らかに、自分たちの用意したサービスを顧客にあてがおうとしている。これをオンスターと比べてみよう。オンスターは顧客に、

表5-1｜従来型のカスタマイゼーションと経験のパーソナル化との違い

	従来型のカスタマイゼーション	経験のパーソナル化
カスタマイゼーションを支える概念	1人だけのセグメント（セグメント・オブ・ワン）	その人だけの経験（エクスペリエンス・オブ・ワン）
カスタマイゼーションの焦点	1回限りの製品・サービスの取引	環境経験とのかかわり合いのパーソナル化
カスタマイゼーションへの取り組み方	機能のラインアップ、構成要素、コスト、迅速性	イベント、イベントの文脈、各人のかかわり方、各人にとっての意味合い
サプライチェーンの役割	モジュール化を通して多彩なカスタマイズ製品やサービスを実現	さまざまなかかわり合いを通して、多彩なパーソナル経験を促す
インフラの重点	注文生産に対応した製品構成や注文処理	経験ネットワークを支えるインフラ

自動車や関連サービスを利用していないときも含めて、常にその人ならではの経験をもたらそうとしている。

共創経験のパーソナル化は、「顧客はイノベーションの担い手である」といった種類の理屈とも異なる。たとえば、ゼネラル・エレクトリック（GE）のプラスチックス事業部は、特定用途向けの樹脂を注文生産しているが、開発業務のかなりの部分は顧客が担っている。GEはツール類や各種化合物の情報を提供したうえで、手間やリスクはいわば顧客に転嫁しているのだ。業務プロセスから成果があがれば、互いに利益を得られる。GEは開発にかかる時間を節約してリスクを低減させ、顧客の側でも短期間に精密な製品を手に入れられる。だが、企業中心、製品中心のプロセスである限り、やはり既存の発想から抜け出してはいないのだ。[*13]

同じことは、従来型のカスタマイゼーションにも当てはまる。マネジャーたちは、従来の企業中心の価値創造から出発して、各顧客に低コストで製品やサービスを提供しよ

う と考える。このプロセスはマス・カスタマイゼーションへとつながる。「マス」、すなわち大規模な生産・販売とそれによる低コストのメリットと、カスタマイゼーション（各顧客を対象とすること）のメリットを結び付けるのである。製品機能の向上に注力すると、消費者にとっては製品の選択肢が増える。たとえばウェブ上では、消費者はメニューを選択するだけで、名刺、コンピュータ、住宅ローン、フラワーアレンジメントなど、さまざまな製品やサービスをカスタマイズできる。しかし、これらのカスタマイゼーションはえてして、個々の顧客の望みや嗜好よりもむしろ、サプライチェーンの都合に合わせて成り立っているのが現実だ。

共創経験のパーソナル化とは、各人にその人だけの経験をもたらすもので、企業の側がアラカルトメニューを用意するのとはわけが違う。企業の用意した経験環境と、各顧客が自分なりの流儀でかかわり合う中で、共創経験のパーソナル化が実現する。本書では、各消費者を巻き込んで共創経験のパーソナル化を実現するという、全く新しいアプローチを提案している。いわばビジネスリーダーに大きな課題を突き付けているのだ。

◉──共創経験を解き明かす

少し立ち止まって、ここまでの内容を振り返っておきたい。本書の出発点は、技術の融合が進み、業界の垣根が低くなる一方で、消費者が情報武装して積極性を増し、ネットワークを介して互いに結

図5-2 共創経験を解き明かす

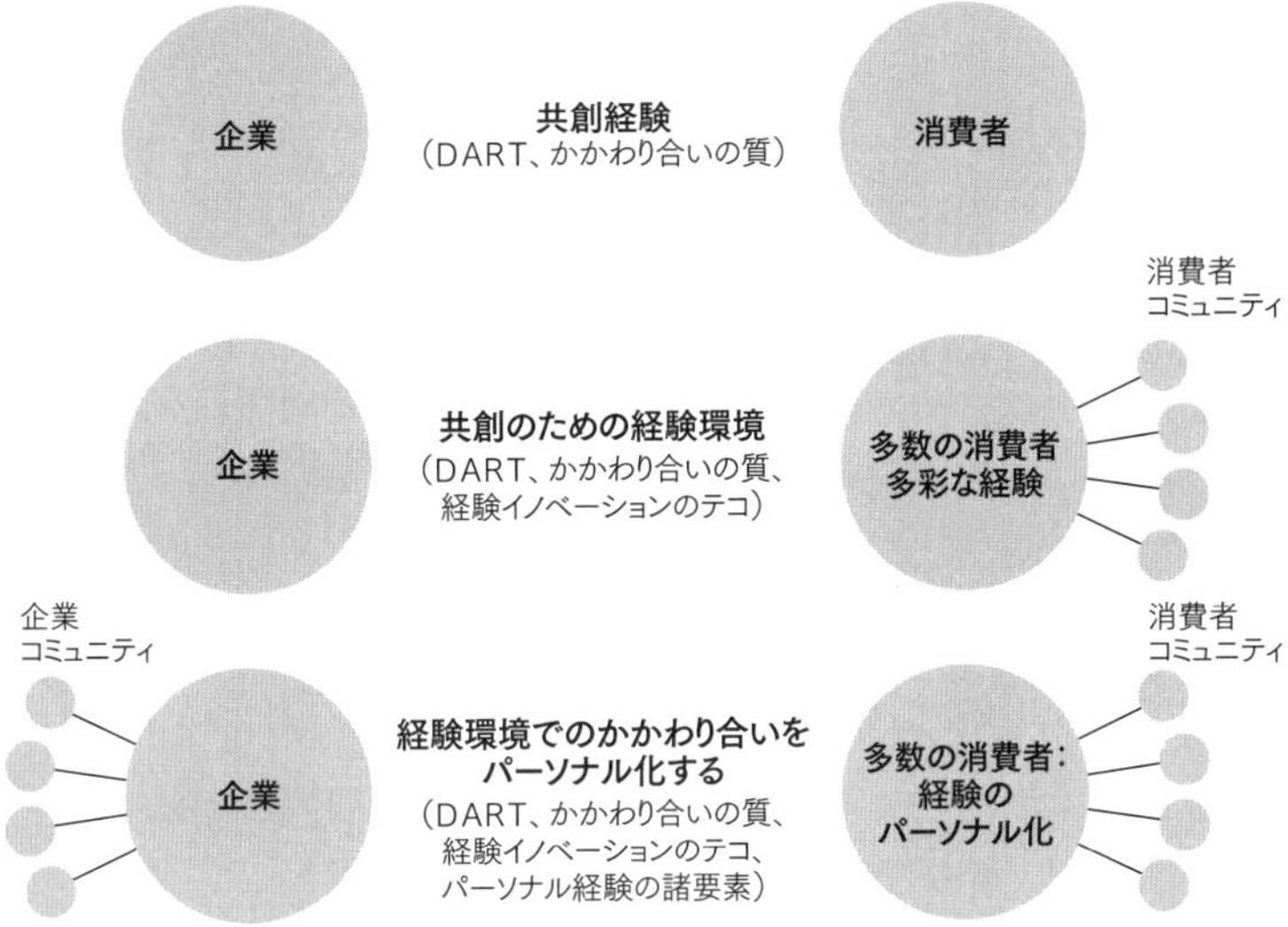

び付きを強めている、という事実だった。

これらの動きに引っ張られるようにして、消費者は企業や価値創造プロセスへの影響力を強めている。その結果、企業と消費者の役割分担が曖昧になり、両者が価値共創に取り組み始めている（図5－2）。

対話、利用、リスク評価、透明性という四つの要素（DART）は、共創プロセスがうまく機能するための前提である。本書では、どうすれば個々の消費者のために魅力的な共創経験をお膳立てできるかを述べてきた。第2章から第5章では、共創経験の主要要素とそのパーソナル化について探ってきた。

ここで「共創経験をパーソナル化するためには、インフラをどう築けばよいのか」との問いと向き合わなくてはならない。どのような経験ネットワークが求められているのだろうか。その特徴や機能は何か。
次章ではこれらの問いについて考えていく。

第6章 経験ネットワーク

Experience Networks

この章では、価値共創や経験を志向する新しい競争観に立って、経験ネットワークのあり方を探っていく。経験ネットワークとは、経験のパーソナル化を通して効果的な価値共創を実現するためのインフラを指し、このインフラがあれば、経験を軸に競争を展開できるのだ。さっそく事例を紹介したい。

◉経験ネットワークの構築：ディーアの事例

農業というと、いかにも伝統的で変化に乏しい業界との印象を与えるかもしれないが、アメリカの農業は現在、激変しており、かつてないほど知識集約的、資本集約的な性質を強めている。とはいっても、遺伝子組換え食品ほか、バイオテクノロジーを駆使した農業のことを言っているのではない。農場管理のあり方そのものが変化しているのだ。こうした流れを加速させているのが、一世紀に及ぶ歴史を誇る農業機械メーカーのディーアである。[*1]

ディーアは農業に革新的な手法を持ち込んでおり、そこではテクノロジーが大きな役割を果たしている。ディーアはGPS（全地球測位システム）、バイオセンサーなどをコンバインに搭載する実験をしているのだ。センサーを搭載したコンバインやトラクターが無人で作動して、穀物の油分を測定したり、穀物と雑草を見分けたりするところを想像していただきたい。計り知れないほどの利点があるはずだ。農場は、土壌に応じて区画ごとに除草剤の量を加減できる。GPSの助けを借りれば運転精度が高まるため、穀物の刈り込みすぎが防げる。また、傾斜地でも作業が可能なため、時間、ガソリン、労力、肥料・除草剤などの費用を削減できる。耕作の準備、耕作、除草剤や殺虫剤の散布などの負担も軽くなる。単位面積当たりのコストを最小化して、生産性を高めることができるのだ。

新しいテクノロジーの恩恵によって、農家は農機具すべてを監視でき、エンジンの状態や位置まで把握できる。遠隔診断システムを併用すれば、ディーアから機械の不調について警告を受けられるため、作付けや収穫の際に不意に故障に見舞われ、多大なコストが発生する、などという事態も避けられる。ディーア・トラックスと呼ばれるこのシステムは、およそあらゆる農業機械に対応しており、各農家の課題に応えられる。ピックアップ・トラックや乗用車などの追跡も可能だ。ジオフェンシングという機能を使うと、農業機械の作動する地理的範囲をあらかじめ決めて、機械がその範囲外に出た場合には警報が鳴るように設定できるため、盗難などを防止できる。

このようにディーアは、双方向システムを通して貴重な情報を利用することで、農業従事者の負担や悩みを軽減し、生産性を高めている。この取組みは、農場ごとの多彩な経験に対応するための大きな一歩である。さらにこのシステムは、同じような課題を抱えた農家同士を引き合わせ、テーマコミュニティを築く働きもする。さまざまな要素をカギに農家同士を引き合わせ、知識共有を可能にするのだ。こうした対話はコミュニティ全体の専門性を引き上げ、自然に、しかも無償でベストプラクティスを広めていく。このような仕組み全体が、農家を中心に据えて築かれていて、農場主の側から見れば、「私の農場、私の生産性、私ならではの経験」が主役なのだ。

このプロセスは最初から最後まで農家を中心に組み立てられている。農家はディーアの製品（コンバイン）だけでなく、知識、支援サービス、農家コミュニティなどを活用して、かなりの利益を得る。このアプローチのもとでは、新製品や新サービスの価格や性能を、各農場主が自分なりの基準で評価すればよい。助言を必要とする際には、似たような問題に悩む全米の農家と連絡を取り合えばよい。どうするかはディーアではなく農家が判断することだ。

特筆に値するのは、ディーアによる農業への取組みが、対話、利用、リスク評価、透明性という共創空間の四つの構成要素（ＤＡＲＴ）を見事に組み合わせている点である。利用と透明性はこの仕組みに本来備わっている。対話は生まれつつある。リスク評価は農家のコミュニティだけでなく、ディーア、顧客、多くのメーカー、つまりスペアパーツ・メーカー、肥料・防虫剤・除草剤メーカー、種子メーカーなどをも巻き込むのではないだろうか。事業リスクを評価するには、少なくとも、最終顧客が何を望み、何を購入しそうかについてのデータが必要となる。たとえば、アメリカ人は遺伝子組換え大豆を受け入れるかもしれないが、ヨーロッパでは強い抵抗が生まれるおそれがある。ヨーロッパで大規模に事業展開する加工業者に作物を卸す農家が、遺伝子組換え大豆を生産すれば、大きなリスクを抱え込むことになりかねないのだ。

このようにDARTのうち、まずは利用と透明性が実現し、対話とリスク評価は時とともに充実していく。共創経験のパーソナル化をめざして動き始めると、情報の需要——利用と透明性——は自然と増えるものなのだ。

これまで企業は、経験環境ではなく、製品のイノベーションを念頭に置いてきた。だが新しいパラダイムのもとでは、従業員や技術は縁の下の力持ち的な役目に回り、個々の顧客を価値共創プロセスの主役に据えなくてはならない。環境を感知して自動的に対応するトラクターなど、テクノロジーを基盤にしたインテリジェント製品は、各農家の幅広い経験に対応して、事前予測の困難なニーズまで満たすのだ。

したがって、ディーアと農家は製品の受け渡し時に限らず、多数の接点を通して交流を持つ。交流や取引の機会が多彩であるため、農業に携わる人々は生産性を向上でき、楽しさまで増すのだ。

一例として、ディーアがセンサー技術を核にして、いくつものコンピタンスを身につけたと仮定しよう。具体的には種や肥料をまく場所を正確に割り出すシステムや、穀物の油分や湿気が収穫高にどう影響するかを緻密に分析するシステムなどである。この一連のコンピタンスは、農家の収穫管理を一変させる可能性を秘めている。こうしたセンサーシステムからの情報を活かして、農家により良い経験をもたらす新しい製品やサービスを考案し、創り出せたらどうだろう。

より重要なのは、ディーアは農家と対話するための新しい場を生み出したため、消費者ニーズについて机上であれこれと考える必要がなくなったという点だ。代わりに、農家と協力して、互いのために新たな価値を共創すればよいのである。経験志向の気の利いたインフラを土台にして、DARTを活かした交流と共創を重ねていけば、価値創造のための新しい機会を見出せるだろう。

ディーアの事例は、経験ネットワークを通してユニークな価値を共創する可能性を示している。経験ネットワークは、従来のサプライチェーンをも組み込んでいるが、単に諸要素、製品、情報などを結び付けるだけではない。仕入れ先、販売代理店、サポートスタッフと消費者、さらには消費者同士をつないで、コミュニティを築き活性化させているのだ。経験ネットワーク上ではノード企業が知的リーダーシップを発揮し、他社と提携し、製品、情報、専門性などの流れるルートを決める。ノード企業は、いわば交通整理に当たる警官のようなもので、ルール作りをして、適度な秩序のもとで自由な流れを実現するのだ。別の比喩を用いれば、関係者すべてが新しい目標を自由に考え出して、より効果的に活動するためにインフラを改良できるような場を設けるのである。

ディーアが企業中心の価値創造プロセスから、個々の顧客を中心に据えた共創へと移行する様子は、二つの簡単な図で示せる（図６－１ａは従来型のサプライチェーン、図６－１ｂは経験ネットワークを示している）。この根本的な変化は以下のような意味合いを持つだろう。

図6-1a｜価値共創パターンの変容

変容前：企業中心の需給関係

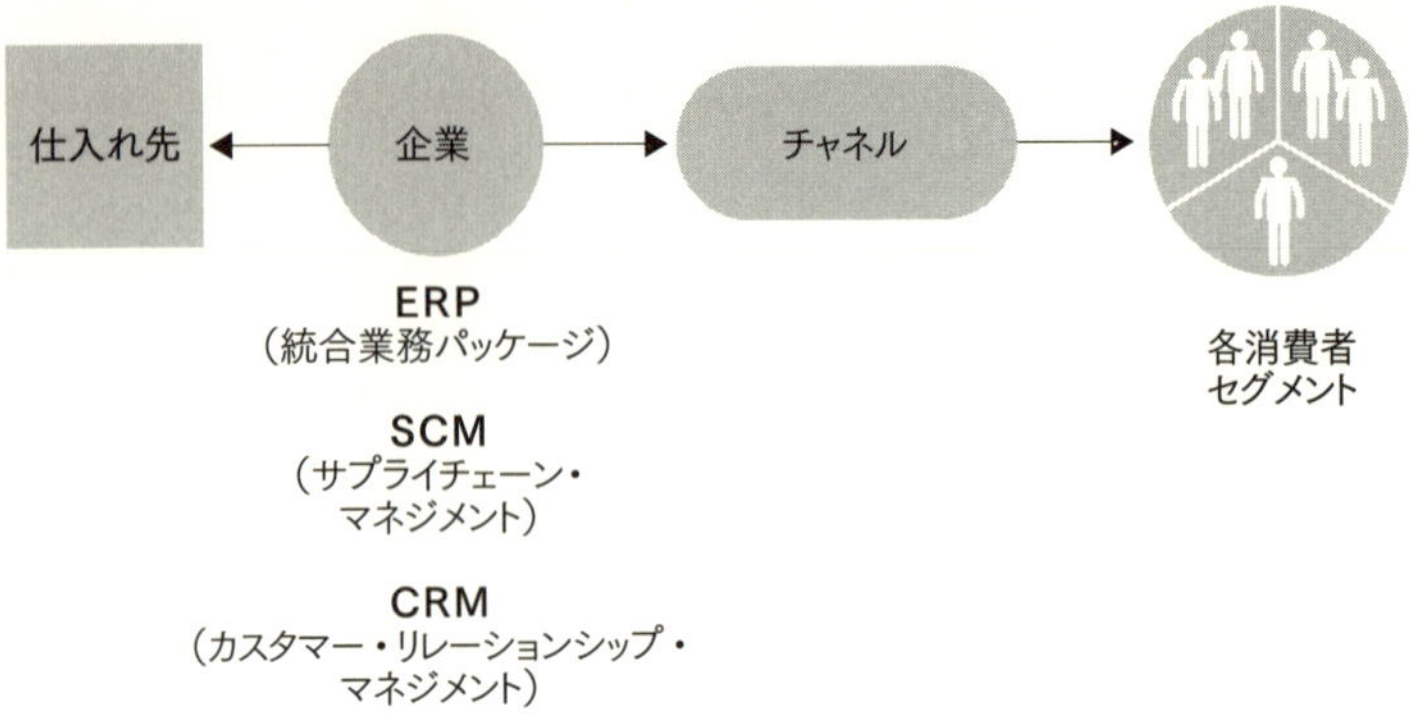

・企業の仕事は、経験ネットワークを構築して、消費者が経験環境と容易にかかわり合いながら、経験を共創できるようにすることだ。消費者と共有するこの経験ネットワークの質こそが、差別化の決め手となる。

・ノード企業は、技術面、組織面の経験促進要因を生み出す。それらの促進要因は、効果的な経験ネットワークの中核をなす。

・新しい価値創造パラダイムの本質は、「消費者→企業→消費者」のつながりをいかにマネジメントするかにある。「B2B」「B2C」などといった表現は的を射ていない。あえて言うなら、消費者個人 VS. ノード企業 VS. 消費者個人を意味する「I2N2I」が適切だろう。消費者個人からノード企業と経験ネットワークへ、さらに消費者個人へという流れが重要なのである。*2

図6-1b 価値共創パターンの変容

変容後：各消費者を中心に据えた経験主体の発想

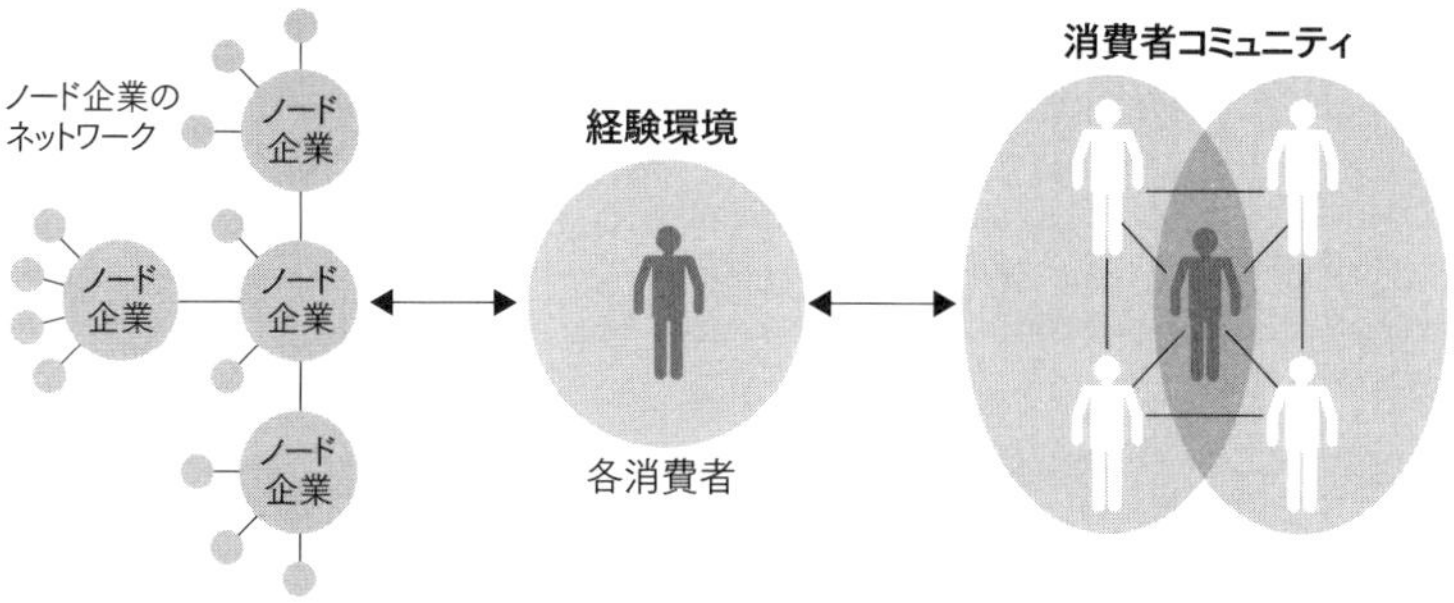

共創経験のパーソナル化を通して、各消費者にユニークな価値がもたらされる

- 消費者と企業のかかわり合いが、価値創造の中心となる
- 各人の共創経験が価値の基盤にある
- 経験への入り口としていくつものチャネルがある
- 多彩な共創経験を支えるインフラが必要である
- 消費者コミュニティなどの高度ネットワークがコア・コンピタンスの柱である

・消費者が主体となって価値を共創する過程では、供給プロセスにかかわる各メンバーの活動が、必要に応じてそのつど活発化する。ディーアのような企業が、知的リーダーシップや影響力を発揮しながら、共創経験をマネジメントする。

・従来型のサプライチェーンは依然として重要である。製品やサービスの物理的な動きがなくなるわけではないのだ。ただしサプライチェーンのあり方は変容すると思われ、変容の方向性は予測がつく。たとえば、製品が順序立てて直線的に流れていくのではなく、顧客の具体的な嗜好に応じてさまざまな仕入れ先が出入りするのだ。[*3]

ディーアの事例から、経験ネットワークを

築くには以下の要件が求められることがわかる。

・魅力的な経験環境とバランスの取れた経験促進要因が整っている。各消費者がそれらを土台にして、企業や消費者コミュニティのネットワークを活かしながら、自分ならではのユニークな経験を共創する。

・消費者との接点に着目して多彩な経験を実現する。各消費者に他とは異なる経験、場所や時間という文脈にふさわしい満足のいく経験をもたらす。

・経験を培っていく中で消費者の需要が大きく変動しても、それに対応してスピーディに経営資源を組み替えられる。

・その時々の必要に応じてコンピタンスを使い分けながら、共創経験のパーソナル化を実現する。

短期間に従来型のバリューチェーンや注文処理システムを解消して、効果的な経験ネットワークを築くなど、不可能に近い。むしろ、試行とそれに基づく学習を通して、段階的に実施していくべきだろう。効果的な経験ネットワークを段階を踏みながら構築した企業を、以下にいくつか紹介する。

◉――経験促進要因

経験ネットワークを構築する際には、まずは経験促進要因を用意して、それを経験環境へと統合していくことが重要だ。最初に紹介するのは、消費者の経験は変わるが、製品そのものは変わらないという、シンプルな事例である。

シリアルやコーヒーなど、製品の中身は一定でも、それを購入する私の経験は変わる可能性がある。世界的な食品小売りチェーンのテスコを考えたい。テスコは業務の標準化によってコスト効率を高め、同時に、各地の嗜好に合わせた品揃えを実現する、という離れ業を成し遂げている。オンラインショッピングによる宅配サービスを既存インフラと組み合わせて、消費者経験の幅を広げることにも成功した。テスコのマネジャーは「お客様は最寄りの店舗を倉庫だと思っておられるようです。注文を出せば、その倉庫ですぐに商品が揃えられるとね」と述べている。このように、オーダー・ピッキング・システムには既存のインフラが活かされているため、テスコはゆっくりと、試行錯誤を通して施策を拡大していくことができるのだ。*4

もっとも、経験環境を高度化する必要も生じた。オンラインショッピングを各店舗のＩＴシステムと接続して、オンライン事業と既存事業を統合しなくてはならなかったのだ。テスコは経験促進要因も生み出した。たとえば、オンライン注文された品が在庫切れの場合には、店舗のピッキング・システムが代わりの品を提案する。配送の際に、代替品を荷物の一番上に載せておくと、顧客は購入するかどうかをすぐに決められるというわけだ。納品時間は二時間単位に指定され、トラックは生鮮品の鮮度が落ちないように最適ルートを選んで配送する。テスコは高効率を実現しただけでなく、顧客経験に焦点を当てたイノベーションの手本を示している。

企業が経験ネットワークを活かせば、消費者が新しいテクノロジーを受け入れ、経験の共創者として進化するための手助けもできる。NTTドコモの事例を取り上げたい。ドコモは日本の主要な移動通信事業者で、インターネットと携帯電話の融合にかけては世界のリーダー的な存在である。「ドコモ」とは「どこでも」という日本語にちなんだ社名［Do Communications over the mobile Networkの下線部をつなげてできた名称でもある］で、四〇〇〇万超の契約者数を誇る。ドコモのiモード対応携帯電話を利用すると、電子メールを送受信し、ニュース、天気予報、占いなど各種情報を参照できる他、五万を超えるiモード対応のウェブサイトからキャラクター画像や着信音をダウンロードできる。音楽を聴く、ゲームを楽しむ、モバイルバンキングや旅行予約などのサービスを利用する、といった選択肢もある。この他にも多彩なアプリケーションが用意されている。このようにiモードは、消費者と企業、消費者同士をかつてない新しい方法でつなげたのだ。[*5]

ドコモの事例からは、他社との提携関係や技術に投資して、共創経験にふさわしい製品インターフェースを生み出す重要性が見えてくる。ドコモは現在、「自在にマルチメディアを利用できる」第三世代携帯電話やロケーション・ベース・サービスへの投資を上積みしており、ネットワークインフラを構築するうえでは以下のような重大な問いに直面している。

・携帯電話は小型製品であるため、それに伴う限界のある中、経験環境の力でシンプリシティ、利便性、双方向性、操作性などをいかに高めることができるか。
・いかに従来の製品設計から脱皮して、経験設計という新しい分野に熟達できるだろうか。
・どうすれば経験環境のイノベーションを図り、人と人、人と企業の交流を促せるだろうか。

経験ネットワークは、各種料金の支払いのようなごく平凡な行動を変えることもできる。ペイパルの事例を取り上げたい。ペイパルはインターネット上の決済手段として広く利用されており、個人間の決済の他、一五〇万を超える商用ウェブサイトにも採用されている。イーベイがこのペイパルを一五億ドルで買収し、電子メール・アカウントを用いた決済を普及させている。二〇〇二年時点での利用者数は一〇〇〇万人以上にのぼり、まるでウィルスが増殖するように、一日当たり三万人もの勢いで増えている。このサービスを利用して誰かに支払いを行う場合、相手もペイパルのアカウントを持っていればすぐに着金するのだが、さもなければ小切手の到着を待つしかない。[*6] ペイパルが商品の売り手から受け取る手数料は販売額の一・九%と、クレジットカード決済よりも割安である。クレジットカード会社や銀行は、当然ながらペイパルの普及に頭を悩ませている。ペイパルは従来の決済手法の限界をあぶり出しているのだ。

ペイパルの挑戦に対して、シティグループ（顧客数一億人超）とＡＯＬ（会員数二五〇〇万人超）が提携して、すべてのＡＯＬサービスに対応する新しい「シティグループ・インターネット」支払いサービスを開始した。シティグループはｃ２ｉｔというウェブ決済サービスも無償で提供している。ｃ２ｉｔによる決済の多くは、シティバンクのクレジットカードや口座を介しているので、シティグループはコストを抑えることができるのだ。

ペイパルのような新規参入は時として「破壊的技術」と呼ばれるが、本書では中立的な「飛躍的」という言葉を用いたい。テクノロジーは、最初から「破壊的」というレッテルを貼られて登場するのではない。管理に失敗した場合に混乱に陥ることはありうるが……。飛躍的な進歩を実現するためには、優れた想像力と革新性を発揮する必要があり、これは既存企業をジレンマに陥れるが、同時に素晴らしい機会をもたらす。シティグループは、ペイパルが成し遂げた技術・制度両面での飛躍的革新に便乗しようとしているのだ。

金融業界はかねて保守的である。慎重さ、セキュリティ、プライバシーなどを重んじるのだ。しかし、飛躍的な革新がもたらす可能性は決して小さくない。インターネット上の取引の半数以上はクレジットカードで決済されるが、これはいまだに全クレジットカード決済の二％から四％程度にすぎない。クレジットカード決済の大多数は、販売店や電話取引で利用されているのだ。これに対してペイパルは、そもそも電子メールサービスとして始まり、現在では携帯電話にも対応しているため、利用者は携帯電話を使って支払いを受けることができる。世界各地の消費者は、プリペイドカード、チケット、メッセージングサービス、ファストフード、飲み物、ニュースエージェント、タクシー、親戚への支払いなどに携帯電話を使う傾向を強めている。舵取り次第では、この飛躍的革新は業界の既存プレーヤーを破滅に追い込みかねない。

経験ネットワークの影響で、従来の需要パターンが変化する可能性もある。電力業界では規制緩和を受けて、発電、送電、配電などをめぐる競争が激しさを増している。通信事業者に似た時間単位、分単位の柔軟な料金体系を導入すれば、関係者すべてのコストを押し下げる道が開けるかもしれない。ただし消費者は、まずは家電製品の使用法や電気・ガスの利用時間帯を改めるなど、消費習慣を変えるべきだろう。[*7]

この点で、経験ネットワークには洗練されたコントロール体制が求められる。消費者との接点に目配りをする一方で、ネットワークインフラの基幹部分にも注意を払わなくてはならないのだ。既存企業は、多大な投資により家庭のメーターを高機能のものに更改して、リアルタイムで使用量のデータを集めたり、複雑な料金計算を実現したりするよう、迫られるだろう。そのうえ、融通性の高い配電網を設けて、消費パターンに応じて発電や送電を調節する必要もある。

テスコ、ドコモ、ペイパル、電力会社の事例からは、二つの重要な課題が浮かび上がってくる。第一に、技術面だけでなく、社会面での経験促進要因にも着目して、整合性の取れた経験を実現しなくてはならない。第二に、両方の促進要因を経験環境の中で自在につなぎ合わせて、経験の共創を促すべきだ。さらには、経験環境を構築する際には、ＩＴ、サプライチェーン、物流などの基盤インフラと、顧客インターフェースを支えるアプリケーションインフラを区別する必要がある。アプリケーションインフラは、経験の共創を臨機応変に続けていくために必須なのである。

顧客との接点でいかに多彩な経験を実現するかという問題は、インフラの知能をどこに置き、どのように顧客に届けるかという問題とは分けて考えなくてはならない。経験ネットワークの周縁部分では、製品やチャネルにどれだけの知能を持たせるべきか。中心部分にはどれを残すべきか。すべてを周縁部分に押しやってしまっては、制御が利かなくなるだろう。どれだけの知能を製品やチャネルに持たせ、ネットワークや個々のユーザーのもとにどれだけ残すかを、消費者の多様性を念頭に置きながら判断しなくてはならない。多数の事業を通してインフラや経営資源を活用するために、首尾一貫した発想をする必要がある。以上が、効果的な経験ネットワークを構築するために各企業が対処すべき課題である。

もう一つ心得ておくべき点がある。経験を共創する立場の消費者は、ネットワークとアプリケーション、中心部と周縁部、ハードウェアとソフトウェアの区別を重視しないだろうということだ。消費者中心の経験観からは、経験ネットワークはハイテク、ハイタッチだと推測される。経験の技術的促進要因、社会的促進要因、経験環境、経験ネットワークは分かち難く結び付いているのだ。

◉——多様な経験を支えるために社会・技術両方のインフラを設ける

経験ネットワークは、経験の多様性に正面から対処しなくてはならない。そのためにはいくつかのアプローチがありうるだろう。第一のステップは、顧客セグメントの発想を捨て、各顧客の個性を十分に認識したうえで「エクスペリエンス・オブ・ワン」の発想を身につけることである。

具体例として、再びヘルスケアを引き合いに出したい。医薬品業界は長らく、医薬品の開発に際して大ヒット製品をねらうというアプローチを採用してきた。何百万人という患者が服用でき、何十億ドルもの売上につながる医薬品を開発しようというのだ。汎用性を優先させて、多様性の影響を極力避けようという考え方である。

しかし、このアプローチには限界もある。医薬品に付き物の副作用は、患者ごとに違った現れ方をする。一人の患者が何種類もの薬を併用すると、相互作用が生じて、時には致命的になるが、これもまた患者によって違いがある。ところが、臨床試験が世界各地の多様な人々を対象に行われる事例は稀なのだ。

医師は患者の病歴や診断歴、自身の専門的判断に基づいて薬を選ぶ。この選択プロセスは、患者の多様性とどう関係するのだろうか。従来のアプローチは基本的には試行錯誤だといえる。症例に対して、医師は「これがいいだろう」と考えた薬を処方して、経過を見る。効能が現れればそれでよい。

症状が改善しないなら、別の薬を処方する。効果のある薬が見つかるまで、これを繰り返すのだ。

最近では、こうした場当たり的なやり方に変化が見えている。ジェネンテック社の乳がん用治療薬ハーセプチンを例にとりたい。この薬は一部の乳がん患者にはきわめて高い効果があるが、その比率はわずかにとどまる。にもかかわらず成功したのは、患者への効果の有無を診断によって見極められるからだ。個々の患者に適した薬をいくつかの候補の中から特定できれば、これまでのように試行錯誤を重ねるよりも、効率的で安全性も高い。患者のスクリーニングや遺伝子検査が進歩すれば、医師が特定の薬の効果を患者ごとに見極められる可能性は高まるだろう。これも消費者の多様性への対応例である。*8

個々の消費者のために、従業員と経験を共創する機会を設けると、各企業は消費者の多様性に気づき、その多様性を応援できる。すべての人が使う、身だしなみに関係した製品である化粧品をもとに考えてみたい。

百貨店を訪れると、化粧品カウンターがずらりと並び、それぞれがクリニーク、クリスチャン・ディオールなど、異なる会社の商品をディスプレーしている。理屈のうえでは、カウンターの向こうの店員は私と一緒にどのような化粧品が必要かを考え、最もふさわしい品を提案できるはずだ。ところが実際には、メーカーの販売促進策などに沿って、あらかじめ「これ」と決めた商品を勧めがちである。仮に店員が私に合った商品を探したいと本心から思ったとしても、知識が追いつかない場合もあるだろう。いずれにしても、店舗にはすべての化粧品の在庫があるわけではないだろうから、提供できる品は限られる。

これとは対照的に、フランスを本拠とする化粧品チェーン、セフォラは、美を求めるショッピングの新しい方法を提案している。経験重視のショッピング環境を顧客に用意して、香水、メークアップ用品、スキンケアなどすべての商品に触れ、香りをかぎ、試すことができるようにしているのだ。店員のアドバイスも、最小限の助言から専門家による詳しいガイダンスまで、自由に選べる。オンラインショップのセフォラ・ドットコムでは、二三〇を超えるブランドの一万一〇〇〇種類以上の美容関連商品が販売されている。

次に、P&Gが後押しする試行的ベンチャー、リフレクト・ドットコムを考えてみたい。リフレクトのサイトには、画像や対話型のQ&Aが用意されていて、リップスティック、シャンプー、香水などの希望条件を示すことができる。それをもとにリフレクトが調合を行い、商品を提案してくれるのだ。

たとえば注文仕様の香水を作る際には、リフレクトは「ハート・アンド・ソウル」という方法を採用している。香水に求める「ハート（心）」が何かを消費者に選んでもらい、それを出発点としてコンセプトを掘り下げていき、香水の「ソウル（魂）」にたどり着こうというのだ。消費者は、画像を見て質問に答える中でイマジネーションを膨らませ、香りの好みを伝える。それをもとにリフレクトは、科学・技術分野の大勢のスタッフの専門性と、独特の香油や上質の原料などを活かして三種類の香りを用意する。リフレクトはこれらを顧客に紹介して、香りをかいでもらい、一種類を選んで名前をつけてもらう。

このパーソナル化プロセスによって、女性たちは自分だけの商品を開発できるのだ。[*9] アイクリームの購入を望む顧客がいるとしよう。リフレクト・ドットコムは、たとえば、目の周りに隈ができるかどうか、腫れることはないか、目の下の肌をすべすべにしたいか、笑い皺を減らしたいか、アレルギーや過敏症はないか、などといった質問をする。顧客がすべての問いに答え終わると、リフレクトは出来合いの商品を紹介するのではなく、顧客の入力情報をもとに商品を用意する。目の下の隈さえ目立たなくなればそれでよいという顧客には、皺を減らす効果があるとされるビタミンAとKは混ぜずに、ビタミンCだけを配合する。

リフレクトでは、顧客経験を支えるために裏方のインフラ業務も整備した。注文は専門の製造施設に伝えられ、そこでは小回りを利かせて原料調達を行う。小口でも一日で原料を揃えられるのだ。このため、商品当たりの変動費は、少量注文であっても、五万個の注文とほとんど変わらない。二〇〇三年には、顧客が生み出した独自商品は累計で三五〇万種類を超えた。

言うまでもなく、消費者は多様であるため、すべての人がこうした仕組みによる注文を好むとは限らない。セフォラのリアル店舗を訪れたときと同じように、サンプル商品を試したいという人もいるだろう。あの魅力的な店構えや雰囲気と、うっとりするようなショッピング体験を好むかもしれないのだ。優しく助言をしてくれる知識豊かな店員とのやり取りに価値を見出すかもしれない。自分をよく知る美容コンサルタント（エイボンレディのような人々）と、あれこれと検討したいのかもしれない。すべての顧客に常にふさわしい経験などないのだ。

リフレクト・ドットコムの試行錯誤は現在も続いている。だが、物流、製造、供給などのインフラはすでに出来上がっているのだから、リアル店舗で働く有能な美容コンサルタントたちの手で、オンラインと同様のサービスを提供してはどうだろう。これを「クリック・イン・モルタル」型の経験環境と呼びたい。これが実現すれば、幅広い消費者層が、自分の意思とコンサルタントの専門性を組み合わせて、リアル店舗にいながらにして自分だけの経験を共創できる。消費者がこのような仕組みに慣れれば、それにつれて経験環境も進化していく。消費者経験を理解し、製品、サービス、全体の仕組みなどを、消費者経験とよりうまく溶け合わせるのだ。

すでにこうした方向へ動き出した企業もある。登山・アウトドア用品のＲＥＩだ。ＲＥＩは、非常に洗練された独自性の強い事業を展開している。店内ではレーニア山（ワシントン州）に登るにはどの種類のピッケルを持っていけばよいか、アマゾンの熱帯多雨林に適したブーツはどれか、といった専門的な会話が交わされる。消費者が難しいアウトドア環境に対処できるように、ＲＥＩはウェブ上で実に詳細な製品情報を提供する他、相談相手になりそうな専門家を紹介している。そして何より、すべての製品を試せる場を用意しているのだ。

カタログ販売から出発したＲＥＩは、インターネットこそ顧客に幅広い製品ラインアップ（アイテム数は一万点を超える）を提供するのにふさわしい手段、そしてまた、新製品の取扱いをすぐさま始めるための手段だと考えた。ＲＥＩはまた、多彩な製品を吟味するにあたって、消費者は助けを必要としている点にも気づいた。インターネットを活用すれば、消費者に情報を提供して、それをもとに製品を選んでもらえる。事業そのものも、ハイキング、冬場のキャンプ、砂漠でのトレッキングなど、消費者のライフスタイルや活動に焦点を当てたソリューション志向型に変えていくことにした。

ただし、REIはそれだけにとどまらず、さらに一歩先へと進んだ。製品の生産、流通にはさまざまな方法があるという気づきをもとに、ウェブ、カタログ、小売店などを複数の経験チャネルと位置づけた。そして、それらが互いに補完しながら、統一の取れた経験環境を生み出すべきだと考えたのだ。*10

現在、ワシントン州シアトルにあるREIの旗艦店では、パーカーを試着して土砂降りの雨の中を歩く、登山靴で山をよじ登ってみる、でこぼこの泥道でバイクを運転する、といった体験ができる。知識、経験ともに豊富なやり手の店員から知識を仕入れ、店内でREIのウェブサイトを閲覧することもできる。REIは顧客に専門知識を提供し、対話、情報の利用、実際に近い状況での製品試用といった機会を設けて、他にはない経験環境を実現しているのだ。つまり、消費者に役立つやり方で経験環境を広げて、新たな価値形態を共創する能力を培ったのである。

REIでは経験空間への移行に伴い、情報インフラも進化させる必要があった。REIの多数の経験チャネルは、自社ではなく消費者の選んだ文脈に沿って、消費者の望みどおりに機能することをめざしている。

REIに関して、もう一つ逸話を紹介したい。アウトドア愛好家のボリスは、マイカー用にルーフラックを購入したいと考え、ＲＥＩの店内からオンラインショップにログインした。ウェブサイトからは、ルーフラックの用途についての問いが投げかけられた。何を載せるのか。バイク、ボート、あるいはスキーなのか。自動車の製造元や車種も訊かれる。そのうえで、ラックを使用するのに必要な製品一式がリストアップされる。そのうちでリアル店舗に在庫のない二点については、ボリスはオンラインで注文した。リアル店舗のキャッシュレジスターもウェブと連動している。レジ係はボリスが必要な品を一つ買い忘れているのに気づき、発注してくれた。

ＲＥＩは、従業員に十分な知識や能力を備えさせることにも、多大な注意を払ってきた。その結果、店員や顧客の経験、技能や専門性、アウトドア活動への情熱、活動など人的な側面が、商品の機能、トラブル時の対処法、詳細仕様など技術的な側面と見事に溶け合っている。ＲＥＩはまた、消費者の視点からリアルショップとオンラインショップを統合している。店員も消費者と同じようにこの統合環境を利用して、多様な消費者経験を後押ししている。

この経験ネットワークを構築するうえでＲＥＩは、「従業員消費者」をフルに活用した。そもそも事業協同組合として設立されたため、従業員はＲＥＩに投資する他、顧客でもあるのだ。もちろんみな、アウトドアライフを愛している。ＲＥＩはスキー、ボート、登山など、さまざまなアウトドア活動のベテランをセールス担当者として雇うという方針を持っているのだ。こうしてＲＥＩは、社内の意見をもとにインフラの開発を推し進めた。ＩＴベンダー数社の製品を利用したが、ウェブサイトや店舗の設計にあたっては、従業員が主体的な役割を果たしたのである。

ＲＥＩでは、オンラインショップが拡大すると、それに歩調を合わせながらリアルショップも進化した。事実、シアトルの旗艦店はオンラインショップの開設直後にオープンし、インドアのバイク用道路、フリークライミング用の人工壁、その他多彩な参加型試行エリアを備えている。

ＲＥＩのような取組みは決して一般的ではない。従来型の大型書店を想像していただきたい。書棚の雑誌を手に取ると、書評欄にとても面白そうな本が取り上げられている。ところが、店員にその本について尋ねてみたところ、在庫がないという。典型的な応対は、「注文すれば、五日から七日ほどで届くと思いますが」というものだろう。ありがたいが、遠慮しておこう。おそらくこの本のことは忘れてしまうか、オンライン書店に注文するか、どちらかだろう。

これなどは、消費者の視点から問題を解決できていない典型例だが、同じような失敗は何度も繰り返されている。かつて一部の主要書店は、店内に来店者用の端末を設置して、インターネットサーフィンや電子メールの送受信ができるようにしていた。次いで、店内のどこに目当ての本があるかを探せる仕組みを用意したが、このときも注文機能は備えなかった。企業の立場からしか消費者を眺めていないため、インフラを進化させても、依然として「手持ちの品を提供する」という発想のままなのだ。

対照的にＲＥＩは、消費者中心の発想を取り入れ、リアルショップとオンラインショップの両方で利用機会、双方向性、楽しさなどを実現した。「楽しさ」とは、人とかかわる楽しさ、そして技術を使う楽しさである。

ここでハーセプチン、セフォラ、リフレクト・ドットコム、ＲＥＩなどの事例から得られる教訓をまとめておきたい。

- 経験環境を創造する際には、その環境を通して何を実現したいのか、目標を明確にすべきだ。併せて、どのようにして消費者の多様性に対応したらよいか、さまざまな取組み方を検討するのが望ましい。
- 各経験チャネルで、経験の多様性にインフラがいかに対処しているかに、細心の注意を払わなくてはならない。チャネルの組合せが多ければ多いほど、豊かな経験が実現するが、チャネル間の足並みを揃えるのは難題である。
- 経験志向へと脱皮するためには、投資分析のあり方を問い直す必要がある。ＩＴ、物流、製造、サプライチェーンといったインフラへの投資を、経験志向に基づいて行い、いくつもの事業で活用するのだ。

◉経営資源をスピーディに組み替える

リフレクト・ドットコムとＲＥＩの事例からは、チャネルインフラをサプライチェーン、製造業務、物流施設などと統合する難しさが見て取れる。製造や物流をアウトソーシングした場合でも、消費者ニーズの変化にもかかわらず、経験の質を一定に保たなくてはならない。絶えず上質の経験をもたらすためには、需要の変化に即応する必要がある。これを本書では、「経営資源をスピーディに組み替える」と表す。

例として、メキシコのセメックスが伝統的なセメント業界に新風を吹き込んだ様子を見ていきたい。セメント業界の顧客、つまり建設会社や工務店などは、納期を具体的に指定して、その遵守を求める。ところが、顧客の半数近くは、納期が差し迫った時点で注文内容を変更するのだ。このため、予測を立ててもあまり意味がないうえ、セメックスなどのセメント会社の側では、顧客の業務のやり方や行動を改めるわけにもいかない。そこで、顧客要望の変化にスピーディに対応することが、きわめて重要になってくる。

この課題に応えるためにセメックスでは、顧客に高い自由度をもたらすことを目標に、業務を見直さなくてはならなかった。これはセメックス自身が、注文内容と納期を守りながら高い柔軟性を発揮する必要がある、ということを意味する。この目標を達成するために、さっそくセメックスネットを構築した。セメックスネットは全セメント工場を結ぶ衛星通信システムで、これを活かして各地に散在する生産施設の足並みを揃えようというのだ。次にセメックスは、ダイナミック・シンクロナイゼーション・オブ・オペレーションズという物流システムを導入する。これはGPS（全地球測位システム）技術と車載コンピュータを使って各配送トラックを結び、全体の調整を図ろうというものだ。フェデックスと同じように、業務を透明化して、配車担当者が各トラックの現在位置と進路を参照できるようにした。天気、交通の流れ、在庫、顧客拠点の位置といった情報も提供した。その結果、納期の直前に顧客から注文内容の変更があっても、トラックのルートをすぐに変えて、変更内容をもとに工場や配送担当者との調整を図れるようになった。[*11]

セメックスのオンラインポータル上では、仕入れ先、配送業者、顧客などが注文案件ごとに現状を確かめ、配送直前まで変更の指示を出すことができる。顧客は色調、強度、成分構成、弾力性など、生コンクリートを使用する際にポイントとなる条件を指定できる。セメックスのマネジャーや顧客は、イベントを軸としたリアルタイム情報を利用できるわけで、これこそが迅速な対応を支えているのだ。

セメックスが現在のインフラを築き上げるまでにはおよそ八年を要した。まずは通信ネットワークとITインフラ、次に物流インフラを整備して、ようやく顧客との価値共創を実現するに至ったのだ。

セメックスが経営資源をスピーディに組み替えるためには、顧客要望の変化に間髪を入れずに対応する必要があった。マネジャーは、顧客の期待内容の変化を、早めに察知することはできないだろうか。わずかな兆候を捉えて、先手を打つのは可能だろうか。アパレル小売りのZARA（スペインのファッション企業インディテックスの子会社）が答えを示している。[*12]

REIは、消費者に知りたい情報を伝えるのに従業員を活用しているが、ZARAはファッションの流行を捉えるのに従業員を役立てている。ZARAはヨーロッパのファッション界で、アメリカンカジュアルにおけるGAPのような役割を果たしているのだ。ファッションの発想、流行、嗜好などで最先端を走り続けるために、ZARAはデザイナーや店員に、顧客と情報や意見を交わすよう、奨励している。デザイナーや店員は、顧客から最新情報を得ると、社内の通信ネットワークやモバイル機器を用いて、スペインのコマーシャルグループやデザインセンターにその内容を伝える。店長は、特定のアイテムや色、スタイルなどが人気を集めていると感じれば、やはり本社に連絡する。

こうして、既存のアイテムをより多く売るだけでなく、新しいデザインをたゆみなく生み出しているのだ。デザインスケッチを作製してからわずか二、三週間後には、新しいアイテムが店頭に並ぶ。ZARAのファンだという若者は、「流行は一瞬にして変わる。だから、その時々の旬のファッションを、手頃な値段で身につけていたいんだ」と述べている。ZARAは、サプライチェーンの諸要素を迅速に組み替えて、このような要望に応えている。布地は自社で裁断し、最終的な縫製や仕立てはスペインの工場で行っている。サプライチェーンは、各店舗の在庫を週に二回ほど補充して在庫を最小限に抑えるとともに、流行に素早く対応しながら、輸送コストを削減している。製造コストはやや割高だが、他分野でのコスト削減はそれを補って余りある。とりわけ、流行の最先端のファッションを常に提供し続けることで、在庫回転率が向上している点での寄与が大きい。

以上のように、意外にも、セメント業界とファッション業界には類似性があるようだ。経験ネットワークを自在に伸縮させるという重要な能力を発揮するためには、経営資源をうまく組み替えて、対応スピードを高めることが求められる。セメックスの場合には、計画の変更や受注がこの組替えの引き金となる。顧客の要望は絶えず寄せられるため、次々と経営資源を組み替えなくてはならない。ZARAは、ファッションに関する従業員の知識や感性をもとに、スタイル、デザイン、布地、色合いなどを決める。では、ZARAは消費者をより直接的に巻き込むことができるだろうか。おそらくできるだろう。ただしそのためには従来と異なる武器、すなわちエイボンの優秀な美容コンサルタントや、リフレクト・ドットコムのカスタマイズ化粧品に匹敵する何かが求められる。

根本的な課題は何かといえば、インフラのさまざまな要素を統合して、消費者を主役にした経験ネットワークを築くことである。そのようなネットワークができれば、新しい経験を共創するための事業機会を見極められるはずだ。

◉──コンピタンスの利用

すでに述べたように、ノード企業は、効果的な経験ネットワークを築くのに欠かせない知的・技術的リーダーシップを発揮する他、参加企業にネットワークにつながり続けるインセンティブを提供する。

では、ノード企業はどのようにして決まるのだろうか。規模も一因かもしれない。規模のきわめて大きな企業と一緒に仕事ができるというのは、仕入れ先にとっては、ネットワークに加わる十分なインセンティブになる（GEやGMといった企業を取り巻くネットワークには、このような力が働いているようだ）。これとは違ったケースとして、ノード企業が新しい事業概念を生み出して、意識的に周囲に供給ネットワークを作り上げる例もあるだろう（デルやシスコがこれに当てはまる）。あるいはセメックスやZARAのように、ノード企業が既存産業を再活性化して、新しい市場を開拓するかもしれない。

注意していただきたいのだが、一般にノード企業は、実際に利用する経営資源のごく一部しか所有していない。すでに述べたように、私たちはともすれば所有と利用を混同してしまう。しかし、この二つは区別しなくてはいけない。同様に、コントロールと所有も混同しがちで、この二つもやはり区別すべきである。マネジャーは、新しい方法を見つけ出して、経営資源を所有せずに利用とコントロールを実現しなくてはならない。

効果的な経験ネットワークを築くには、他社や社外のコミュニティを含む幅広いコンピタンスをいかに活用すべきか、学ぶ必要がある。最初の仕事は、コンピタンスの源泉を見極め、それをネットワークに取り込むことだ。

香港の繊維会社リー・アンド・ファンの事例を通して、この点を見ていきたい。リー・アンド・ファンは、三七カ国七五〇〇社もの仕入れ先のネットワークと接点を持ち、ノード企業の地位を得た。そしてこのネットワークを活かして、アンテイラー、ゲス、ローラ・アシュレイ、ザ・リミテッドなどの小売店向けに、短期間にファッション・アイテムを入れ替えられる体制を整えた。時には、通知を受けてから三週間で、店舗の品揃えを入れ替えてしまう。リー・アンド・ファンは、システム全体の情報や仕入れ先ネットワークとの関係を管理して、商品をより速く、より安く、より低リスクで配送しているのだ。*13

リー・アンド・ファンのネットワークがどのように機能しているか、簡単に見てみたい。リー・アンド・ファンは注文を受けると、特製ウェブサイト、電子メール、その他のコミュニケーション手法を用いて、顧客とともに仕様を微調整する。その後、原材料の仕入れ先や工場を厳選して、最適な「サプライチェーン・オンデマンド」を築く。このため、布地を中国から仕入れるのは、適切な染料が中国にあった場合に限られる。ファスナーなどは韓国製を用い、縫製はインドネシアで行われるかもしれないのだ。リー・アンド・ファンはまた、世界各地に散らばる多数の仕入れ先にバランス良く作業を振り分けている。

生産工程に入ってからでも、顧客である小売店はぎりぎりまで変更要望を出すことができる（セメックスの顧客と同じである）。ただし、変更はグローバル規模の供給基盤に影響を与えるおそれがある。顧客は、布地の断裁前であればデザインを変更でき、染色前であれば色指定を変えられる。布地を織る前であれば、注文そのもののキャンセルも認められる。リー・アンド・ファンの強みは、巨大な仕入れ先ネットワークにどのようなコンピタンスが備わっているかを深く理解し、生産活動の経済性を熟知し、顧客ごとの具体的要望に合わせてサプライチェーンをカスタマイズする能力にある。この事例は、経験ネットワークのインフラを築くうえで、生産面でのコンピタンスをうまく利用することがいかに重要であるかを、まざまざと示している。

物流網も忘れてはならない。スピーディに経営資源を組み替える際に、カギとなるのが物流なのだ。とはいっても、自前の物流インフラを築く必要はない。物流分野の専門企業を巻き込めばよいのだ。

ジョージア州アトランタを本拠とする三〇〇億ドル企業、ユナイテッド・パーセル・サービス（UPS）を例に取りたい。UPSは情報収集用のDIAD（Delivery Information Acquisition Device）、追跡用ソフトウェア、バーコードスキャナ、巨大データセンターなどのITツールに年間およそ一〇億ドルを投じて、物流のノード企業となった。UPSはこれらツールを用いて、二〇〇カ国で稼働する八万台近くの配送トラック、二四〇工場、三六万人を超える従業員を管理して、一日に八〇〇万人超の顧客にサービスを提供し、アメリカのGDP（国内総生産）の実に六％に相当する荷物を扱っているのだ。*14

現在ではUPSの物流チームは、サプライチェーンの透明性を確保するサービスを提供している。UPSは在庫を移送・追跡し、全工程を通してその動きをモニタリングできる。在庫管理、重要なスペア部品のオンデマンド配送、さらには保証修理といったサービスまで提供している。これらのサービスは空港滑走路の近くで行うため、各社は顧客に迅速なサービスを提供できるのだ。

経験ネットワークを支える要素としては、取引のマネジメントも大きな意味を持つ。この分野でも専門企業が台頭してきている。その一社、チェックフリーは、ノード企業として六万人以上もの消費者の電子決済を取り持っている。アメリカで請求額のきわめて多い二五〇社余りと契約を結び、四五〇超の銀行、証券会社、ウェブポータルを通してオンラインでの請求や支払いの普及を図っている。アメリカでは毎年、ACH（自動決済機関）を通して六〇億件の決済が行われるが、その三分の二以上をチェックフリーが扱っているのだ。一言で述べれば、チェックフリーは企業にITインフラへの利用機会を提供しているといえる。いわば、銀行が消費者の利便性のためにATM（現金自動預払い機）を設置しているのと同じだ。[*15]

リー・アンド・ファンやチェックフリーの事例からは、新しいタイプの専門企業がグローバルな経験ネットワークの構築を促す様子が見て取れる。これらの専門企業は、グローバルなコンピタンス基盤の利用機会を提供して、経営資源の不足に悩む小規模企業とグローバル市場の橋渡しをしているのだ。インターネットを使えば、今やボンベイ、ボストン、ブラッセル、北京など、世界のどこからでも、ノード企業を中心としたネットワーク・インフラに加わって、その恩恵を享受できる。インドのラジャスタン州の職人も、アメリカの顧客にオンライン取引で商品を販売している。注文から七日以内にテーブルクロスや特注の文房具などを届けるのだが、価格はアメリカ製の十分の一である。

インターネットを活かしたこのような起業家や新興企業は、「マイクロ・マルチナショナル」という新しい形態のグローバル・ビジネスを創造しているのだ。このような企業は、製造施設、流通チャネル、物流システムなどを世界各地に設けるために、多大な投資をする必要などない。DHL、UPS、シティバンクなどの専門企業のサービスを利用して取引を管理すれば、それでよいのだ。併せて、製品やサービスのマーケティングにも、法外な時間、資金、努力を費やさなくて済む。インターネットの恩恵によって、グローバル規模の消費者ネットワークが生まれており、口コミで瞬く間に広がるのだ。

今日では、ノード企業が世界中に散在するコンピタンスを活用しているため、新しいビジネスゲームが始まりつつある。この新しいゲームは、従来型の資源配分ではなく、「経営資源の活用と組替え」を柱としている。ノード企業は、自社のコンピタンス基盤を他社に利用させることで、新たな事業機会を創造する傾向を強めている。

フレクトロニクスの事例を取り上げたい。フレクトロニクスは一五〇億ドル企業で、世界二五カ国の七五工場で、電子機器の大量生産を行っている。パーム（PDA）、ヒューレット・パッカード（プリンター）、シスコ（ルーター）など多数の企業と仕事をする中でフレクトロニクスは、他社が単独では到底身につけられそうもない独自のコンピタンスを培った。ここでマイクロソフトを考えてみたい。ソフトウェア会社であるマイクロソフトが、どのようにしてゲーム機Xboxの製造に乗り出したのだろうか。実はマイクロソフトはゲーム機を製造してはいない。フレクトロニクスと協働しているのだ。フレクトロニクスは、世界各地の部品仕入れ先や設計・開発面での高い専門性を活かして、ゲーム機製造で優れた手腕を発揮するだけのコンピタンスを備えている。その協働相手にはインテル（マイクロプロセッサー）、nVidia（グラフプロセッサー）、マイクロン（メモリー）、ウェスタン・デジタル（ハードディスク・ドライブ）などがある。したがって、マイクロソフトのようなノード企業は、フレクトロニクスなど別のノード企業との結び付きを通して、コンピタンス・オンデマンドに根差した共生型の「生態系」を作れるのだ。ノード企業はそれぞれ独自のコンピタンスを培うため、両社ともに絶えず学習を重ねていける。Xboxについて言えば、フレクトロニクスは広大な市場との接点を持てるし、マイクロソフトは市場の川下へ進出できるのだ。*16

これらの事例はすべて、消費者を中心に据えた価値共創には複数のノード企業がかかわる場合があり、それらノード企業の一社が多彩なコンピタンス全体を統合する役目を負う、ということを示している。単一の経験ネットワークに複数のノード企業が参加する例もある。消費者価値を共創する経験空間でどこか一社が際立った存在感を放つと、その企業が中核的なノード企業の地位を得る。

経営者がすぐにでも果たすべき必須の仕事は、経験ネットワークを構想・構築して、そこで自社と消費者による経験の共進化を実現することだ。

ここでインテュイットの事例に戻りたい。インテュイットが最初に大きなブレークスルーを成し遂げたのは、消費者こそが主役だという点を認識して、それをもとに行動したのがきっかけだった。今ではインテュイットは情報インフラの改良に乗り出し、消費者経験の多様化を実現している。インテュイットは最近、上質の経験を生み出すうえでマネジャーの果たす役割が大きい点に気づいて、社内のネットワーキングに腰を上げたが、その旗振り役を務めたのがGEキャピタル出身のスティーブ・ベネットCEOである。今日では、二〇〇人を超える製品マネジャーが製品別に部下の監督にあたり、複数の事業ラインにまたがる監督は事業開発チームが行っている。

消費者が資産管理の専門知識を磨き、パソコン、モバイル機器、携帯電話などのインタラクティブ技術を使いこなすなら、インテュイットもそれに合わせて、立ち止まることなく新しい経験ネットワークの革新を続けていかなくてはならない。課題は、消費者との接点で多彩な経験に対応することだ。そのためには、経験ネットワーク上の全メンバーにコンピタンスの利用機会を設けるとともに、技術その他の促進要因を充実させて、共創を容易で楽しく、利益の上がる経験にすべきだろう。

経験の品質管理（EQM）

経験ネットワークへの移行を進めるにあたっては、多様な経験への対応力の他に、良質な共創経験をもたらす能力にも価値がある点を心得ておかなくてはならない。

製品やサービスのTQM（総合的品質管理）とEQM（経験の品質管理）との間に、抜き差しならない緊張関係が生じているのだ。製品志向型の従来のTQMは、製品の品質をコントロールするために、多様性を排除するようにと教えている。これに対してEQMは、多様性——あるいは「ばらつき」——と経験の質を両立させようとの試みである。他にはない自分だけの経験を期待する消費者は、イベントから満足を引き出そうとして、対応の良さ、迅速性、信頼性、チャネル間の整合などを求める。[*17]

一見したところ矛盾するこのような要望をすべて満たすには、どうすればよいのだろうか。

答えを導くカギは、消費者経験の多様性（チャネル、製品、サービスなどが豊富である）と、それを支えるプロセスのばらつきを区別することにある。前者は私たちの味方だが、後者は敵である。ポイントは、いくつもの経営資源を組み合わせて、多数の経験を可能にしながら、それを支える各プロセスの質を保つ点にある。言葉を換えれば、多様な経験に対応できるように経験ネットワークを設計し、なおかつ、経験の共創にかかわる供給プロセスの質を安定させなくてはならないのだ。

表6-1 EQMというフロンティア

	TQM（総合的品質管理）	EQM（経験の品質管理）
品質観	品質は製品、サービス、プロセスと結び付けられる	個々の共創経験、経験を支えるインフラの質が問われる。製品、サービス、プロセスの質を確保するのも必要だが、経験の質を決定づける十分条件だとは限らない
目的	プロセスのばらつきを減らす、製品やサービスの質を一定に保つ	消費者の多様な経験に対応する。同一の製品やサービスを使用しながらも、経験は異なる
手法	社内の規律やプロセス（例:シックスシグマ）、顧客満足度調査	共創の決まり、かかわり合いのルール、共創や経験監査のDART
成果	予測可能、仕様との比較で評価する	個々の消費者と経験環境が文脈に基づいて相互作用する結果、ユニークに決まる

経験ネットワークを構築しようとすると、EQMというフロンティアが開かれる。その特徴を、表6－1にまとめてある。

いくつかの事例を考えてみたい。REIの事例では、チャネルインフラが力を発揮して、顧客との接点で充実した経験を促している。REIは消費者経験が多様だとの事実を受け入れ、一人ひとりの消費者の文脈を土台に据えて経験を紡ごうとする。経験の質を一定以上に保つために、共創のためのインフラも十分に整備した。そこには、利用、対話、リスク低減（晩秋にロッキー山脈を旅行するために、知識豊かな店員と一緒に最善のマウンテンバイクを選ぶなど）のメカニズムが組み込まれている。TQMやシックスシグマといった従来型の品質ツールは、製品品質の確保には役立つ。だが、経験の質を一定以上に保つためには、効果的な経験ネットワークを築く方法を考案すべきだろう。

ディーアも新しい経験環境のイノベーションを推し進めており、最新式の農業機械を利用する農家にかつてない経験空間を提供している。ただし、これら新しい種類の経験の質は、土台をなすインフラに左右される。インフラが、マネジャー、従業員、ディーラー、製品やサービス、農家などを、うまく経験ネットワークに結び付けられるかどうかにかかっているのだ。

◉——経験ネットワークの構築：カギとなる概念と課題

以下に、経験ネットワークを築く際にカギとなる概念と、組織の課題をまとめておく。

- 顧客との接点（コンタクトポイント）で絶え間ない共創経験を促し、製品、流通チャネル、技術、従業員を経験への入り口《ゲートウェイ》と見なすべきである。
- 経験空間を意識しながら経験環境を設け、消費者の要望に応じていつでも経験を始められるようにする。
- 消費者の多様性への対応が必須である。企業は多様性の源泉が何か、どのような形態があるのか、ユニークな経験を共創するうえでの意味合いは何か、などを理解しておく必要がある。
- 経験ネットワークは、さまざまな資源の利用機会や利用形態、企業や他の顧客と対話するための仕組み、リスク管理の方法などを消費者に提供しなくてはならない。
- 物流インフラは、経験ネットワークと密に連携しながら、消費者による利用希望と企業によるコントロール要望を調和させなくてはならない。消費者の信頼を勝ち取るためには、情報インフラに高い透明性を持たせることが求められる。

・マネジャーには、イベントを土台にして絶えず迅速な対応をするとともに、臨機応変かつスピーディに経営資源を組み替える能力が欠かせない。

・すべてのインフラには技術だけでなく、組織や社会関係などがかかわっている。効果的な経験ネットワークを築くには、技術・社会両面の経験促進要因が必要となる。

・経験ネットワークのそもそものねらいは、技術・社会両面の経験促進要因を工夫して組み合わせ、そのつど必要なコンピタンスを活用しながら、個人を主役とした多様な経験を実現することである。

以上のように、共創経験をパーソナル化するためには、揺るぎない経験ネットワークが求められる。企業中心のサプライチェーンと消費者中心の経験ネットワークを、表6－2に対比しておく。価値創造の新たな枠組みが生まれ、経験ネットワークが構築されると、「市場」の概念はどう変わるのだろうか。従来の市場は、現在でも取引の主な場として、企業が消費者から価値を手に入れる仲立ちをしているのか。「市場」の意味は価値共創の新しいパラダイムのもとでどう変わるのだろうか。次章ではこれらのテーマを追っていきたい。

表6-2｜経験ネットワークへの移行

企業中心のサプライチェーンから	▼変革の動機	各消費者中心の経験ネットワークへ
消費者は製品を受け身で購入・利用する	**主として、消費者と企業のかかわり合いから価値が創造される**	消費者は積極的に価値創造に取り組む
企業と消費者のかかわり合いを通して、価値が獲得される		消費者と企業のかかわり合いを通して、価値が創造・獲得される
製品、サービス、プロセスの質を管理することに焦点が当てられる		EQM（経験の品質管理）に焦点が当てられる
製品とサービスが価値の基盤となる。企業とその仕入れ先は、製品やサービスに価値を付加する	**個々の共創経験が価値の基盤である**	個々の共創経験が価値の土台となる。製品とサービスは経験環境の構成要素である
サプライチェーンが供給した製品は、チャネルを通して流通する。企業は製品の注文を処理する	**多彩なチャネルが経験への入り口となる**	チャネルは経験への入り口の役目を果たす。消費者は自分だけの共創経験をする。ノード企業がユニークな価値の共創を促す
インフラは、資産、プロセス、経営資源の配分、業務効率などのマネジメントを目的とする	**多様な共創経験をインフラが支えなくてはならない**	インフラはDART、コンピタンスの利用、経営資源のスピーディな組替え、高効率などを実現して、経験環境を支えようとする
コンピタンスは企業、仕入れ先、事業パートナーに備わっている。製品を完成させるために、あらかじめサプライチェーンを固めておく	**企業、仕入れ先、事業パートナーなどのネットワークにコア・コンピタンスが宿る**	コンピタンスは、消費者コミュニティを含む経験ネットワークに宿る。ノード企業がその時々で必要なコンピタンスを活用しながら、ユニークな価値を共創する

第7章 フォーラムとしての市場

The Market as a Forum

新たな共創パラダイムのもとでは、共創の中心に位置するのは個々の消費者である。企業は、多数の消費者に向けて経験環境と経験ネットワークを構築して、経験の共創をサポートするが、企業単独では取引のための価値を生み出せるわけではない。この事実は、市場という概念にどのような意味合いをもたらすのか。

市場の概念

「市場」という言葉は、二つの異なるイメージを呼び起こす。一方で市場は、企業が製品やサービスを消費者に売り、対価を得るための場である。他方では、市場は消費者の集合体でもある。だが、どちらのイメージも価値の共創という概念の前に揺らいでいる。

図7-1｜従来の市場概念

企業と消費者のかかわり合い

❶企業が価値を獲得するための場（消費者も価値獲得をめざす）
❷消費者経験の土台

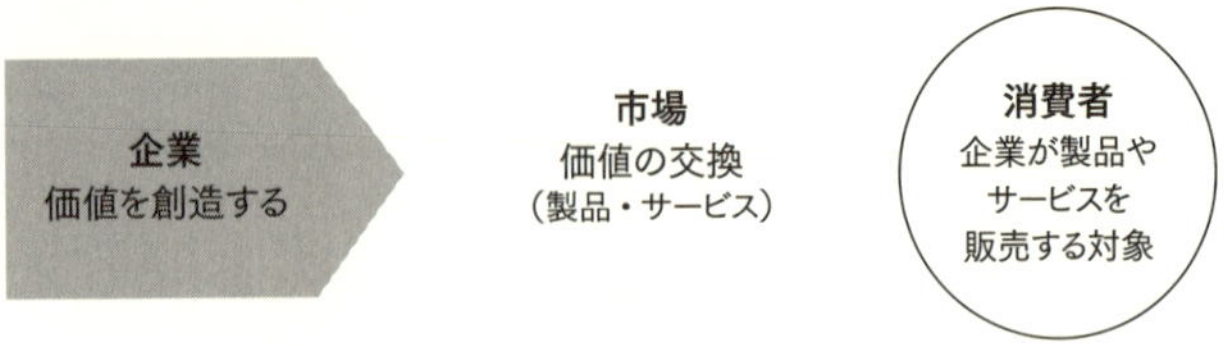

市場は価値創造プロセスとは切り離されている

従来の市場概念

従来、市場は企業主体の概念だった。消費者は受け身の存在で、企業にとっては製品を売る相手にすぎなかった。このため企業は、対象とする顧客を絞り込むために、ＣＲＭ（カスタマー・リレーションシップ・マネジメント）という概念を生み出した。企業は取引の中心である市場を、経済価値を獲得する場と位置づけ、重視したのだ。こうした見方のもとでは、市場は企業と消費者にとって異なる役割を果たすことになる。価値の獲得、交換の場を提供するのが市場の主な役割で、価値創造のプロセスとは切り離されている（図７―１）。

従来の市場概念への挑戦

企業は顧客との関係に大きな注意を払ってきたが、これはあくまでも、従来型の価値創造の枠組みを通してであり、その結果、製品やサービスの売り先として市場を見ている。この概念を突き詰めていってたどり着いたのが、製品中心の「セグメント・オブ・ワン」という発想である。[*1]

消費者は、情報を手に入れ、互いにつながり、積極性を強めると、やがて従来の取引の場で自分たちも価値を獲得できるのだと悟った。こうして、従来は狩人のように顧客を追い求めていた企業が、逆に追われる立場になった。この現象は広がりを見せており、ホテルの宿泊予約や航空機チケットのオンラインオークションは、氷山の一角にすぎない。イーベイなどの人気ぶりからは、オークションによってオンライン上で製品やサービスの価格が決まる傾向が強まっている事実が見て取れる。顧客の視点からは、オークションの利点は、製品やサービスのその時点での自分にとっての利用価値に合わせて希望価格を決められるところにある。必ずしも安く購入できるとは限らず、そのうえ、企業の製造コストではなく、顧客にとっての有用性に基づいて価格が決まるのだ。

ただし、従来の価格設定手法が完全に姿を消すとは考えられない。多くの状況では、従来の手法が最も便利で適切だからだ。だが、顧客が豊富な知識を身につけ、自分たちの交渉力に目覚めるにつれて、自動車メーカーから美容外科に至るまで多くの企業が、陰に陽に交渉の圧力を感じるだろう。オークションは、交渉の一つの手法だといえる。最近のビジネス環境では透明性が高まっているため、顧客はそこから知識を仕入れ、価格などの取引条件の交渉に、以前よりもはるかに強い意欲を示す。経営者やマネジャーは、自分たちは価格を設定する立場であると同時に、価格を受け入れる立場でもあるのだと、目を覚まさなくてはいけない。

しかしより重要なのは、これまでも述べてきたように、価値が個々の共創経験との結び付きを強めている点である。一人ひとりの消費者がどれだけの金額を支払うかは、ある意味、共創経験に応じて決まるのだ。念押しになるが、価値の基盤をなすのは製品でもなければサービスでもない。むしろ価値は、企業が消費者とともに経験環境を築き、そこで経験を共創する中から生み出される。したがって、新しい枠組みのもとでは、消費者と企業のかかわり合いこそが価値創造の舞台として重要性を帯びる。従来の取引の場も含めて、至る所で企業と消費者のかかわり合いが生じるため、両者の接点はすべて、価値創造の舞台となりうる。

このため、価値の共創という概念によって、①製品やサービスを取引する場としての市場、②消費者の集合体としての市場、という二つの市場観が揺らぐのだ。従来の経済学は、企業と消費者による製品やサービスの取引に焦点を当て、取引の場で企業がいかに価値を獲得するかを、事業マネジメントの中心に位置づけていた。だが、共創を主体とする考え方では、企業と消費者の接点はすべて、価値の創造と獲得、両方の機会を提供することになる。

共創という概念は、市場は消費者の集まりで、その消費者は、企業の提供する製品やサービスの中からどれかを選ぶ、という考え方をも揺るがす。新しい価値創造空間では、企業のマネジャーは、経験環境と、共創経験を促すために構築したネットワークに、ある程度のコントロールを及ぼす。だが、各顧客がどのように共創経験を深めていくかについては、コントロールを及ぼせないのだ。以上のように、新しいパラダイムのもとで私たちは、「消費者の集合体」あるいは「製品やサービスを売る場」

図7-2 新しい市場概念

企業と消費者のかかわり合い

❶市場とは、消費者と企業が価値を共創し、経済価値の獲得をめざす場である
❷共創経験こそが価値の基盤である

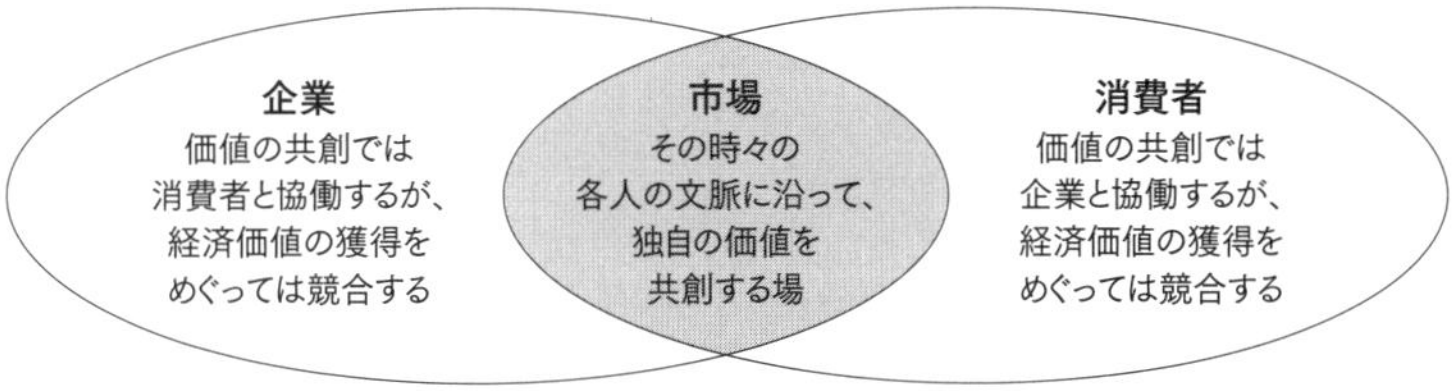
企業
価値の共創では
消費者と協働するが、
経済価値の獲得を
めぐっては競合する
市場
その時々の
各人の文脈に沿って、
独自の価値を
共創する場
消費者
価値の共創では
企業と協働するが、
経済価値の獲得を
めぐっては競合する

価値創造プロセスにとって、市場はきわめて重要な役割を果たす

という市場観を捨てるように迫られる。

フォーラムとしての市場

新たな市場概念は、消費者と企業のかかわり合いに焦点を当てている。企業と消費者の役割は互いに近づいていく。企業と消費者は協働のパートナーであると同時に、競争相手でもある。価値共創では力を合わせ、経済価値の獲得をめぐっては競合するのだ。図7―2に示したとおり、市場全体が、価値創造プロセスと分かち難く結び付くのである。[*2]

価値共創を契機にして、市場はフォーラムとしての性格を持つようになる。そこでは消費者、企業、消費者コミュニティ、企業ネットワーク間の対話が行われる。私たちは市場を、共創経験を育む場として見なす必要がある。そこでは各人は、さまざまな制約や選択肢をもとに、経

験にどれだけの対価を支払うかを決める。要約すれば、市場は共創経験を生み出すフォーラムのような場になるのだ。

消費者の役割が変化すると、価値創造プロセスや市場概念にどのような影響が及ぶかは、すでに見たとおりである。発展途上の消費者コミュニティは、価値を共創するための経験ネットワークにとって欠かせない存在だ。消費者との接点に注意を払うと、企業は消費者との多様なかかわり合いに、これまで以上に十分に対応するよう迫られる。そのうえ、イノベーションによって経験環境の魅力を高め、各消費者にふさわしいかかわり合いを実現するよう求められる。マネジャーは、消費者とともに期待内容を形作っていく必要がある。最後に、消費者は企業と経験を共創する役割を担っている。両者が力を合わせて経験と期待を共創することは、「エクスペリエンス・オブ・ワン」という新しい機会をつかみ取るうえで欠かせない。以上がフォーラムとしての市場のおおよその特徴である。以下では、これらを個別に見ていきたい。

◉――消費者コミュニティの発展

従来の産業構造のもとでは、消費者と企業の間には距離があり、対話は難しかった。販売代理店、流通業者、小売店などがメーカーと消費者の間に介在して、双方を結び付けるというよりは、むしろ引き離す役割を果たしていたのだ。たとえば自動車メーカーは、価格が四万ドルを超える高級車を販売する際にも、消費者との接点をほとんど持たない。消費者の希望、不安、ニーズをどれだけ理解しているかは、ディーラーによって大きな開きがある。メーカーは、仮に市場調査を実施したとしても、せいぜいのところ、消費者について間接的に学べるにすぎない。消費者とじかに対話する機会があるとすれば、お客様相談センターなどで問題解決を図るのが主眼となる。より重要な点として、企業は一度に一人の消費者に対応するため、消費者はこれまで、他の消費者とコミュニケーションを取る能力に欠けていたのだ。消費者は互いに孤立していた。

これらの状況は変化するきざしが見えている。消費者が、価値の共創と獲得に熱心にかかわり、共同開発者、協働相手、パートナー、投資家、競争相手、交渉相手といった役割を担っているため、一部の先進的企業は、消費者のネットワークと対話を進める必要があると、悟り始めているのだ。この傾向は今後、多くの業界へ広がっていくだろう。消費者はパワーと積極性を手に入れ、互いに結び付いて、他の消費者はもとより、多数の企業とも対話する傾向を強めていくはずだ。

このように企業と消費者、消費者と消費者の対話が盛んになると、消費者は、企業に頼らずに自分で対話の糸口を作るだろう。企業が消費者の中から対象を選び、各消費者の特性を知ろうとするのではなく、個々の消費者が企業を選んでその価値を探るのだ。「フォーラムとしての市場」という新しいパラダイムは、消費者コミュニティを原動力とする。*3

ある意味、これはごく自然な成り行きだといえる。人間には連帯したい、社会ネットワークに属していたいとの本能がある。個性を発揮したいと思いながらも、やはり他の人々とつながっていたいのだ（たとえば、私がタイガー・ウッズのTシャツを購入したとすると、自分の感性を表現していると同時に、世界の「タイガーファン」と共鳴し合っていることになるのだ）。このような本能は以前から知られているが、市場で周囲とかかわり、影響を受けながら、自分の立場を手に入れる機会は、これまではなかった新しいものである。

ハリウッド証券取引所（HSE）を考えてみたい。これは「映画株式」や「映画スター債券」が盛んに取引される架空の取引所で、価値は「ハリウッドドル（H$）」で測られる。八五万人以上がHSEでの取引に参加し、映画や俳優をめぐって、「買い」か「売り」か、意見を戦わせている。新作映画が封切りになると、市場参加者は四週間の興行成績を予測して、その予測をもとに先物（プットオプション、コールオプション）を購入するのだ。

HSEのメンバーは、単なる映画ファンや映画批評家の域を超えている。彼らの「投資判断」は娯楽ニュースの見出しを飾り、作品の企画・マーケティングに際しては、大手映画会社といえども、このコミュニティの存在を無視できないのだ。往々にして、HSEの興行予測は恐ろしいほどよく当たる。二〇〇一年秋に『ロード・オブ・ザ・リング――旅の仲間』が公開されたが、その一カ月前にHSEでは、この作品の株式は二億三三八九万ドルの値を付けた。実際の興行収入は二億二八三二万ドルだった。[*4]

もう一つ理解しておくべきは、消費者は互いの期待内容に影響を及ぼすという点である。コンピュータ・ネットワーキング分野のリーディング企業、シスコの顧客を考えてみよう。シスコは顧客基盤に高いコンピタンスが備わっていることを知って、シスコ・コネクション・オンラインを設けた。シスコの情報、経営資源、システムに簡単にアクセスするための、双方向サービスである。このサービスを利用すると、顧客同士がオンラインで対話して、技術面の問題を解決できる。ひいては、すべての参加者がより良い「シスコ経験」を得られるのだ。

消費者の属するグループは一つとは限らない点にも注意が必要だ。各消費者は、時の経過とともに、あるいはその時々の使用製品やサービスに応じて、所属グループを変える。一人が一時期に複数のグループに属している場合もありうる。

どうすれば企業は、活発な消費者ネットワークから学び続けることができるのだろうか。消費者とたゆみなく対話をする方法は何か。どのような状況で、いかにしてコミュニティの発展を支援すべきか。ネットワーク化の進んだ環境で消費者とのかかわり合いをマネジメントするためには、以上のようなかつてない課題が持ち上がる。

これまでは、若手マネジャーは特定の業界で育つ傾向があった。業界特有の考え方を身につけ、業界用語を学び、特定の技能を学ぶ。人によってはその後、他業界の出身者と一緒に仕事をして、対等な取引関係や合弁企業など、協働関係のマネジメントを身につける。今日ではすべてのマネジャーが、新たな社会スキルを培うことを求められている。個々の消費者やテーマコミュニティとの間で絆を育む能力である。

オランダの巨大企業フィリップス・エレクトロニクスが、格好の事例を提供している。フィリップスの主力製品にプロントという多機能リモコンがある。あるハッカーが、プロントのソフトウェアを勝手に改造しようと思い立ち、そのためのウェブサイトを立ち上げた。フィリップスは、事業をいかにコントロールすべきかという課題に直面した。このような状況に遭遇すると、大多数の企業は保身を考えるだろうが、フィリップスはハッカーたちと手を組む道を選んだ。ハッカーのサイト上で、プログラムファイル、コード、その他の情報を容易に参照・利用できるようにしたのだ。しかも、ハッカーたちのプログラミングの手間を省くために、他のAV機器メーカーにも、製品のソフトウェアを公開するよう勧めた。

フィリップスは、「ハッカーはプロントをよりユーザーフレンドリーな製品へと進化させる方法を探り、消費者とフィリップスの両方に利益をもたらそうとしている」と考えたのだ。ハッカーたちの努力はブランドへの信頼を生み、その信頼は彼らの経験を通してより強固なものとなっていった。フィリップスはハッカーコミュニティと戦うのではなく、当事者すべての利益のために協働する道を選んだ。

従来の発想では、市場はバリューチェーンの外側に位置するとされた。しかし今後は、消費者コミュニティを価値創造プロセスに組み込むべきだ。今や企業、従業員、消費者、消費者コミュニティは、実に多くの接点を持っている。このため、市場はバリューチェーンの外に位置するのではなく、いわばその全体に入り込んでいるのである。

◉——多彩なかかわり合い

消費者とのかかわり合いがいかに多彩であるかは、これまでに十分に述べてきた。消費者が十人十色であるなら、企業と消費者とのかかわり合いも無限に近いバリエーションがある。このため、各消費者に合わせた共創経験を実現するには、高いハードルを越えなくてはならない。この多彩さを、いくつかの切り口から詳しく見ていきたい。

洗練度

消費者の洗練度や知識には大きな開きがある。これに関しては、すでに電子確定申告の事例を紹介した。パソコン操作に習熟し、確定申告にも慣れている人にとっては、電子確定申告はとても便利で時間の節約になるが、そうでない人々にとっては悪夢なのだ。

同じことは、高級車に搭載されたカーナビにも言える。知識や習熟度に応じて、五分間で使いこなす人もいれば、一時間かかる人もいるだろう。人それぞれに、価値を見出したり、関心を抱いたりする機能が異なる点も、パーソナル化を難しくしている。カーナビを容易に使いこなせない人は、望んでいない機能、関心のない機能の操作に延々と時間を費やす。そして、ガソリンを補充せずにあとどれくらい走行できるかなど、単純だが見つけにくい情報を必死になって探し求めるのである。

テレビ、電話、自動車、家庭用ヒーター、クーラー、警報機など、消費者の洗練度や積極的な関与を必要とする製品やサービスが普及する以上、多くの企業が「洗練度の格差」に直面せざるをえない。そこで企業にとっては、すべての消費者が自分の洗練度に合った経験を共創できる場は、どうすれば設けられるのか、という課題が持ち上がる。

対話への参加意欲

「仮想消費者」が台頭してきている。たとえば、ある医療保険会社のもとに、東南アジアの小さな町から質問が舞い込んだ。この会社は、主としてアメリカ国内に事業エリアを限っているのだが、アジアの消費者がウェブサイトを訪問して、電子メールで質問してきたのだ。質問者のプロフィールは不明だが、質問を全く無視するわけにはいかない。ネット上のいたずらの可能性もあるが、これまで想定していなかった潜在顧客かもしれない。保険会社はどう対応すべきか頭を悩ませた。これは「アジアなどの新規市場にいかに参入すべきか」という昔ながらの問いとは、大きく性質が異なる。

企業が求めなくても、消費者の側から企業に問いかけを行う事例は、かつてなく増えている。一九九六年から二〇〇〇年にかけての通信ブームの折には、ルーセント・テクノロジーなどの通信関連企業のもとに、世界各地の名も知らぬ起業家から通信関連の製品やサービスへの引き合いが殺到し、各社は対応を迫られた。これら潜在顧客の共通項は、通信分野に投資をして、通信革命にかかわりたいとの願いを持っているという点だけで、通信事業に関してごく初歩的な知識しか持たない顧客も少なくなかった。

高い専門性と伝統を誇るごく一握りの大規模企業、たとえば地域電話会社などともっぱら取引をしてきた経営チームの目には、洗練度の低い顧客が次々と現れるという現象は奇異に映るに違いない。タイの投資家から、「六カ月以内に無線通信システムを導入したい」との要望を受けたら、どう対応すべきだろうか。ルーセントの経営陣はこの頃、AT&Tとの商談にも対応する必要があったのだが、こちらはタイの投資家とはまるで違い、膨大な種類の付属品を求めており、次世代システムについて、重箱の隅をつつくように細かい点を交渉のテーブルに載せようとしていたのだ。

忍耐力

消費者は、何かトラブルが起きた場合の忍耐力にも人によって大きな開きがある。ソフトウェアの事例を取り上げたい。エンジニア、ハッカー、コンピュータマニアほか、真っ先に新しいものを利用したがる技術好きは、不完全であると知りながら、ソフトウェアのベータ版を使おうとする。対価を支払ってでもベータ版を手に入れようとする人々すらいる。このような人々にとっては、欠陥を見つけ出したり、オープンソースのような形態でソフトウェア開発の一翼を担ったりするのが楽しいのだ。しかし他の多くの人々は、必要だからソフトウェアを購入するだけで、不必要なフラストレーションの素になるバグは、できれば避けたいだろう。

このような消費者ごとの違いは、他の多くの分野でも見られる。マイホーム所有者の中には、自分でリフォームを行うという大仕事に挑戦する人もいれば、最低限の希望だけを伝えてあとはすべて専門家に任せたいという人もいるだろう。旅行をするにしても、たとえある程度不快あるいは不便な思いをしても、手付かずの自然の中に身を置きたい人と、冷暖房完備の豪華な部屋に泊まって、二四時間好きなときにルームサービスを頼みたい、という人とがいる。こうした差異は、製品やサービスにまつわる各消費者の経験を形作るうえで、深い影響を及ぼすに違いない。

乗換え意欲

あるメーカーや製品から、別のメーカーや製品へと乗り換えるには、必ず何らかのコスト（スイッチングコスト）がかかる。金銭的なコストがかかる場合もある。ノートパソコンを別のメーカーのものに替えると、付属品や周辺機器も買い直さなくてはならないだろう（同一メーカーの別機種に替える場合でも、この問題は生じるおそれがある）。あるいは、心理的な重しがスイッチングコストとして働く例もありうる。ウィンドウズの新バージョンが発売されたら、旧バージョンとの違いに慣れるために、エネルギーと頭を使わなくてはならない。感情面での抵抗が起きることもあるだろう。この一〇年間かかりつけだった医師が引退したら、その後任の医師に安心して頼れるまでには、しばらく時間がかかるものだ。

このようなコストがあるからこそ、私たちはたとえ完全には満足していなくても、従来の製品を使い続ける。では、どれくらい価値に違いがあれば乗り換えるのかというと、これも消費者ごとに実にまちまちなのだ。

◉――期待をともに形成する：企業の進化に向けた諸段階

企業は、多様な消費者とその期待内容をマネジメントするうえで、いくつかの段階を経て進化してきた。最も初歩的な段階では、「顧客の期待水準に積極的に影響を及ぼすことはできない」との前提に立っていた。この段階をここでは「方向性のない段階」と呼ぶ。

次に「受け身の段階」がある。この段階に到達したマネジャーは、消費者が表す期待、とりわけ改善への要望に受け身で対応することを学ぶ。一九九〇年代には、それまで顧客の期待に注意を払っていなかった多くの企業が、この段階に到達した。

第三段階では、マネジャーは「気配り」を示すようになる。顧客の意見に受け身で対応するだけでなく、不満を耳にしなくても、みずから絶えず顧客満足への配慮を示すのだ。製品に欠陥があるとわかれば自主的にリコールをしたり、旧製品の利用者に無償アップグレードを提供したりする。

受け身や気配りの段階では、企業は依然として、既存の製品やサービスだけを念頭に置いているが、第四の「予測」をもとに動く段階に入ると、この壁を突き破ってさらに先に進む。

あきれたことに、顧客ニーズを予測して動く企業はきわめて少数にとどまっている。市場で入手できる製品やサービスに、明らかな欠点がいくつもあるという事実だけを見ても、この点は疑いようがないだろう。たとえば、統計に少しでも関心を払えば、アメリカ社会の高齢化が急速に進んでいると見て取れる。高齢化社会のニーズに応えようとして、有名な商品もいくつか生まれた。ディペンズ（大人用オムツ）やバイアグラ（これは「加齢に対応するライフスタイル治療薬」と言えるだろう）などである。ところが食品会社は、調理、咀嚼、消化などの容易な、高齢者向けのおいしい食品を提供していない。なぜだろうか。自動車業界も、お年寄りが利用しやすい、ダッシュボードを楽に操作できる車種を投入していない。着脱の容易な衣服も、見かけないではないか。

ニーズの先読みをさらに一歩進めると、期待内容を形作るという段階に至る。将来動向について、既存顧客や潜在顧客を啓発するのだ。ニーズをうまく予測している企業が少ないのなら、この期待を形成するという段階に到達している企業はなおさら少ないはずである。将来の技術、製品、サービス、機会などについて、顧客を啓発できずにいるため、すでに企業は大きな痛手を被っている。モンサントなどは、遺伝子組換え食品のリスクと利点を一般の人々に十分に説明しなかったため、ヨーロッパとアジアを中心に、遺伝子組換えという発想そのものに関して、途方もなく大きな反感を生んでしまった。

最後に、マネジャーは、顧客とともに期待を形成する段階に到達しなくてはならない。報道発表、パブリシティ、広告など、従来型の片方向のビジネス・コミュニケーションを展開するにとどまらず、既存顧客や潜在顧客を、対話や公開討論などに引き込むのだ。これは顧客を積極的に啓発するだけでなく、顧客からも学ぶということを意味する。この段階に到達した企業にとって、顧客は黙って製品やサービスを使う存在ではなく、熱心な支持者あるいは活動家なのである。ハーレーダビッドソンやエイボンの顧客が好例だろう。彼らは製品を購入するだけでなく、ハーレー流の、あるいはエイボン流のライフスタイルを体現しているのだ。同じように、アップルのユーザーも、アップル製品を熱く宣伝している。

『ロード・オブ・ザ・リング――旅の仲間』の事例に戻りたい。これほど多くの熱烈なファンに待望された映画が、これまでにあっただろうか。J・R・R・トールキンの手による壮大な物語は、全世界の何千万人という人々をとりこにしてきた。これらのファンは映画化の構想を知って胸を躍らせた。だが万一、映画がトールキンの生み出したファンタジー世界のイメージを裏切れば、彼らは完全にそっぽを向くだろう。

ニューライン・シネマは賢明にも、大勢のトールキンファンの世界的なネットワークを、排除したり無視したりするのではなく、取り込む戦略を取った。ワールドワイド・インタラクティブ・マーケティング担当の上級副社長ゴードン・パディソンは、「映画を製作しましたから観に来てください、と言うだけでは傲慢でしょう」と述べている。[*5] そうではなく、熱烈なトールキンファンたちの影響力を重く受け止め、彼らの反応次第で映画の成否が決まると考えたのだ。パディソンは、四〇〇以上もの非公式トールキンサイトを訪問した。そして、一般には公開されていない情報を提供して、詳細についての意見を求め、制作チームと交流する機会まで設けた。ピーター・ジャクソン監督の助けを得て、映画の公式サイトも立ち上げ、衣装デザインのラフスケッチ、手書きの制作ノートほか、他では決して得られないコンテンツを揃えた。このサイトには何百万というファンが押し寄せた。トールキンファンの間では、この映画の価値をめぐって今でも議論が続いているが、原作やファンを映画制作者が尊重した点については、ほぼすべてのファンが評価している。

ニューラインの経験からもわかるように、顧客とともに期待を形成するためには、顧客から熱い支援を取り付ける必要がある。このような支援を勝ち取る力は、今日のマネジャーにとって必須だろう。マネジャーたちは、新しい経験空間を生み出すうえで、顧客をリードし、啓蒙し、巻き込むのにきわめて重要な役割を担っている。これを実践しようと試みるマネジャーの事例をいくつか紹介していきたい。

ジョン・スカリーはアップルのCEOを務めていた当時、まだ目新しかったPDA（携帯情報端末）を大いに後押しした。スカリーが製品コンセプトを高く評価したため、PDAの可能性が認知され、関心が広がった。だが残念なことに、スカリーは初期のPDAの使いやすさやシンプルさを誇大に宣伝してしまった。実際に発売されてみると、アップル製のニュートンの性能は、スカリーの約束に遠く及ばず、顧客はひどく憤慨したのだ。

対照的にジェフ・ベゾスは、コンピュータを使いこなす洗練された消費者の支持を集め、アマゾンを人気オンライン書店に仕立てるのに成功した。そしてその後はすかさず、洗練度の異なる多彩な消費者へと顧客層を広げていったのだ。アマゾンは現在、すべての顧客に優れた経験を提供しながら、進化を続ける消費者コミュニティと多様なかかわり合いを保つ必要に迫られている。アマゾンが成長

図7-3｜期待と経験の共創

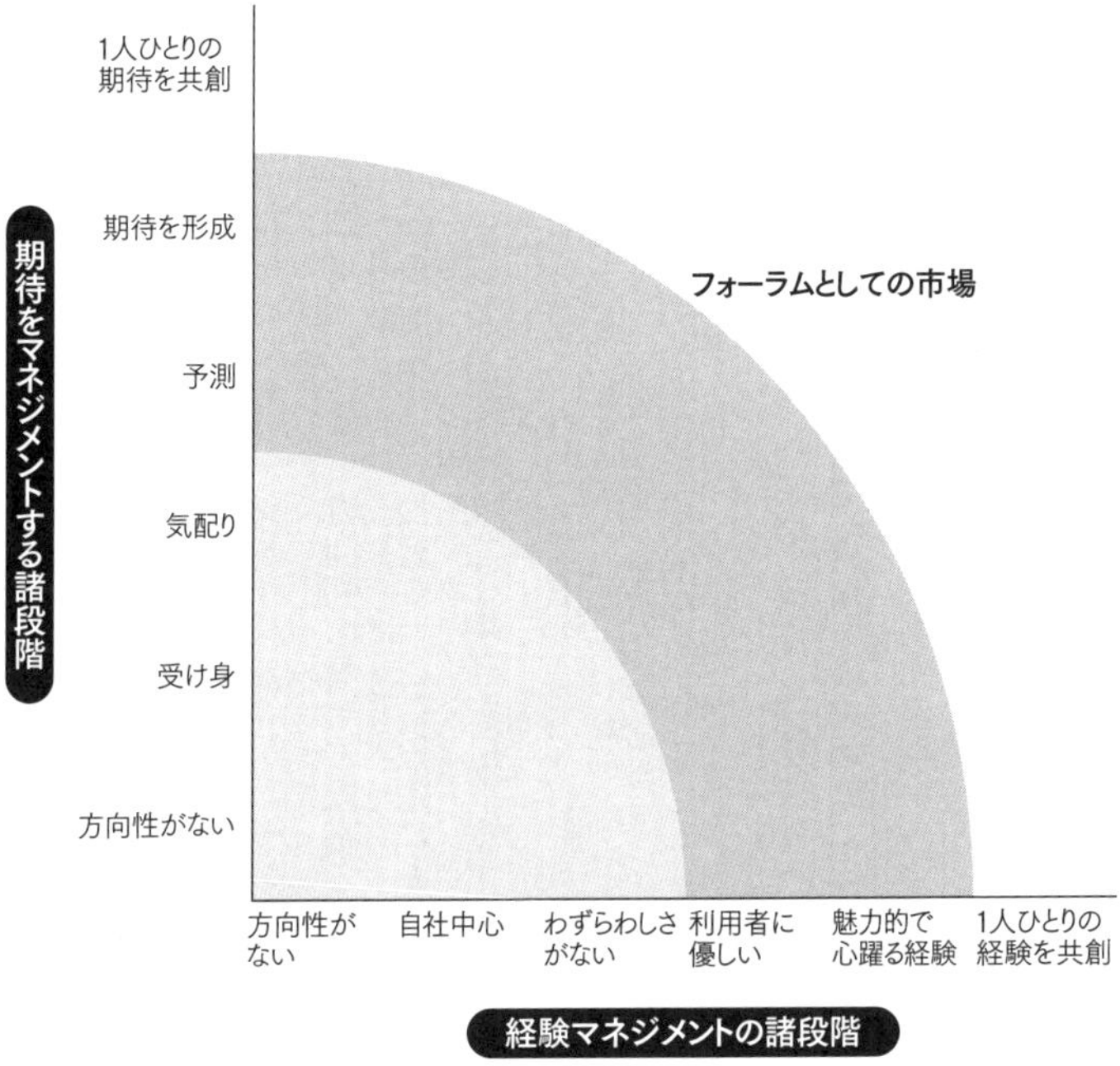

するにつれて、顧客とのインターフェースやかかわり合いも複雑化してきたのだ。マネジャーは、経験を共創するうえで消費者がどのような役割を果たすか、今後ますます注意深く見守っていかなくてはいけない。

以上で述べてきたように、多様な共創経験に対応しながら、消費者の期待をマネジメントするためには、何段階かのアプローチがある。図7－3に、その諸段階をまとめてある。[*6]

◉——消費者とともに経験を共創していく

この図に示したように、期待のマネジメントにいくつかの段階があるのと同じく、多彩な消費者経験も複数の段階を通してマネジメントされる。

最も原初的な段階は、やはり「方向性のない」段階と呼ぶことができ、企業は差別化されていない製品を提供する。多くの業界が、最近までこの段階にとどまっていた。電話会社が好例だろう。消費者はみな同じサービスを受けるだけで、嗜好を伝えるすべなどほとんどなかった（サービスの種類といえば、長距離か近距離か、休日か平日か、ピーク時間帯か夜間帯か、母の日など特別な日かどうか、などがせいぜいだった）。そのうえ、利用法にかかわらず単一の料金体系だった。

次に「自社中心」の段階になる。製品の差別化を図るのだが、顧客ニーズや製品機能については自社中心の見方を捨てていない。ソフトウェアを組み込んだ電子製品（携帯電話、テレビなど）の大多数は、この段階の発想から生み出されたものである。これらの製品は豊富な機能を売り物にしているが、顧客が内心に抱く嗜好ではなく、企業内のニーズをもとに設計・製造されているのだ。

第三段階は「わずらわしさがない」性能レベルである。信頼性や耐久性を重視して、社外に目を向けて製品性能を整え始める。

第四段階は「利用者に優しい」段階である。この段階に入ると企業は、洗練度を犠牲にするわけではないにせよ、使いやすい製品やサービスを開発しようとする。その典型例はアップルだろう。アップルは、一目で役割のわかるアイコンとプルダウンメニューによって、パソコン革命を起こし、身近な製品へと変貌させたのだ。それから二〇年近くのち、パーム・パイロットがこれと同じことをPDAの分野で成し遂げた。これはニュートン・スタイルの縦型のオーガナイザーで、コンパクトさと、直感的に利用法がわかる使いやすいインターフェースを特徴としている。通信や同期も簡単にできる。

さらに一歩進むと、次は「魅力的で心躍る経験」の段階である。この段階では、製品にまつわる魅力的な経験を演出して、消費者を楽しませようとする。だが、自社を中心に据えた従来の価値創造パラダイムからは、いまだ抜け出していない。

最後に、第5章と第6章で述べたように、「一人ひとりの経験を共創する」段階へと到達しなくてはならない。消費者を積極的な対話に巻き込んで、その人ならではの経験を実現するのだ。焦点は経験のパーソナル化へと移っていく。

したがって、フォーラムとしての市場では、顧客の共創経験を十分に理解するとともに、好ましい共創経験の構築・維持に役立つような経験促進要因に投資をする、という課題が生じる。このパラダイムは、技術面の素地とR&D（研究開発）を通して競争優位を築くための新手法を示している。と同時に、ブランドについて思いをめぐらし、新しいブランドを生み出すための新手法ももたらす。価値創造プロセスとブランドが、分かち難く結び付くのだ。

◉――経験はブランドだ

ブランドは従来、企業が顧客とコミュニケーションを取るうえで大きな役割を果たしてきた。企業、とりわけP&Gやユニリーバに代表される消費財メーカーは、ブランドポジショニングを通して、ひとまとまりの便益を消費者に伝えてきた。市場シェア獲得をめぐる競争の中で、各セグメントに向けて、製品やブランドの差別化が慎重に行われてきたのだ。広告業界が誕生したのはそもそも、特定の消費者層に製品のイメージや個性を印象づけるために、計算されたコミュニケーションを展開するためだった。[*7]

この仕組みに最初にほころびが生じたのは、メーカーに代わってウォルマート、テスコ、ロイヤル・アホールド、カルフールといった流通企業が強大な力を手に入れ、プライベートブランドが興隆したからである。その後、インターネットとネット企業が登場すると、消費者が受け身だった時代にはきわめて有効だった説得手法が効果を失い、従来型のブランディングの仕組みに至ってはさらに凋落が激しいことに、広告主たちは気づいたのだ。[*8]

最近では、消費者が積極性を強め、企業が主体となってブランドを創出するという古いやり方に終止符を打った。広告に代わって口コミが消費姿勢への影響力を強め、ウェブ上の消費者コミュニティがその流れに拍車をかけた。消費者は今や必要な情報を手に入れ、それをもとに判断を下し、望むとおりの価値にたどり着く。そのうえ、企業との取引の方法を自分たちで決め、他の消費者の期待度にも影響を及ぼす。このため広告は、製品や企業のイメージを形成し、維持していく力を着実に失いつつある。

以前であれば、企業と消費者のコミュニケーションは、前者から後者へ一方的に流されるものばかりだった。ところが今日では、消費者の反響が、企業の声を掻き消してしまうほどだ。熱心な消費者コミュニティは、企業の行動を調べ、良し悪しを評価・議論し、自分たちの見聞きした内容について独自に判断を下している。企業の「裸の王様」化が進んでいるわけだが、多くの企業はその事実を悟っていない。

このような状況にもかかわらず、大多数の企業はいまだに「顧客を手に入れる」「顧客との関係をコントロールする」といったテーマを話題にしている。このような従来型の発想は時代に取り残されつつあるというのに、いまだに多くのビジネス分野にはびこっている。一例として、技術ベンダーが販売するCRMソフトウェアは、企業中心の発想に深く根差していて、企業は消費者を、企業の売込み対象にされる受け身の存在としてしか捉えていない。共創の世界では、企業は消費者をターゲットにするのではなく、対話の相手と見なすため、コミュニケーションのインフラも全く新しいものが求められるのだ。かつては、広告をはじめとした企業側からのコミュニケーションによって、ブランドを生み出せた。だが、そのような時代は終わりを告げた。ブランドは、経験を通して自然発生的に生まれ、進化していくのだ。

ヤフー、AOL、アマゾン、イーベイなど、生き残り組ネット企業の代表格を考えてみたい。これらのブランドはみな、多くの個人を対象に経験のパーソナル化を実現し、進化してきた。個人がこれらのブランドを認め、ブランドに意味を与えたのだ。その後、各企業は広告を展開して、すでに育みつつあった個性をさらに強く打ち出した。そしてその個性や特徴は、関連コミュニティに口コミで広がっていったのだ（いわゆる「バイラルマーケティング」である）。この現象は全く前例がないわけではない。ディズニー、ハーレーダビッドソン、スターバックスといった従来型企業も、これと似た、経験を土台としたブランディングの恩恵を受けていた。ただし以前は、この形態のブランド構築はあくまでも例外だったのだ。今後は各企業とも、消費者コミュニティと連携しながら、個人を中心に据えた共創経験を通してブランドを構築していく必要があるだろう。企業中心のブランディングは捨てるべきなのである。

このように、新しい事業機会空間へと企業が活動の場を移すにつれて、共創経験とブランドは結び付きを強めていく。そしてやがては、共創経験そのものがブランドとしての性格を帯びるのだ。企業がイノベーションを通して魅力的な経験環境を演出し続ける限り、ブランドも自然と生き続ける。ブランドは経験とともに生き、経験とともに消えるのだ。

ブランドが各人の経験を土台として成り立つ傾向を強めると、伝統的なブランド・マネジメントの根幹にも深い影響が及ぶ。経験とは、各人が経験環境とかかわりを持つ中で紡ぎ出されていく。経験には個人差があり、独自性が強い。広告主があらかじめ中身を決めたり、押し付けたりすることはできないのだ。

では、企業はブランドマネジメントにいったいどのような役割を果たすべきだろうか。各企業は今後、共創経験の質を高い水準に保つことに力を入れるべきである。ブランドへの信頼感を生み、ブランドの性格を決定づけるのは、結局のところ、各人がどのような経験をしたか、その積み重ねなのだ。銀行、書店、旅行代理店ほか多数の分野で行われているように、複数のチャネルで統一感ある経験を実現できるかどうかは、企業にとって新しい課題であり、「信頼」というテーマの核心にも触れる。チャネル数が増えているからといって、製品やサービスを消費者に一方的に勧めるための方法が増えた、などと考えてはいけない。そのような発想をしていたのでは、顧客に断片的な経験しかもたらすことができず、しかもその中身は顧客ごとに大きくばらつくだろう。そこで経営者やマネジャーは、チャネル間の経験の質を揃え、しかも、顧客の共創経験をパーソナル化する、という課題を突き付けられるのだ。

フォーラムとしての市場を活動の舞台とする

フォーラムとしての市場では、企業と消費者を隔てる垣根が低くなり、おのおの役割を事前に予測することはできない。そのうえ、両者の役割分担も絶えず変化しているのだ。顧客、競合他社、仕入れ先、協力企業、投資家などというように、あらかじめ役割が決まっているのではなく、状況に応じて役割が変わっていく。価値の共創という新しいフロンティアを開拓するにつれて、企業、競合他社、事業パートナー、協力者、投資家、消費者の区別が失われていく。おのおのを結び付けるのは、共創経験である。

フォーラムとしての市場はまた、供給と需要を軸とした従来の経済観をも揺るがす。これまで需要は、企業がどのような製品やサービスを供給できるか、といった視点から捉えられていた。企業が何をいくらで売るかをもとに、需要が予測されていた。このため経営者は、需要予測に合わせて製品を供給することに懸命になっていたのだ。需要の伸び悩み、供給過剰、需要予測の狂いなどが生じると、完成品の在庫が積み上がる。自動車業界では一般に、ディーラー拠点、貨車、配送トラックなどに、一〇週間の販売台数を超える自動車が流通在庫として積まれている。

最小在庫単位（ＳＫＵ）が増え、企業が顧客に提示する選択肢がより多彩になると、需要予測は一層複雑をきわめる。これを受けて、デルのように受注生産へと移行した企業もある。この手法には非常に大きな利点がある。完成品の在庫をゼロに抑えられるほか、顧客から代金を受領した後で仕入れ先への支払いをするため、運転資本が不要になるのだ。

従来の需要と供給の区別は、価値の共創によって根本から揺らぐ。消費者と経験を共創して、そこから価値を生み出すとしても、企業がモノを製造することには変わりがないだろう。ただし焦点は、経験環境が全体としてどのような特徴を持つか、といった点に移る。需要は状況に応じて決まる。顧客が経験の中身を予測できない以上、価値共創のパラダイムのもとでは、従来のような予測は成り立たないのかもしれない。代わって重要になるのが、生産能力のプランニングである。消費者要望の変化や、共創経験のパーソナル化に対応して、経験ネットワークを迅速に伸縮させ、経営資源を即座に組み替えるのだ。このような体制を整えるのは並大抵のことではないだろうが、実現できれば、効率が目覚ましくアップするのは請け合いである。

このように、フォーラムとしての市場は、伝統的な経済学の教えに挑戦する。すなわち、企業と消費者はあらかじめ決まった役割分担に沿って別個に行動する、あるいは、供給と需要はともに製品やサービスの取引に伴うもので、対をなしてはいるが区別して捉えるべきである、といった考え方に疑問を投げかけるのだ。

いずれ、経験を切り口とした新しい経済理論が生まれ、それに対応した手法やツールが編み出されるだろう。そのための出発点として、カギとなりそうな点を表7－1にまとめた。

消費者と企業の交流から価値が生まれるという価値創造の新たな枠組みは、従来の市場観を確実に揺るがす。それと同時に、新たな競争空間を生み出すため、企業はこれまでとは違った戦略的資産を築かなくてはならない。これが次章のテーマである。

表7-1｜市場はフォーラムとしての性格を強める

市場をターゲットと見なすと	市場をフォーラムと見なすと
企業と消費者は、あらかじめ決まった役割分担に沿って別個に行動する	企業と消費者の垣根が低くなる。両者の役割はその時々で決まり、予測はできない
供給と需要は価格を介して一致する。企業が製品やサービスの需要を予測する	需要と供給は状況に応じて決まる。企業は、消費者の要望に応じて独自の経験をもたらそうとする
企業がバリューチェーンを通して価値を創造する。消費者との間で製品やサービスを取引する	複数の接点を通して価値が共創される。価値を支えるのは共創経験である
企業が消費者に向けて情報を広める	消費者や消費者コミュニティが、自発的に対話を始める場合もある
企業が対象セグメントを決め、流通チャネルを選ぶ	消費者がノード企業と経験環境を選び、そこで価値を共創する。ノード企業、その製品やサービス、従業員、数々のチャネル、消費者コミュニティが密接に連携しながら経験環境を形作る。そして、その人ならではの経験を生み出せるよう、各人に手を差し伸べる
企業が消費者余剰を吸い上げる。1対1(ワン・トゥ・ワン)であろうと集団であろうと、消費者は「獲物」と見なされる。企業は消費者の全体像を捉えようとするが、消費者には自社の全貌を見せようとしない。顧客とのリレーションシップや顧客の生涯価値を支配しようとする	消費者も企業の余剰を手に入れることができる。企業とともに価値の恩恵にあずかるのだ。消費者は、経験の中身をすべて理解したいと考える。信頼や親密性は魅力的な経験をもとに培われる。価値を手に入れるうえでは、消費者と企業は競合関係にある
ブランドを生み出し、特徴づけを行い、維持していくのは企業である	経験こそがブランドである。このブランドは共創のプロセスで生まれ、進化する

第8章 新しい戦略的資産を築く

Building New Strategic Capital

まずは、これまでの要点を振り返っておきたい。価値の意味合い、消費者と企業の役割・かかわり合いが変化し、それが将来の競争状況を決定づける。そして、これらの変化は価値創造プロセスを根底から揺り動かしている。

すでに述べてきたとおり、すべての根本にあるのは、価値の性質が変わりつつあるという事実である。現在では価値は、企業が提供する製品やサービスに備わっているのではなく、消費者の経験に根差しているのだ。経験は、企業だけでなく、一人ひとりの消費者、さらには消費者コミュニティから影響を受けるため、消費者と企業が価値を共創するといえる。そのうえ、価値に影響を及ぼすのは一社とは限らない。互いに力を合わせて経験ネットワークを形成する複数の企業から、影響を受ける可能性もあるのだ。このように価値は、個人と経験、両方を土台にして、個々の消費者の実体験から生み出される。企業の主導によって、価値の性質や大きさが決まるわけではない。他方で市場は、共創経験を支えるフォーラムとしての役割を果たす。

以上のような変化の概要を、表8―1に示してある。

◉――コア・コンピタンスの源泉が変わりつつある

表8―1に示した価値創造プロセスの変容は、コア・コンピタンスの源泉が従来とは変わりつつある事実を映し出している。

企業のコア・コンピタンス

一九九〇年前後までは、経営者は大概、企業を「事業ユニットの集合体」と見なしていた。多角化企業には多彩なコア・コンピタンスが集まっているという、新鮮な発想が広まっていた。

コア・コンピタンスは要するに、事業ユニットの壁を越えて組織に深く根を下ろした独自性の高い技能で、競合他社にとっては模倣が難しく、消費者の目には価値の源泉と映る。コア・コンピタンスがあると、自然に成長が促される。製品の小型化を推し進めるソニーの能力、入れ替わりの激しいの従業員を管理するマリオット・ホテルス・アンド・リゾーツの手腕、穀物の加工・取引に携わるカーギルの技能などが、コア・コンピタンスの具体例である。

一九九〇年代にコア・コンピタンスという概念が脚光を浴びると、経営者は企業をコア・コンピタンスの集まりとして捉え始め、事業ユニットから全社へと分析単位を改めた。その頃、もう一つ別の

表8-1｜価値創造プロセスの変容

	企業と製品をベースにした価値創造	個々の消費者と経験をベースにした価値創造
価値とは何か	価値は製品やサービスと結び付いており、製品やサービスを軸に競争が展開する	価値は経験と結び付いており、製品やサービスの役割は、個人やコミュニティの経験を後押しすることにある。消費者経験を軸に競争が展開する
企業の役割	価値の中身を決め、消費者に提供する	個々の顧客を巻き込んで独自の価値を共創する
消費者の役割	企業の提示する製品やサービスを受け身で購入する	積極的に価値を探し、創造し、手に入れようとする
価値創造の考え方	価値を創造するのは企業である。消費者には、多彩な製品・サービスの中から、どれかを選ぶ余地が与えられている	消費者が企業や他の消費者とともに価値を共創する

変化も進行していた。九〇年代以降、社外の供給ネットワークが、コア・コンピタンスの源泉として重要性を増してきたのである。

仕入れ先の重要性

コンピタンスの源泉が社外にも広がりつつある具体例は、私たちの周囲に豊富に見出すことができる。ボーイングなどの航空機メーカーは、部品だけでなく部分組立品《サブアセンブリ》、モジュール、サブシステム、ひいては電子コックピット全体などに至るまで、ハネウェル他の仕入れ先から調達してはどうかと思い至った。その結果、新旧の仕入れ先は、製品や技術の開発面で、顧客企業との連携をかつてなく強め、往々にして、複数企業のコンピタンスを組み合わせない限り実現しないような、複合的な能力を生み出したのだ。たとえばトヨタ自動車は、エレクトロニクスメーカーの雄、ソニーに後押しされながら、消費者習慣についての知識を身につけ、そのノウハウをもとに、ハードウェア、ソフトウェア両分野で新たな強みを培った。トヨタとソニーは先頃、消費者の運転特性に適応できる実験車を共同発表した。

一九九〇年代には、多角化企業の枠を超えて、仕入れ先も含めてコンピタンスの分析が行われるようになった。このため、経営資源を活かし、価値を創造するうえでは、世界各地の優れた仕入れ先といかに取引関係を結ぶかが、重要な意味を持つに至ったのだ。

消費者の重要性

仕入れ先が、コンピタンスの源泉として重要であるなら、消費者も同じではないだろうか。[*1] 仕入れ先、製造委託先、事業パートナー、さらには消費者などの持つ知識全体が、経営者にとってコンピタンスの源だと考えられる。[*2]

いくつかの具体例を考えてみたい。

- 製薬会社イーライリリーは子会社イノセンティブを通して、八〇〇〇人を超える専門家の技能や知識を活かしながら、難易度の異なるさまざまな医薬品関連の問題を解決した。慎重なプロセス管理のもとで社外のコンピタンスを値踏みし、R&D基盤を社外にも広げているのだ。
- ソニーは、プレイステーションをリナックスに対応させるための取組みを開始した。リナックス・

キットを提供して、リナックス対応のアプリケーション開発を後押しすることで、ソニーは消費者のコンピタンスを吸収するとともに、プレイステーションを娯楽空間の主要プラットフォームとして普及させようとしているのだ（イーライリリーが製品開発面ではあくまで自社主導を貫きながら、社外の専門家から知恵を借りているのに対して、ソニーの場合には消費者をじかにプラットフォーム開発に引き込んでいる）。

・レゴ・マインドストームもやはり、イノベーション活動に消費者を引き込もうとしている。マインドストームの利用者は、ＮＱＣ（"Not Quite C"）のようなソフトウェア開発環境の他、ＰｅｒｌやＪａｖａなどのプログラミング言語のカスタム版などを開発した。消費者はこの他にもさまざまな試行をしており、これらの進歩を通してマインドストームの可能性は目覚ましく広がった。

技術の変化を追い風にして、世界規模の知識ネットワークを利用しやすい環境が生まれている。ロスアラモス国立研究所（ニューメキシコ州）の研究資料を例に取りたい。この研究所は、経済、社会、国境などの壁を越えて、世界の誰にでも、著名な科学者たちのコミュニティや研究成果に接する機会を提供している。各研究者は、どのような段階のものであろうと、研究内容を公表してかまわないとされている。同僚による検討が済んでいなくてもよいのだ。この施策への反響はすさまじく、年間に三万五〇〇〇を超える論文が新たに公表され、このアーカイブには週に二〇〇万以上のアクセスがある。[*3]

ロスアラモス国立研究所は、国の違いなどにとらわれない懐の広さも持ち合わせている。伝統的な研究プロセスでは、知名度の低い国や機関からの論文は、あからさまではないにせよ、先進国特有の偏見にさらされる場合が多く、そのハードルを乗り越えて発表に至るのは難しかった。だが、ロスアラモスではそのような心配はない。ここに寄せられる論文のおよそ三分の二は、アメリカ国外からのもので、ブルガリア、コロンビア、キューバ、ウクライナ、イラン、インド、ルーマニア、ロシア、イスラエル、チェコ、ザンビアほか、実に多彩な国々から送られてくる。プラハで物理学を専攻するルーボス・モトルという学生は、ひも理論に関する研究論文を投稿したのだが、この分野の権威をもうならせるほど優れた内容だったため、奨学金を与えられ、アメリカで博士課程に進む機会に恵まれた。このような常識破りの敷居の低さと透明性によって、国境を超えた共同研究が実現し、知の多様化が進んだのだ。

最後に、コンピュータゲームの熱狂的ファンで、『ハーフライフ』の改造版を開発した、ミン・リーを取り上げたい。ハーフライフは、政府研究機関の科学者が侵入してきたエイリアンを撃破して脱出をめざすというゲームで、ゲーム用語でいう「デスマッチ」である。ゲームの世界では、小規模なMOD（拡張ゲーム）が開発される例は珍しくないのだが、ミン・リーは友人たちと緩やかに協働しながら、ハーフライフを土台にして全く新しいゲームを生み出した。こちらはテロリストとカウンターテロリストの戦いという、本家本元とは違ったテーマを打ち出しており、チームプレー、斬新なグラフィックとサウンド、さらには、より強力な武器を購入すると資金を稼げるという仮想経済まで盛り込んでいる。「カウンターストライク」と名づけられたこの新しいマルチプレーヤー・アクションゲームは、多数の熱狂的なユーザーを生み出し、最盛期には利用者は九万人にものぼった（ちなみにハーフライフは約一二〇〇人である）。

カウンターストライクを楽しむには、ハーフライフも購入しなくてはならない。このため、カウンターストライクのようなMODは、ハーフライフ関連の製品ファミリー全体の売上を押し上げ、顧客層を広げる。ハーフライフを開発したバルブ・ソフトウェアは、カウンターストライクの権利を買い取り、それに伴って四〇〇〇万ドルの売上を手にした。バルブのマネージング・ディレクター、ゲイブ・ニューウェルは、「ミン・リーが関心を持ってくれたことは、ハーフライフにとって願ってもない幸運だった」と語っている。*4

これと似た消費者と企業による共同開発は、ゲーム分野ではそこかしこで行われている。世界最大級のエンターテインメント企業をめざすエレクトロニック・アーツは、ベストセラー・ゲーム『シムズ』の拡張版を開発するよう、ゲームファンに勧めてきた。シムズは、各キャラクターの日常生活を操るゲームで、現在では三万種類を超えるMODが誕生している。このためエレクトロニック・アーツは、「シムズ・オンライン」を開発する際に、幅広い創造性やゲーム技能を活かすことができた。

これは、人々が触れ合い、熱中せずにはいられないような新しい経験を生み出す巨大なフォーラムで、エレクトロニック・アーツにとっては、消費者コミュニティを巻き込んでコンピタンス・ベースを拡

図8-1｜コンピタンスの源泉についての考え方

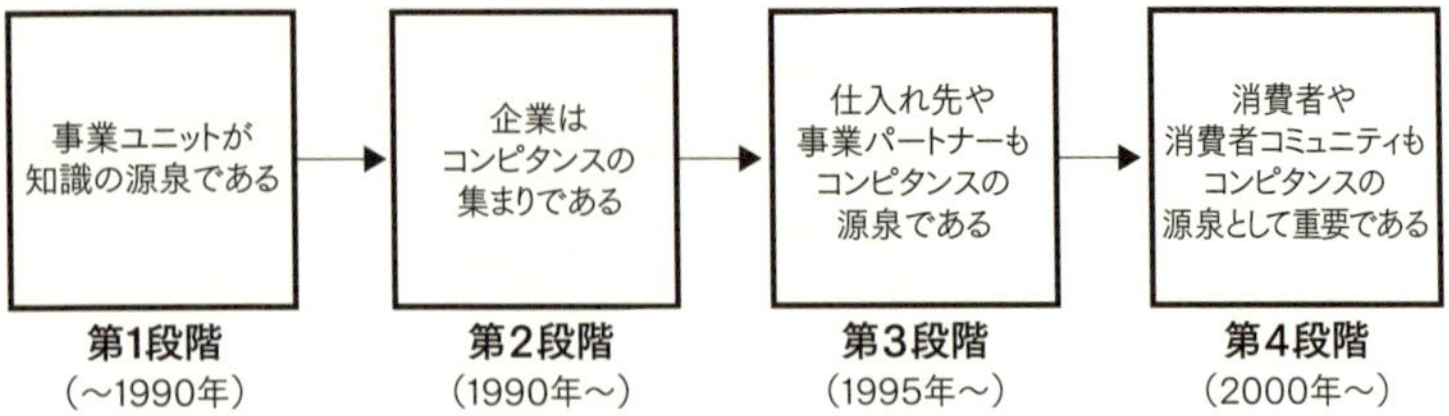
事業ユニットが
知識の源泉である
第1段階
（～1990年）
企業は
コンピタンスの
集まりである
第2段階
（1990年～）
仕入れ先や
事業パートナーも
コンピタンスの
源泉である
第3段階
（1995年～）
消費者や
消費者コミュニティも
コンピタンスの
源泉として重要である
第4段階
（2000年～）

大するのに役立つ。[*5]

多くの企業が、消費者が新しいコンピタンスの重要な源泉だという点に目を覚ましつつある。企業によっては、イーライリリーによるイノセンティブ・プログラムのように、慎重にコントロールを行おうとする企業、あるいはソニーのように、何らかの形で手綱を引いておこうとする企業もあれば、レゴ、ロスアラモス国立研究所、カウンターストライクなどの事例に見られるように、より開放的なアプローチもある。ここからは、簡潔だが深みのある教訓が引き出せる。今日では、仕入れ先から消費者に至るまで、企業を取り巻くネットワーク全体を、コンピタンスの源泉として捉えるべきなのだ。**図8－1**に、コンピタンスの源泉についての考え方がどのように変遷してきたか、その流れを示してある。

大多数の企業は、第一段階から第二・第三段階へと移行する途上にある。この移行は、言葉で述べるほど簡単ではない。まず、事業ユニットや職能グループといった社内の壁を打ち破らなくてはならない。全社をコンピタンスの集合体と見なして、総力を引き出すためには、このステップが欠かせないのだ。一部には、仕入れ先や事業パートナーとの協力関係を強めるほうが、社内の壁を破るよりも容易ではないか、との見方もあるが、企業と消費者を隔てる境界を超えるのは、最大の難関かもしれない。なぜならそのためには、DARTの構成要素、つまり対話、利用、リスク評価、透明性の実現を明確に約束しなくてはならないのだ。

幸いにも、自社単独ですべてをこなす必要はない。すべての分野で世界レベルに到達している企業など存在しない以上、経営者としては、さまざまな工夫を凝らして、消費者を含む外部のコンピタンスを有効活用する方法を探るべきだろう。

その際に、「わが社の発案ではない」という意識が妨げとなるおそれがある。というのも多くの人は、自分たちの部門や社内で生まれた以外のアイデアについては、受け入れ、支援し、広めるのに慣れていないのだ。だが今や、新しいマネジメント手法が求められており、企業の技能ベースについての発想を改めなくてはならない。技能の保有と利用、両方に関して、慣れ親しんだ手法を捨てるべきなのである。

たとえばこれまでは、企業間提携などを話し合う際には、「どちらが過半数を出資するか」が真っ先に問題になるケースが多かった。「五一％」という出資比率には魔力があるようだ。だが本来は、経営資源をどのくらい利用するのか、そのためにはどの程度の出資比率がふさわしいか、といった議論をすべきではないだろうか。「投資を抑え、効果を高める」との哲学に沿って価値創造をめざすのだ。これを実践すれば、仕入れ先、事業パートナー、消費者の力を借りて、経営資源の基盤を何倍にも広

表**8-2**｜**コア・コンピタンスの所在**

	企業単独	企業とそれを取り巻くネットワーク	幅広いネットワーク
分析単位	自社のみ	自社、仕入れ先、事業パートナーを含む価値ネットワーク	自社、仕入れ先、事業パートナー、消費者を含めた全体
経営資源の土台	社内の経営資源	ネットワーク内の各社のコンピタンスや投資力を利用	消費者のコンピタンス、時間、努力などを活かす
コンピタンスの利用	社内に閉じている	ネットワーク内の企業と優先的に連携する	多様な消費者と積極的に対話を続けるためのインフラ
経営者による付加価値	コンピタンスを培う	協働関係をマネジメントする	消費者のコンピタンスを活かし、経験のパーソナル化を実現し、期待をともに形作っていく
価値創造	自律的	協働	共創
緊張関係の原因	事業ユニットの自律性 VS. コア・コンピタンスの活用	事業パートナーとの間で、協働と競争の両方を展開する	消費者との間で、協働と競争の両方を展開する

げられるだろう。これらコンピタンスの源泉をうまく結集・利用すればするほど、この「倍率」は高まる。

言うまでもなく、緊張関係も生まれるため、絶えずそれをマネジメントする必要がある。仕入れ先、事業パートナー、消費者などは、協働する一方で、競合関係にもある。当然ながら、仕入れ先は高価格を、消費者は低価格を希望する。両者とも、共創経験を通して経済価値を得ることができ、またそれを求めるだろう。経済価値の獲得をめぐる競争を繰り広げながらも、力を合わせて価値を共創しなくてはならないのだ。

コア・コンピタンスの所在についての考え方を、**表8－2**にまとめてある。[*6]

すでに一部の企業は、仕入れ先とのリレーションシップから多大な恩恵を得ているかもしれない。その際の考え方は、「より安く、より速く部品を調達しよう」「仕入れ先のコンピタンスを使わせてもらおう」のどちらだろうか。後者の考えを実現するためには、仕入れ先を従来とは違ったレンズを通して眺める必要がある。一例として、仕入れ先を訪問する従業員を増やすといった対応が求められるかもしれない。時間、熱意、知恵などを傾けないことには、仕入れ先がどのようなコンピタンスを蓄えているかを詳しく知るのは難しいだろう。

顧客とのリレーションシップに関しては、CRMシステムや類似ツールの導入を熱心に進めてきたかもしれないが、それらは販売増に主眼を置いている。悪くはないが、それで消費者や消費者コミュニティのコンピタンスを見極められるのだろうか。これを実現するためには、消費者の経験空間を舞台にイノベーションを推し進める必要がある。

◉――イノベーションの軸足を変える

価値の所在は製品からパーソナル経験へと移りつつある。これはイノベーションの軸足が変わるということでもあり、この移行は、製品空間からソリューション空間へ、さらには経験空間へと、いくつかのステップに分けられる。

製品空間

従来の製品中心主義は、特定のマネジメント手法が重んじられる傾向を生み出した。一例としてマネジャーは、技術ロードマップ、製品ロードマップの作成に多くの時間を割く。どういった特徴や機能を、どの順番で開発するか、といった点を決めるのだ。新技術についても時間をかけて検討し、それがどのような特徴や機能につながるか、思いをめぐらす。新製品を納得のいくコストで市場に送り出せるように、仕入れ先を確保し、物流、製造、積載量、機械類、工場の改修などを決定、手配、実行する。このように、製品空間でのイノベーションは、製造や流通の基盤を低コストで組み替えて、製品を市場に送り出すというねらいを持っている。

ここでの主な難題は、顧客セグメントにふさわしい製品をいかに作り出すかである。社内での議論は、新しい特徴や機能をどのような方法でいつ開発し、開発プロセス全体の中にどう段階的に組み込むか、といった点が中心になる。併せて、多大な時間を費やして既存製品の新しい用途を見つけ出し、R&Dや物流への投資を十分に回収しようとする。競合他社と比べて、コスト、効率、品質、多彩さの面でどれだけの成果を上げたかによって、競争優位の大きさや質が決まるのだ。

ソリューション空間

製品空間からソリューション空間に軸足を移すに伴って、事業のあり方がどのように変わるのか、自動車部品製造を例に取りながら見ていきたい。

以前であれば、部品メーカーは特定の部品やパーツだけを納め、納品後は自動車メーカーが自社の責任で全体を組み立てていた。ところが最近は、これに変化が起きている。ジョンソン・コントロールズとリアという自動車部品の大手二社が、部品製造からシステム全体の供給へと事業範囲を広げ、新しいコンセプト、設計、製造、納品にまで責任を負うようになったのだ。こうして、たとえば自動車用シートに関しては、ジョンソン・コントロールズは単にシートを単体として製造するだけでなく、「シートにまつわるソリューション全体」、つまりヒーティングシステム、安全性の確保、娯楽コンポーネント他さまざまな要素を網羅したソリューションを提供している。これなどは、製品空間からソリューション空間への移行を象徴する事例である。

言うまでもなく、ソリューションを構成するすべての要素を一社だけで創造できるわけではない。ジョンソン・コントロールズやリアのような企業が、他の仕入れ先と組んで、仕入れ先のネットワークや階層構造を創り出すのだ。

ソリューション提供者は、過去に蓄積した専門性を土台にして、部品に「形のない知識」を添えて納めるという、独特の持ち味を発揮する。ソリューション空間では、製品の特徴や機能だけでなく、形のない知識も重要な意味を持つ。

このような手法は広く普及しつつある。IBMきっての成長事業、グローバル・ソリューションが、その模範を示している。IBMグローバル・ソリューションは、自社の能力だけに限定せずに、社内外のソフトウェア、ハードウェアを組み合わせて、顧客にとって最適なソリューションを提供しようとしている。要望があれば、資金まで拠出するという。*7

家具メーカーのハーマンミラーは、ミラーSQA（"Simple, Quick, and Affordable"）という事業部を通して、何種類もの家具を組み合わせたソリューションを提供している。小規模企業などに、実質本位で上質な家具を、手頃な価格で迅速に納めるのだ。顧客には、ウェブ上のツールを使って布地、デザイン、仕上げの方法などを指定してカスタム家具を注文する選択肢も用意されている。各地域の代理店はオフィス家具のコンサルタント役も務め、多彩なデザインを3D（三次元）で顧客に紹介する。その後、確実な納期を提示するが、顧客が急いでいる場合にはそれに合わせて代替案を示すこともできる。*8

受注後は、サプライネットという仕組みによって、多数の仕入れ先と連携を取りながら業務を進め、購買、在庫管理、生産プロセスを合理的に運用し、納期の短縮を図る。この結果、業界平均では二カ月近くかかるところを、ハーマンミラーでは五日前後で作業を完了しているのだ。この仕組みによってハーマンミラーは、川下の需要変動を小さく抑え、あらゆる当事者のリスクを軽減している。

ハーマンミラーの事例は、消費者から企業、そしてまた消費者へという受注から納品までのプロセスを、迅速にそつなくこなす重要性をあぶり出している。たとえば、ソリューション空間で「セグメント・オブ・ワン」を実現するためには、チャネルを一方的に押し付けるのではなく、電話、インターネット、セールス担当者との対面などから、顧客が選べるようにすべきではないだろうか。

ソリューション空間への移行は、多くの企業にとって自然な流れだといえ、事業を変革しようとの意識的な試みというよりは、半ば無意識のうちに進んでいく。したがって多くの企業は、形のない知識に適切な価格設定をしないまま、無償で外部に提供しているのだ。ある経営者はこんなふうに述べている。「私たちはいまだにモノ中心の発想から抜け出していない。システムインテグレーションに骨を折っているにもかかわらず、形あるモノからしか対価を得ていないのだ」

この事実は多くの企業に葛藤をもたらしている。顧客はソリューションを求める傾向を強めているが、えてして製品にしか対価を支払おうとしない。経営者はこうした食い違いがある点を心得て、これに耐えなくてはならない。ソリューションの提供に伴って、自社はもとより、川上の仕入れ先にも業務やコストの追加負担が生じており、元請企業が単独でこれを吸収するのは不可能である。このためソリューション空間で他社と競争するには、社外のコンピタンスや投資などに、一層頼らざるをえなくなるだろう。併せて、このようなニーズを満たすために、専門分野に特化したベンダーが登場すると考えられる。

ソリューション空間に軸足を移すと、他社からの模倣をかわしやすい、というメリットがありそうだ。仕入れ先と緊密な関係を築き、仕入れ先のコンピタンスをうまく活用するためには、形式化になじまない知識が求められ、これは容易に模倣できるものではない。つまり、競争相手から身を守るための防護壁ができ、そこから便益を引き出せるのである。

経験空間

ソリューション空間から経験空間へと活動の場を移し、経験のパーソナル化を図るというのは、本書がここまで扱ってきたテーマであるが、大多数の企業にとっては、これ以前の段階と比べてはるかに難易度が高いようだ。というのも一つには、「差別化」の意味を問い直す必要があるからだ。

DARTの要件を満たし、パーソナル経験を実現するためには、「従来とは違った差別化」をめざさざるをえない。多彩な消費者経験に焦点を合わせる以上、経営資源を絶えず組み替え、消費者コミュニティと触れ合い、さまざまな価格設定を受け入れ、顧客の状況に応じてイノベーションを行えなくてはならない。さらに、一人ひとりの消費者の経験がどのように進化しているか、前後の経験がどのように関係し合っているかに、目配りをする必要がある。これらの面で、経営者やマネジャーがどれだけ能力を発揮できるかは、インフラの性質に左右される。インフラに支えられて、新しい事業機会や課題にそのつど目を留められるかどうか、が重要となる。このため、世界中の消費者や消費者コミュニティと積極的にかかわるためには、企業は経験を生み出すためのインフラだけでなく、マネジャーのための方法論も用意しなくてはならない。

ソリューション空間から経験空間へ軸足を移すには、経営者がその意思を明確に示す必要がある。この移行を果たすのは決して容易ではないが、ひとたびそれを成し遂げれば、途方もない競争優位を手に入れられるはずだ。経験空間のマネジメントを通して価値を創造するというトレンドは、事業の仕組み全体に波及するだろう。業界でいち早くこの変革を実現した企業は、他社を大きく引き離す優位性を手にする。

新しい競争空間

従来とは違った場所にコンピタンスを求め、イノベーションの軸足を移すことに力を注ぐと、この二つの取組みをきっかけに新たな視野が開け、競争空間を別の視点で眺めることができる（図8－2）。経験空間が視野に入ってくるのだ。

多くの企業はいまだに製品空間に軸足を置いている。社内のコンピタンスにしか目を向けず、品質、コスト、納期といった切り口で他社と競争している。その一方で、部品やサブシステムの社外調達、グローバル・サプライチェーンの構築、ソリューション空間への移行などを急ぐ企業も少なくない。やがては、すべての企業が経験空間に移行して、価値の共創に携わらざるをえないだろう。ただし問題は、どれだけスピーディにそれを成し遂げるかだ。

顧客の側も進化を遂げている。依然として製品中心の発想をする顧客もいるだろうが、より多くを、つまりソリューションを求める顧客もいるだろう。さらに一歩踏み込んで、パーソナル化された独自の経験を生み出したいと考える顧客もいるかもしれない。企業の進化は、顧客の進化と歩調を合わせながら実現すると考えられる。

一部の企業は、製品空間からソリューション空間へと、苦もなく軸足を移してきた。これは、ほと

図8-2 新しい競争空間

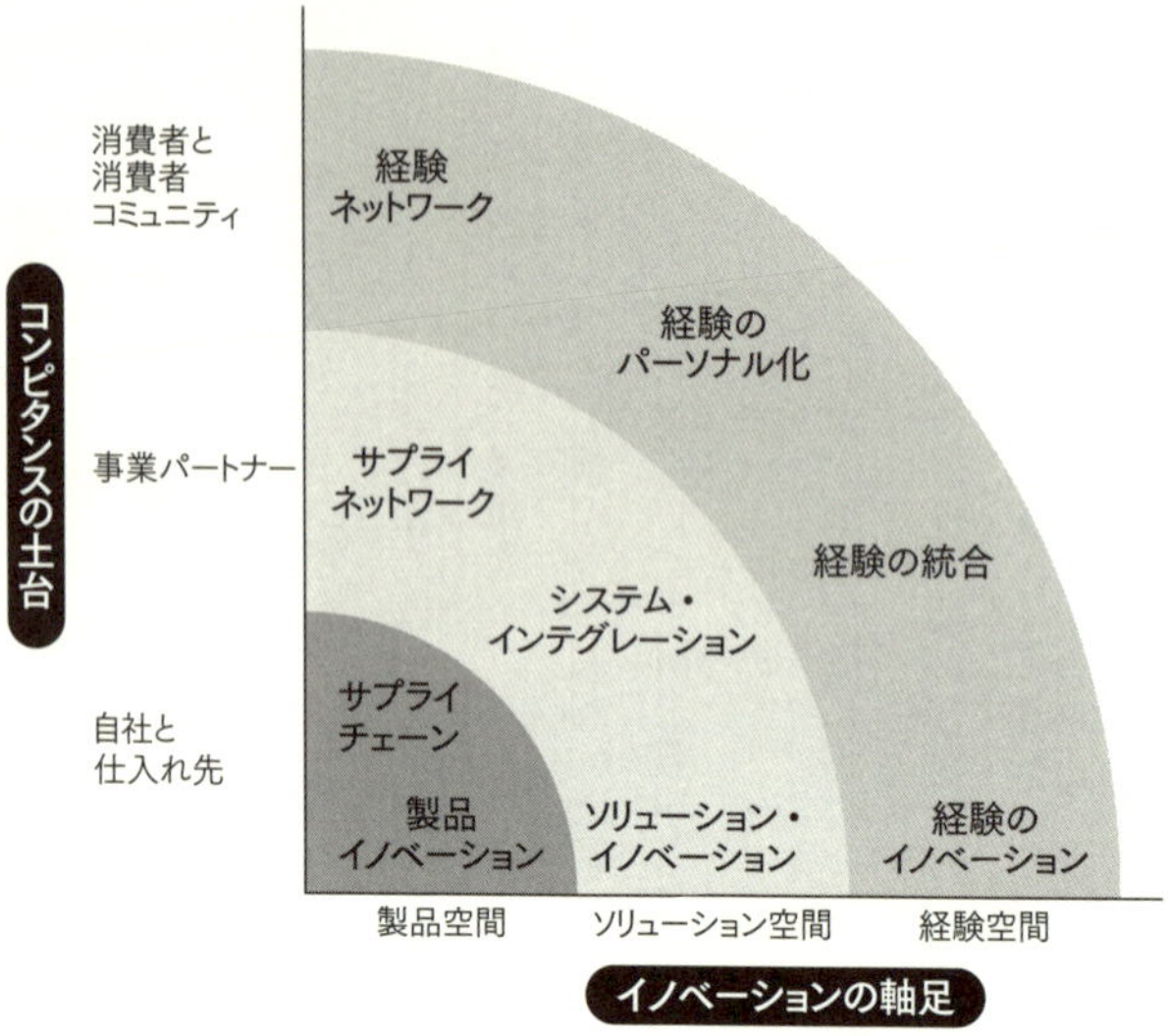

んど気づかないほどの緩やかな変化なのだ。

だが、そこからさらに経験空間へ移行するとなると、事情が異なるだろう。DARTの要件を満たし、経験環境の構築に力を入れるなど、共創の下地を作る作業は、従来のマネジメント体制のままでは楽には進まない。R&D、事業開発、マーケティング、経理、物流、価格設定、ブランディングなど、慣れ親しんだ事業慣行も、共創にすんなりなじむとは限らない。

しかも、従来の体制や仕組みを手直ししただけでは対応できず、すべてを捨て去らなくてはならないおそれもある。船は何世代にもわたって、徐々に洗練度を高めてきた。帆を加え、その設計を変え、船体にも見直しを施し、操縦の仕組みも近代化が図られた。ところが蒸気船が登場すると、時間をかけて積み上げられたこれらの改良は、ほとんどが無意味になったのだ。帆船は今でも使われているが、こと先進国での商業輸送に関する限り、およそコストに見合わない。

ここからは明確な教訓が得られる。既存の仕組みに投資をして、改善や効率向上を図っても、いずれ限界が訪れるのだ。そうなるともはや、仕組みそのものを刷新せざるをえない。価値の共創も、既存の仕組みの限界を打ち破る新しい仕組みとしての意味を持つ。経営者には、従来の船に帆を増やし続けるか、それとも思い切って蒸気船を作るか、という問いが突き付けられている。

筆者たちとしては、多くの経営者が蒸気船を作ろうとすることを願っている。すでに述べてきたように、そうしない限り新しい競争空間では戦えないと思うからだ。経営者は「将来の競争を先取りする」べきで、そのためにはまず、経験空間で価値の共創に携わるのがよいだろう。製品空間やソリューション空間にとどまり、既存の能力をもとに発想していたのでは、十分ではない。要するに、経営者は新しい戦略資産を築かなくてはならないのだ。これは、経験を軸に競争する方法を考え、それに見合った能力を身につける、ということを意味する。

◉――新しい戦略資産を築く

新しい戦略資産を築くためには、競争や価値創造にまつわる既存の手法に挑む必要がある。事業機会の捉え方、コンピタンスの利用、経営資源の活用と組替え、組織力の結集などに新たな発想で取り組み、経験をベースとした価値共創を他社と競うのである。

各企業はこれまで、伝統的な価値創造の仕組みを土台にした競争理論に沿って能力を培ってきており、あなたの会社も例外ではないはずだ。一例として、「競争優位を築けるかどうかはコスト次第だ」と考える経営者は、コストを効果的に管理するためのインフラを築く傾向が強い。たしかにこの一〇〇年というもの、コスト低減と効率向上が戦略上の主な課題であった。リボルバー銃コルトから、T型フォードの組立てラインに至るまで、部品の標準化、垂直統合、プロセスの効率化などが、効果的なマネジメントの支柱であり続けてきた。製品差別化への圧力が強まると、経営者はコスト管理の新手法を編み出した。プロセス・リエンジニアリング、アウトソーシング、モジュール化、プラットフォームの共通化、組込みソフトウェアの開発などである。規模の経済を引き出したいとのねらいから、全国、域内、ひいてはグローバル市場への事業拡大も図った。これらの戦略的アプローチはすべて、「コストが重要である」という、価値をめぐる従来の前提に基づいている。

同じようにあなたの会社や業界の主要施策もみな、暗黙のうちにせよ、価値創造についての重要な前提をもとに出来上がっている。草創期の半導体業界は、経験カーブに沿って時とともにコストが下がるとの前提で、価格を低めに設定した。競争や価値創造についての考え方が明確に示されることは少ないが、そうした考え方がどのようなインフラや行動に支えられているかを理解しておくのは、転換期のマネジメントを誤らないためにきわめて重要である。

今、転換期が訪れているのは間違いない。それを象徴するのが、新しい競争空間の広がりである。

本書は全体として、価値とは何か、価値創造のプロセスはどうあるべきか、といった点についての新しい理論を紹介している。と同時に、競争優位の新たな源泉をクローズアップする役目も果たしている。そこで今日のマネジャーは、日々の課題や責任からひとたび距離を取って、こう自問しなくてはならない。「価値創造に関する新しい考え方は、私たちにとってどのような意味を持つのだろうか」「競争の手法にどう影響するだろうか」

新しい戦略資産が求められているのは、明らかである。ただし、共創を拠り所としながら戦略資産を築き上げるためには、いくつかの課題を乗り越えなくてはならない。

マネジャーと消費者の橋渡しをする

この何十年かにわたって、企業は顧客理解を深め、顧客中心主義を身につけようと努力を重ねてきたが、にもかかわらず、マネジャーと消費者の間には依然として大きな溝がある。理由ははっきりしている。大規模企業のマネジャーは、消費者と同じ目線で事業を捉える機会がほとんどないのだ。あらかじめ決まったスケジュールに沿って時折、重要顧客だけを訪問したくらいでは、消費者が自社との関係でどのような経験をしているかについて、意味ある視点など得られはしない。コールセンターに電話をかけたところ、いつまでも待たされて苛立つという経験は、その企業のマネジャーにとっては無縁だろう。問合せ全体のうち何件がどの程度迅速に解決されたか、などという指標は、決して消費者の本音を映し出したものではない。

大多数のマネジャー、とりわけ上級マネジャーにとっては、消費者経験は遠い世界の出来事なのだ。そのうえ、消費者がそうであるように、マネジャーもまた実に多様で、同じ経験に対して異なった反応を示す。ITシステムは、同一階層のマネジャーはみな同じ情報を必要としているとの前提に立っているが、現実には一人ひとり、異なるマネジメント手法を用いている。このため、マネジャーごとに消費者経験の捉え方はひどく異なるのだ。

最前線の従業員は顧客に近い場所に身を置いているため、顧客の不安などを最も理解しやすい立場にある。航空会社、ホテル、小売店、金融系企業、公益企業、政府機関などでは、顧客との距離が最も近いのはコールセンターの応対者、セールス担当者、顧客サービス担当者などである。ではこうした人々は、誰のどのような声をもとに方針を決めているのだろうか。コールセンターの担当者やセールス担当者が、顧客経験について社内で質問を受ける機会はどれくらいあるのだろうか。一部には、最前線の従業員から意見を吸い上げる仕組みを用意している企業もある。しかし、上級マネジャーがじかにそうした声に接する事例は、果たしてどれだけあるのだろうか。

新たな戦略資産を築くためには、マネジャーと消費者の距離を縮める必要がある。次の第9章ではこれをテーマに取り上げる。

知識創造のスピードを高める

価値の共創に取り組むと、目まぐるしく変化する環境の中に身を置くことになるため、マネジャーは自分の行動を絶えず見直さなくてはならない。さらに重要なのは、リアルタイムでの行動である。新しい事業機会が生じるたび、それに関係した知識を早急に身につけ、意見を統一できるように、社内文化を醸成しなくてはならない。

短期間に意見を統一するためには、技術と組織の両面でインフラ整備が求められる。技術面でのインフラによって、情報の充実度と透明性を確保する一方、組織面のインフラによって、従業員の知識をガラス張りにして、その利用を促すのだ。各企業はオープンな対話、経営資源の利用、リスク評価、透明性、すなわちDARTを実現して、社内のマネジメント体制に根づかせるとともに、顧客との価値共創に際してもこのDARTを十分に活かすべきである。

新しい戦略資産を築くには、短期間で知識を生み出す仕組みが求められる。そのためのカギを握るのは、「マネジャーの知識環境」である。これについては第10章で扱う。

戦略とは発見である

従来、戦略とは競争のルールを理解し、ゲームに勝つためのものだと見なされてきた。各企業が既存の戦略に沿って事業を展開できたのは、ゲームの仕組みや勝つための方法がわかっていたからだ。産業分析、バリューチェーン分析といったツールは、ゲームの仕組みがわかっているとの前提のもとで、うまくポジション取りをすることを目的としている。

このような戦略的アプローチは、三〇年以上にもわたって効果を発揮し続けた。だが一九九〇年前後を境に、競争のルールに変化が起き始めた。規制が緩和され、業界の垣根が低くなり、技術の融合が進むなど、数々の激動を経て、従来の競争手法が有効性を失っていったのだ。規制が緩和されたら、公益企業や航空会社はどう競争を展開すればよいのだろうか。かつてであれば、ゲームのルールが変わったとしても、変更後の状況を予測できたものだ。公益企業のマネジャーは、他産業を参考にして競争の本質を理解できた。たしかに、公益企業は大きな痛みを伴う変化を経験した。しかし、事業の垂直方向への解体（例：発電を送電や配電から切り離す）、市場セグメンテーション、グローバリゼーションなど、変化の中身が何であるにせよ、他産業に目を向ければ、必ず類似の先例が見つかったのだ。公益企業にとっては未知であったとしても、他産業の戦略立案者やマネジャーにとっては既知の事柄で、したがって当然、誰もが知りうる内容だったのである。

ところが、現在起きているのは先例のない変化なのだ。既存の業界や製品が入り交じる「娯楽空間」や「健康空間」では、コンピュータメーカーや医療関連企業などは、いったいどのように競争を展開すればよいのか。娯楽空間、健康空間では、製品やサービスはどのような意味を持つのか。マザーボードやデバイスよりもむしろ、ソフトウェアやインターネット上に知能が宿る、ネットワーク化された世界では、どのような競争戦略を選ぶべきなのか。消費者が製品やサービスをただ受け取るだけでなく、積極性を発揮し始めた場合、競争の手法はどうあるべきか。価値の意味自体が変わり始めたなら、どう対処すればよいのか。消費者を巻き込んで価値を共創するには、どうすればよいのか。共創を軸とした環境では、どのような差別化手法があるのか。これらはみなきわめて今日的な問いで、従来の競争ルールをいくらひもといたところで答えが見つかるわけではない。

価値を共創するためには、マネジャーは経営資源の意味合いや、その獲得・利用法を問い直さなくてはならない。これまでも述べてきたように、消費者も経営資源として位置づけられる。加えて、あらゆる階層の従業員、事業パートナーら、経験ネットワークの参加者はすべて経営資源なのだ。これらの資源をタイムリーに、しかも優先的に利用するためには、経験ネットワーク内の諸関係をマネジメントする方法を、体系的に検討する必要がある。経験ネットワークのインフラ、協働と競争の終わることのないせめぎ合い、価値の創造と確保などをうまくマネジメントできれば、競争優位の源泉となりうる。本書でも、これからの競争がどのようなものになるか、その概略を述べてきた。

それに対応する新しいルールと戦略を編み出すのは、皆さんの仕事である。変化は始まったばかりであるため、最終的な到達点がどこかについて、十分な予測、理解、説明などはできない。あくまでも現時点で確かだと思われる基本点、とりわけ、ユニークな価値の共創をめぐる競争がどのような力によって引き起こされているか、を紹介できるだけだ。新しい環境では、競争のルールは不透明で、選択肢が定まっているわけでもない。このため戦略立案者は霧の中をうまく進むことをめざす必要がある。戦略を立案するには発見の精神が求められる。実験や分析を行い、その成果を総合的に捉え、さらに試行錯誤を重ねていくのだ。これについては第11章で詳しく説明したい。

将来に向けて新しい能力を身につける

経験のパーソナル化をテコとして企業と消費者が独自の価値を共創するというフロンティア空間では、R&D、市場調査、広告、製造、物流に至るまで、これまで大切にされてきた多彩なマネジメント慣行の真価が問われる。従来のままで生き続けるものは、一つとしてないだろう。ただし変更の度合いはまちまちで、何より大きな変更が求められるのは人材マネジメントである。

マネジャーはまず、各職能分野での従来の手法が価値共創や新たな競争形態にとってふさわしいかどうか、見極めるべきだ。フロンティア空間への移行に際しては、インフラ力の整備も欠かせない。企業が新たな競争力を培ったとしても、価値共創を通した事業機会をつかみ取るには、従来とは違った企業ガバナンスの方法が求められるだろう。共創時代には、変化があまりに激しく、当事者同士がどうしても対立しがちであるため、ガバナンスをいかに適正に成し遂げるかが、大きな課題として持ち上がるはずだ。職能、インフラ、ガバナンスの各分野でいかに将来に向けた能力を築くべきかは、第12章で述べることにする。

次の第9章では、価値共創に取り組む場合、マネジャーの役割は従来とどう異なるのかを見ていく。ただしその前に、ご自身の組織が新しい競争空間でどのような事業機会と課題に直面しているのか、ぜひとも考えていただきたい。どのような戦略資産を築くべきか。そのために足りない能力は何か。このような問いかけをしておくと、次章以降をすんなりと読み進めることができるだろう。

第9章 マネジャーは消費者である

Manager as Consumer

独自の価値を消費者と共創するためには、新しい能力が求められる。消費者と経験ネットワークとのかかわり合いを理解し、適応しなくてはならないのだ。マネジャーにとっては、消費者の立場から事業とかかわり理解する必要性が高まっていく。抽象的な数字や図表を眺めているだけでは足りない。[*1]

中規模以上の企業のマネジャーが、個人商店主並みに事業理解を深めるためには、いったいどうすればよいのだろうか。ラインマネジャーが、消費者の不安や望みを肌で感じ取るには、どういった方法があるのか。どうすれば、消費者と同じ経験を絶えずリアルタイムでたどれるのだろうか。

誕生間もない共創空間では、消費者の経験にじかに影響を及ぼし、価値の共創を促す力を持った従業員は、全員がラインマネジャーと位置づけられるだろう。企業は、すべてのマネジャー、とりわけラインマネジャーが消費者と同じ経験をして、これまでにない優れた成果を発揮できるように、情報インフラを整備すべきである。

◉―――リアルタイムのEQMを実現するインフラ作り：ERの事例

街中にある慌ただしい病院の緊急救命室（ER）の事例を通して、マネジャーと経験空間のかかわりを見ていきたい。この病院では、ご多分に漏れず、患者の四〇％ほどがまずERに運び込まれてくる。そこでマネジメントの観点からは、医療水準を保ったままで高い効率性を発揮して、できるだけ早く患者をERから他に移すことがきわめて重要になる。ところがERでの患者のニーズはまちまちで、事前の予測は不可能であるため、あらかじめ手順を決めてそのとおりに措置を行うわけにはいかない。銃弾を受けた、心臓発作に見舞われた、腕を骨折したなど、状況に応じて医療ニーズは千差万別なのだ。ただし、複数の医師、看護師、技術専門家などが措置に当たり、患者を院内で移動させながら診察、検査、治療といった複数のプロセスをこなさなくてはならない点は、すべての事例に共通している。

テレビドラマと同じように、現実のERも実に慌ただしく、混乱しているように見える。患者の経過、何種類もの検査結果、病室の空き具合などは書類、パソコン、ホワイトボードなどで管理される。患者は容態が悪くて話ができないことも多く、家族や友人は心配そうに廊下で待ちながら、急ぎ足に通り過ぎるスタッフから何とか患者の様子を聞き出そうとする。

仮にあなたがERの管理者だとしたら、瞬間瞬間に何が起きているかをどう把握するだろうか。二日前のデータをさかのぼって分析したところで、今そこにある課題の解決に役立つわけではなく、まして患者により良い経験をもたらすうえでは全く意味がない。リアルタイムで患者への対応を改善していくためには、具体的な気配りが求められる。長く放置されたままの患者はいないだろうか。医師、看護師、救命士たちは、必要なものをすべて手にしているだろうか。ERの威力をフルに発揮できているだろうか。レントゲン室の前に長い行列はできていないか。

さらには、看護師長、ER室長、副院長など、病院のマネジメントに携わるさまざまな職階の人々は、どれだけ患者やその家族、救命士、医師、研修医などの立場に立って物事を見ているだろうか。ヒルダ・シュミットという患者は四五分以上も、何の措置も受けないまま待たされているのではないだろうか。病院の経験ネットワークとのかかわりを彼女の立場から理解するには、どうすればよいのだろうか。

あなたは今この瞬間にこうした環境に置かれていて、すぐに何らかの対処をしなくてはならない。さて、どうするだろうか。たとえばあなたが看護師長だったとしよう。夜間シフトの看護師が、体調が悪く今晩は当直は無理だと電話をかけてきたが、病院の近くで大火事が発生して、煙に巻かれたり、やけどを負ったりした人々がERを埋め尽くしている。しかもあなたはERの責任者でもある。他の患者への対応水準を落とさずに、必要な人材を確保できるだろうか。

この頃、ERの最前線からやや離れて業務に当たる副院長は、別の問題に頭を悩ませていた。患者が来院してから診療を受けるまでに、平均でどれくらいの時間がかかっているだろうか。時間がかかりすぎる原因箇所があるとすればどこか。患者の来院・収容と受付だろうか。医師、病室、検査などの順番待ちだろうか。医療費は誰が支払うのか。医療保険の補償額は増減どちらの傾向にあるのだろうか。ERは病院全体の中で稼ぎ頭だろうか、それとも赤字を垂れ流しているのだろうか。その理由は何か。

情報システムを充実させるとしたら、そのねらいは看護師、救命士、医師などの代役をさせることではなく、患者のその時々の経験をもとに、小さな危険信号を見落とさないようにすることでなくてはならない。つまり、具体的な共創経験を意識しながら情報を入手・活用すべきなのだ。マネジャーがこのような状況でどれだけの成果を上げられるかは、患者が何に困っているのかに思いをめぐらせ、即座に手を打てるかどうかにかかっている。

これを実現するためには、患者の来院、受付、レントゲン室への入室といった出来事と、待ち時間、診療にかかった時間、来院してから帰るまでの合計時間などの尺度の両方を切り口として、情報システムを構築しなくてはならない。イベントを切り口とした情報を、場所や時間といった具体的内容とともに、ラインマネジャーがリアルタイムで把握できる必要がある。具体例を示せば、「水曜日の午前中は、レントゲンの待ち時間が平均で四五分もかかっている」「患者にベッドを割り当てるのに、三〇分以上を要している」といった具合である。

この他、過大な業務負担にあえぐ医師、不安に駆られる患者、焦りを募らす救命士など、さまざまな視点からERの現場での経験を捉える能力も、マネジャーには求められている。関係者と連絡を取り、歩調を合わせながら、そのつど持ち上がる難題に即座に適切な対応をする必要もある。消費者にとって消費者コミュニティとのかかわり合いが重要なのと同じく、マネジャーもまた、業務に携わる人々とコミュニケーションを取り、新しい知識をともに築き、より良い消費者経験を生み出さなくてはならない。

マネジャーは、消費者と自社との交流をリアルタイムで実体験し、その意義を理解・評価できなくてはいけない。リアルタイムの情報が入手できたとしても、文脈情報が欠けていたのでは無意味である。経験から学ぶには、イベントを切り口とした情報をもとに、それぞれのイベントを頭の中で再現できる必要があるのだ。リアルタイムで手立てを講じるというのは、後になってから個別の事例を分析して、傾向を見出したり、仮説を立てたり、わかったことをまとめたりするのとは異なる。マネジャーが共同クリエイターをめざすのなら、分析力だけでなく、走りながら適切な手を打てる力を磨くべきだろう。

ERにかかわるすべてのマネジャーが、このような能力を活かせなくてはならない。その能力とは医師、看護師、救命士、受付担当者、患者の移送や器具その他を運ぶ看護助手など、より良い消費者経験（患者経験）の実現に携わるすべての当事者の力を指す。

では、現実のERのラインマネジャーは、以上で取り上げた能力すべてを利用できるかというと、通常はそうではない。それは何も技術上の理由だけによるのではない。価値創造の中心が、企業と消費者をつなぐさまざまな接点の間を移動するにもかかわらず、マネジメント体制がそれに対応できていないのだ。そこで新たな課題が持ち上がる。心臓ペースメーカーのようなスマート製品［周囲と情報を交換できる高機能製品］は、消費者と情報をやり取りしているわけだが、こうした組込み知能に匹敵するマネジメント能力はどうやって手に入れればよいのか、という課題である。そこで各企業は、マネジャーたちが顧客と接するたびに何かを学び、それを行動に活かせるよう、環境づくりをしなくてはならない。

マネジャーに「組込み知能」を提供する

カナダの通信会社ベル・カナダは、従業員と消費者の交流に関する実験を行っている。そこで、同社のフィールド技術者がどのようなニーズを持っているかを考えたい。フィールド技術者たちは、入力媒体付きの小型コンピュータ、フラットパネル・ディスプレー、携帯電話など、さまざまな機器を身につけている。これらがあれば、顧客先にいても自社の技術情報や同僚の知恵を利用できるのだ。たとえば、最新の請求書をプリントアウトするのも可能だ。空港でレンタカーを返却すると、その場で受取証が発行されるのと同じである。ベル・カナダの技術者は、出先から作業の順番を確認することもできる。すでに第6章で紹介したとおりメキシコのセメックスは、顧客の注文内容が変わるたびに、まるでタクシー会社のようにトラックを配車し直すが、ベル・カナダでも、突然の故障や降って湧いたサービス上の問題に対応するために、フィールド技術者の予定を柔軟に変更しているのだ。そのうえ、技術者は実際に作業を始めた後も、たとえば電柱のてっぺんに付いた中継器への台風によるダメージを分析する間にも、各種機器を介して技術設計図を参照できる。*2

この実験が進むにつれて新たな能力が培われ、場所やタイミングごとに異なった状況に遭遇するたびに、その能力の有効性が検証されるだろう。想像していただきたい。フィールド技術者はみな、他の技術者や従業員の専門的能力を利用できるのだ。従業員たちが共同で、実際のサービス場面に応じて知識を創造するのである。時には、他のラインマネジャーがサービスに介在して、顧客にみずからサービスを提供する場合もあるかもしれない。ウェアラブル・コンピュータや移動通信の発展によって、このような機会が広がるだろう。情報インフラの改善を進めれば、ベル・カナダは独自の消費者経験を生み出し、併せて生産性の向上も成し遂げるだろう。つまりすべての企業は、一人ひとりのラインマネジャーが学習や行動の効果を高められるように、マネジメント環境を整えるべきなのだ。マネジャーたちは同僚、顧客、仕入れ先、さらには興味・関心や専門性で結ばれたコミュニティから、新しい事柄を吸収する。技術がこの学習プロセスを支えるはずである。

イベントを核にして体系的に知識を創造するのは、実に骨の折れる仕事だ。大多数の組織は、学習スピードが遅いという体質に染まり切っているため、これを克服しなくてはならないのである。実践コミュニティを活性化させるには、マネジャーたちが互いに、そしてまた技術インフラとどのようにかかわりたいと考えているのか、理解する必要がある。それを実現するためには、消費者との価値共創を実現する際と同じように、ＤＡＲＴ（対話、利用、リスク評価、透明性）を整備すべきだ。

◉——マネジャーが消費者の立場に身を置くためには

マネジャーが消費者、さらには価値共創に携わる重要な当事者と経験を共有するためには、三つの基本条件を満たす必要がある。

・マネジャーは、消費者経験について、イベントを軸としたリアルタイムのデータをできる限り豊富に入手すべきである。

・業務全体を管理するのが仕事だとしても、消費者がどのようなイベントを経験しているか、具体的に理解して、場合によってはみずから関与しなくてはいけない。「今日はヒルダ・シュミットにどのような対応をしたか」という問いかけは、「今週の業務全般はどのような状況だったか」と同じくらいの重みを持つのである。

・必要に応じて経営資源を動員あるいは組み替えて、状況に迅速に対応しなくてはいけない。

一言で述べれば、価値共創で高い成果を上げるには、マネジャーには俊敏さが求められるのだ。素早く動いて、マネジメント行動のサイクル時間を短縮するのである。この能力は従来にも増して重要になってきている。これまでは、マネジャーの対応が遅れた場合には、支出が増え、利益機会が失われていた。売上の減少を放置すれば在庫が積み上がり、売上増にすぐに対応しなければ品切れを招いて販売機会を逸する。しかし最近では、利幅が薄く競争が熾烈をきわめているため、マネジャーの対応が後手に回った場合には、取り返しがつかなくなるおそれが高まっている。では、俊敏さを支える要素とは何だろうか。俊敏さを追求する際に、マネジメント環境はどう影響するのだろうか。既存の情報インフラは俊敏なマネジメントを後押しするだろうか。[*3]

私たちの考えでは、俊敏さを発揮できるかどうかは、何よりも、ラインマネジャーが需要変動に素早く対応する態勢を整えているかどうかにかかっている。加えて、ラインマネジャーは消費者と同じく十人十色だという点も、忘れてはならない。同じ出来事に遭遇しても、反応は一人ひとり必ず違うはずだ。したがって、多彩なラインマネジャーのニーズに応えられるマネジメント環境を整えるかどうかで、俊敏さの度合いは異なってくる。

◉――マネジメント環境を整える

さて、十人十色のラインマネジャーが持つ多彩なニーズに応えるためには、どのようにマネジメント環境を整えればよいのだろうか。以下、重要なポイントを押さえていく。

経営資源をスピーディに組み替える

第6章でも述べたように、経験の品質管理（EQM）を実践するためには、経営資源を臨機応変に組み替える必要がある（セメックス、ZARA、REI、リフレクト・ドットコムなどの事例が示すとおりである）。当然ながら、これは物流や製造のインフラにも影響を及ぼす。在庫の移動、生産の拡大、セールス担当者の配置替え、コミュニケーションプログラムの中断や内容の再検討、事業ユニット間の連携などが必要になるのだ。言葉を換えれば、仕入れ先や顧客との間だけでなく、社内での協働を通して価値を共創する能力が求められている。

刻々と状況が変わる中で、行動に要する時間を短縮できるかどうかは、消費者との接点で生じるさまざまな問題の本質を理解し、対応について当事者すべての了解を得られるかどうかによって決まる。そのためには、マネジャーの手元に文脈を伴った情報が届くことが重要なのである。

文脈を伴った情報を手に入れる

情報がなければマネジャーは行動できない。ただし、文脈の欠落した情報では意味がない。ここでの文脈とは、対応を必要とする具体的な懸念や問いを指す。

グローバルに活動するセールスマネジャーを例に取りたい。このセールスマネジャーが、先週の売上が予測の八〇%を下回った支店があるかどうか、あるとすればどこかを知りたいと考えているとしよう。この場合、文脈は三つの要素から成り立っている。主題（予測と実績の差）、時（先週）、場所

（全世界の支店）である。併せてこのマネジャーは、該当の地域に関して、自社と競合他社がそれぞれどのような販売促進を展開しているか、実績が予測を下回るというのが一時的な事態なのか、慢性化しているのかなども知りたいと考えているかもしれない。

この事例が示すとおり、俊敏さを持ち味とするマネジャーは、絶えずさまざまな問いを抱き、その答えとなりそうな情報を求めている。しかもその問いは、中身が明確なものもあれば、漠然としたものもある。このセールスマネジャーは、おそらく次のような疑問を抱いているだろう。「一部の地域で売上が低迷したのは、最大のライバル企業が新学期キャンペーンを展開したからだろうか」「異常気象が原因なのだろうか」「あるいは、人口構成の変化など、時代の流れが主な原因か」

このように、文脈を伴う情報とは、単なる取引データ以上のものを意味する。取引データとそれ以外のデータを十分に見比べながら、その時々の疑問への答えを見つけ出す必要があるのだ。この能力を培うには、技術や人間関係の面でさまざまな課題を乗り越えなくてはならない。

自然史博物館の運営という「産業」を考えてみたい。世界中の自然史博物館には、合計で三〇〇万点を超える動物、昆虫、植物の標本が保存されている。そして大多数の博物館が、コレクションに関する情報をデジタル化して、オンラインでの参照を可能にしている。アメリカ、カナダ、メキシコの博物館の間では、ＸＭＬフォーマットを使ってこのデータを共用しようとの動きも見られる。データベースの共用化は、動植物の多様性についての研究を前進させるだろう。[*4]

ここで、仮に私が博物館のマネジャーで、シカゴの森林に悪影響を及ぼしてきたカミキリムシをアジアで展示する、という任務を与えられているとしよう。この仕事によって私はマネジメント上、特定の文脈を与えられた。ネットワークを介して、多くの自然史博物館のデータベースを利用できるため、簡単にしかもすぐに多彩な情報を手に入れられる。だが、カミキリムシの生態系を示す対話型モデルを展示するためには、いくつかの具体的な疑問を解消する必要があり、データベースを参照しただけでは直接的な答えは得られそうもない。館内や他の博物館には貴重な資料があり、専門家もいるとわかっている。そこで私としては、それらに頼って、できるだけ早く文脈にふさわしい知識を身につけたい。以上から、最大限の成果をめざすなら、マネジメント環境にさらに別の要素を加える必要がありそうだ。

新しい知識と洞察を生み出す能力

真の俊敏性を得るには、文脈を伴う情報を手に入れる必要があるが、それだけでは不十分だ。マネジャーたちは、情報システムを自在に操って、新しい問いかけをしたり、仮説を立てたりできなくてはいけないのである。ここでは、「マネジメント上の直感を磨き、アイデアを次々と検証する能力を育てるためには、どのように情報インフラを築けばよいのか」という疑問が持ち上がる。

さらに大規模企業では、ラインマネジャーが単独で動くことはまずない。通常は、別々の拠点にいる多数の同僚と歩調を合わせるものだ。他のマネジャーと連絡を取って彼ら・彼女らの技能や専門性を活用し、力を合わせながらリスクを見極め、状況と取るべき対応について合意を形成する。

そのためには、情報システムを駆使してデータベースやアプリケーションの迷路を進み、時として捉えどころのない問題に答えを見出さなくてはならない。情報システムを用いて曖昧な問いに答えるのは、決して容易ではない。たとえば、M&Aを通して成長してきたグローバル企業では、売上の予測と実績を調べるのに、二五もの異なるデータベースやアプリケーションを使わなくてはならないかもしれないのだ。そのうえ、システムから迅速なレスポンスが得られなければ、ラインマネジャーは、最新の課題を追求することも、仮説を立てることもできないだろう。考えや疑問をアナリストに示しても、三日後にならないと返答がないようでは、誰も満足しないはずだ。そこで重要なのは、情報システムを使ってどう独自に知識を生み出し、課題に素早く対応するかである。

協働や合意形成を、社内だけでなく、上得意客や仕入れ先など社外の関係者も巻き込んで行う場合には、さらに幅広い問題に直面する。博物館のマネジャーは、外部の知識源と足並みを揃えながら仕事をしなくてはならないのだ。目標、価値観、興味などの異なる複数のグループや組織の技能やアイデアをうまく活かすには、どのように対話の土台を設ければよいのだろうか。経験を共創するためには、ラインマネジャーは社内の情報はもとより、消費者を含むネットワーク全体を利用できなくてはならない。

◉――マネジャーは十人十色だという事実を受け入れる

繰り返しになるが、マネジャーが一〇人いれば一〇通りの考え方がある。情報をどう利用するか、どのように着想を得るか、行動への合意をどう形成するかなど、すべての面で人それぞれなのだ。にもかかわらず、マネジャー向けの情報システムを開発する際には、これらの違いに起因する諸問題が無視される、あるいは最小限しか考慮されない傾向がある。一例として、「セールスマネジャー」という職能と階層で一括りにされたグループに関しては、一般にニーズが十把ひとからげに捉えられる。たとえ実際には、同じセールスマネジャーという肩書でも、人によってニーズに大きな開きがあったとしてもだ。

ITチームがニーズの多様性に対応しようとすると、多彩な機能や特徴をシステムに盛り込むのが一般的である（製品多様化への試みを思い出していただきたい）。だが残念ながら、これではシステムが複雑になるだけで、マネジャーたちの複雑な要望には応えられない。

ここでの「個別対応」は、特定のグループの要望を満たしたり、その利用者層に向けてカスタマイズ化を図ったりするのとは違う。「その時々の文脈」がどうか、個々のマネジャーがどのように情報を手に入れ、そこから発想を広げ、活用するか、といった点への配慮が求められるのだ。言葉を換えれば、マネジャーが経験ネットワーク内で仕入れ先、事業パートナー、消費者などと協力しながら価値を共創するのを、助けられなくてはいけない。

真の個別対応を実現するには、なぜマネジャーのニーズが一人ひとり異なるのか、その根っこを理解しておくべきだろう。

知識分野と洗練度

各マネジャーの持つ知識は、分野や洗練度がまちまちである。このため同じ情報システムであっても、一時間で使いこなす人もいれば、二日間かかる人もいる。しかも、熟達したマネジャーであれば、自分の望む機能を利用して満足するだろうが、そうでない人は望んでもいない機能に延々と時間を費やして、苛立ちと反発を募らせていく。操作を必要とするITシステムは、利用者の知識分野や洗練度などにばらつきがあるという実情に対応しない限り、高い成果にはつながらないはずである。

リアルタイムで行動しようとの意欲

先に紹介したセメックスを再び取り上げたい。セメックスの企業哲学は「全世界でマネジメント標準を徹底させる」というもので、CEOのロレンソ・サンブラノみずからそれを率先垂範している。製造施設では、品質管理レポートが自動出力される。機械が生産ラインからサンプルを抽出・分析して、その結果をレポートする。マネジャーたちは、コンピュータ・ネットワークを介してその内容を参照できるのだ。サンブラノもこのネットワークを利用して売上データ、セメント炉の温度などを確認し、マネジャーたちに各部門の業績についての説明を求める。マネジャーたちは、この仕組みができたために突如として、業務に精通しなくてはならないという強烈なプレッシャーにさらされた。

この仕組みが導入された当初、マネジャーたちの間には抵抗感が広がった。とりわけ、リアルタイムに近いペースで仕事をするのが嫌な人々は、強く反発したものだ。しかし、一部には改善へ向けて努力を始める人々もいた。現在セメックスでは、リアルタイム対応へのプレッシャーを覚悟し、その期待に応える心構えのできた者しかマネジャーに就任できない。

対話への意欲とニーズ

価値の共創に携わろうとするなら、個々のイベントとその文脈をめぐって、関係者と対話ができなくてはならない。裏を返せばこれは、さまざまな知識源、つまり最新のベスト・プラクティスを実践するコミュニティなどと接点を持ち、その知識を利用できなくてはいけないということだ。さらには、文脈に合わせて、一人ひとり、あるいはプロジェクトごとに異なる対話が実現できる必要がある。

たとえばハーレーダビッドソンのマネジャーや主な仕入れ先は、「ライド」と呼ばれる協働のための環境を利用できる。ライドのねらいは設計や開発を円滑に進めることにある。ただし、各人が関係者とどのように対話するかは、その時々の文脈に応じて異なる。Vロッド・バイク向けにＥＦＩ(Electronic Fuel Injection)エンジンを開発していた折には、ハーレーの技術者やマネジャーは、デルファイ・オートモーティブ、さらにはヨーロッパのポルシェ、マグニエッティ・マレリといった企業と協働していた。ところが、自動車向けシステムをオートバイに転用しようとのデルファイの試みが挫折したため、チームは一からシステムを再検討する必要に迫られる。これは、重要な部品の開発を他社に委ねざるをえないことを意味した。こうして、プロジェクトの進行とともに、対話の必要性が大きく増したのだ。*5

試行錯誤への意欲

試行錯誤への意欲も、マネジャーごとに大きな開きがある。イノベーションをめざすと、当面の業務効率が落ちるというのが、理由の一つとして挙げられる。マネジャーは従来、取引や業務プロセスの効率向上に懸命に取り組んできた。ただし、俊敏さを身につけるためには試行錯誤への意欲も必要で、試行錯誤を実践すると少なくとも短期的には効率が下がる。各マネジャーが効率を犠牲にしてでも試行錯誤に踏み切るかどうか、どのようにそれを実行するかは、文脈に応じて決まる。

長い目で見れば、イノベーションと高効率は両方とも達成しなくてはならない。ハーレーダビッドソンがVロッド・バイク向けにEFIを開発する過程では、間違いなく試行錯誤が求められた。社内外の技術者が計画内容、ファイル、設計図、オーディオクリップ、ビデオクリップなどをリアルタイムで活用し、絶えず新しい知識を生み出せる必要があったのだ。ただしこれによって、関係者が協力しながら試行錯誤を行い、貴重な経験を積んだため、それまでにない強い信頼関係が築かれ、やがては製品開発の効率が目覚ましく向上したのである。

リスクを恐れない

マネジャーの判断を論じる際、リスクへの姿勢はえてして見落とされる。売上の予測と実績に関する事例を再び取り上げたい。チリなどの小さな市場で、先週の売上が予測の九〇％以下にとどまったとしよう。この場合、生産スケジュールを変更すべきだろうか。それとも、別の週に予測を上回る売上を達成すれば、それでマイナス分は帳消しになると考えて、これまでどおりの生産スケジュールを貫くべきか。マネジャーによって、全社売上に占めるチリの比率が小さい点に着目する人もいれば、そうではない人もいるだろう。

◉――マネジメント経験を取り巻く能力

以上で、マネジャーの多様な行動に対応できるようにマネジメント環境を設計しておくことの重要性は、理解していただけたと思う。そこで次に、リアルタイムで情報を提供するためのインフラに欠かせない能力を、一つずつ紹介していきたい。

各マネジャーに判断を任せ、なおかつ全体の足並みを揃える

ご存じのように、マネジャーは十人十色である。同じ問題に直面しても、対応はさまざまなのだ。各マネジャーは、裁量を与えられ、自分らしさを活かした行動ができるべきである。ただし同時に、

どの階層のマネジャーも、会社の大きな方向性に従わなくてはいけない。つまり、各人の持ち味と全体としての整合性をうまく調和させる必要があるのだ。

経験を心の中で思い描く

マネジャーは、顧客経験、顧客が直面する現実をハートで理解しなくてはいけない。報告書に目を通しても、顧客の本音は伝わってこない。情報システムを通して画像や音声、そして可能であれば文字情報にも接するべきだろう。さらには特定の場所でどのような活動が行われているか、その本質をリアルタイムで捉えられれば、理想的である。

このように五感に訴える豊富な情報があると、マネジャーは自分たちが管理する活動に関して、的を射た明快な問いを展開できる。ER（緊急救命室）のマネジャーは、画像や音声を通して、「第二病棟の看護師ステーションでトラブルが起きているらしい。患者情報を参照するためのコンピュータがダウンしてしまったようだ。どのような対応がなされているだろう。ダウンは長引きそうか、それとも影響は午前中だけで済みそうだろうか」というように、現状を把握・分析できなければならない。

二〇〇二年に公開されたスティーヴン・スピルバーグ監督の映画『マイノリティ・リポート』を覚えているだろうか。トム・クルーズが演じる主人公は、犯罪を未然に防ぐという使命を与えられる。特定の場所で特定の時間に起きるであろう出来事――この場合は犯罪――を分析、スピーディに再構築して、仮説を立てて即座にアクションを起こす。マネジャーとしてあなたは、消費者経験を思いどおりに再構築して、機会や課題に効果的な対応ができるだろうか。重要なのは発見と行動だ。マイノリティ・リポートのトム・クルーズとは違って、企業マネジャーはこれを、消費者と経験を共創する中でリアルタイムで行わなくてはならない。これを実践する能力があれば、マネジャーは消費者経験にみずから参加して、その時々の消費者とのかかわり合いを体験できるのだ。

イベントや評価尺度をさまざまなレベルで捉える

マネジャーは、詳しさの異なるさまざまな情報を利用できなくてはいけない。仮にERが、骨折患者のレントゲン結果が出るまでに時間がかかりすぎる、という問題を抱えていたとしよう。私がERマネジャーなら、この事象をいくつもの部分に分解して、レントゲン室の管理、レントゲン・フィルムの現像、その後の情報の流れといった諸段階のどこに原因があるのか、見極める能力が求められる。どこに原因があるかによって、解決策は大きく違ってくる。他方、私が副院長の立場であれば、ここまで細かい情報には関心を持たないかもしれない。業務処理量を全体として増やせればそれでよく、患者がERにとどまって処置を受ける平均時間がわかれば、十分かもしれないのだ。

多彩な目的に対応した情報システムが求められる

同じ組織に属していても、マネジャーごとに情報ニーズは異なるだろう。他のマネジャーとどのくらい意見を交わしているか、どのような行動を起こせるか、といった点がまちまちなのだ。四つのE

Rを新設するのと、たった今運び込まれてきた心臓発作の患者に看護師を割り当てるのとでは、取りうる選択肢が違う。このためマネジャーには、同じ出来事をさまざまな視点から眺める能力が求められる。

とはいえ、いくつもの出来事を共通の文脈の中で捉えることも欠かせない。一人のマネジャーが、その時々で異なる役割を担う場合もあるのだ。日常業務に没頭していたかと思えば、次の日にはヒト、モノ、カネの最適化に心を砕き、さらに別の日にはその計画や配分を考える、といった具合である。したがって情報システムは、整合性と一貫性を持ちながら、同時に、業務の重点が変わるのに応じて、その時々の役割に合った情報をマネジャーに与えなくてはならない。

型にはまらない新しい疑問を抱く

型にはまらない新しい疑問を抱くというのも、マネジャーの重要な役割である。このような疑問は、えてして事実データではなく直感に基づいていて、漠然としている。ところが残念ながら、従来の情報システムは、型どおりの質問にしか答えられない。

具体例を挙げよう。予測と実績を分析して、両者の差が何に起因しているかを特定するという従来型の作業は、実に容易で、しかも重要な意味を持つ。とはいえ、このような分析が新たな発想に結び付く事例は稀である。マネジャーは、不確かでもよいから、仮説に基づく問題提起をすべきなのだ。「クリスマス休暇の間は、救急患者が増えるのではないか。そうだとするなら、心臓発作が多いのだろう

図9-1｜経験を軸とした情報システム

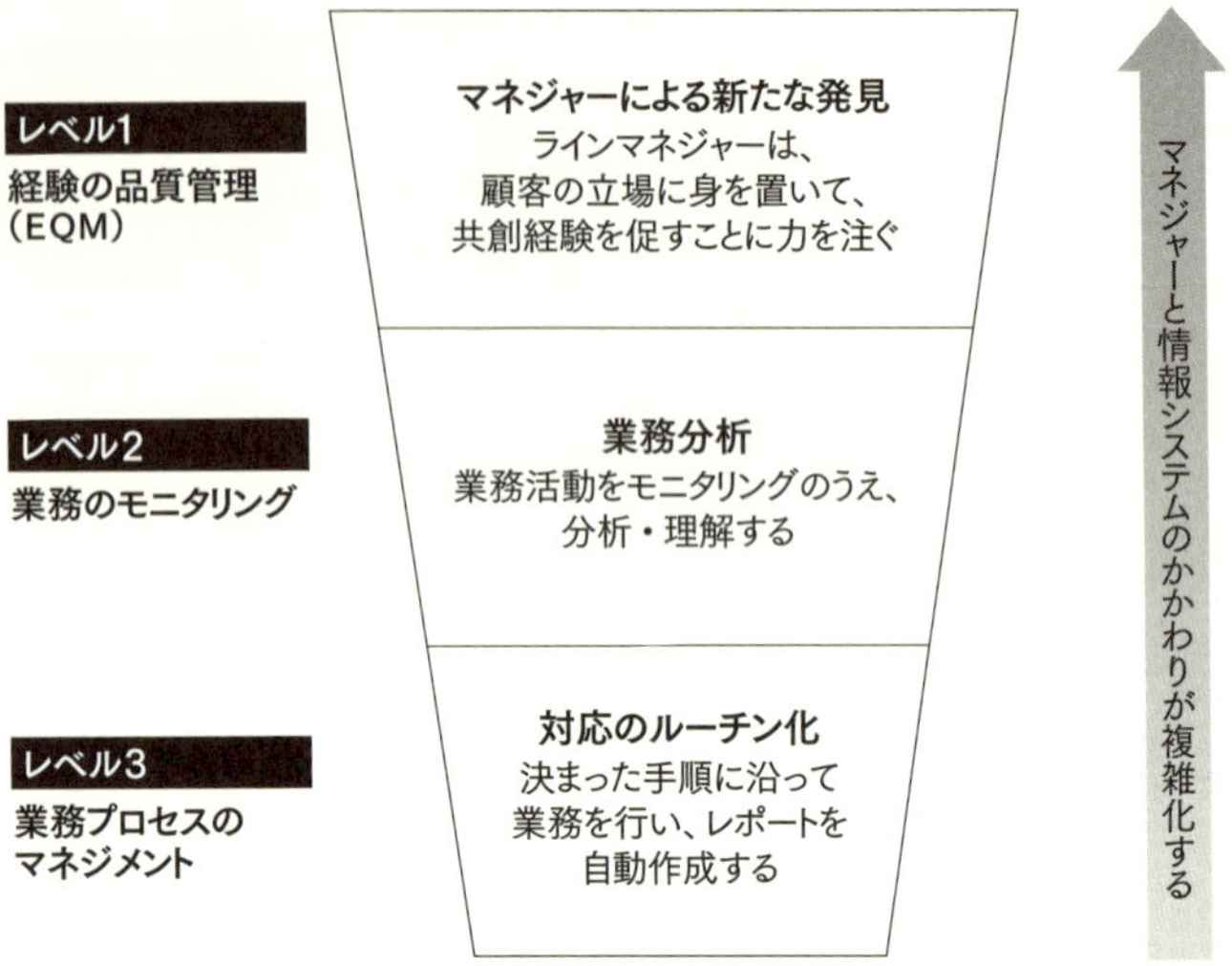

レベル1
経験の品質管理（EQM）
マネジャーによる新たな発見
ラインマネジャーは、顧客の立場に身を置いて、共創経験を促すことに力を注ぐ
レベル2
業務のモニタリング
業務分析
業務活動をモニタリングのうえ、分析・理解する
レベル3
業務プロセスのマネジメント
対応のルーチン化
決まった手順に沿って業務を行い、レポートを自動作成する
マネジャーと情報システムのかかわりが複雑化する

か。お年寄りが中心だろうか、それとも年齢層にこれといった偏りはないのか。近隣の低所得者層に集中しているのか、あらゆる所得者層に分散しているのか。一刻を争わない患者が、待ち時間の長さに嫌気がさして、別の病院に流れたりしていないだろうか」

工夫の行き届いた情報システムであれば、このような仮説に基づく疑問に答えを出せるはずだ。加えて、その仮説に沿って行動する人々、別の視点を持ち込む人々などとの協働をも可能にするはずである。周囲と協調しながら、仮説をもとにスピーディに合意を形成することは、新しい知識を築くうえで欠かせない。

私たちの考えでは、経験にまつわるマネジャーの能力には三つのレベルがある（図9―1）。レベル1では、マネジャーは共創を経験し、直感をもとに非常に興味深い疑問を抱く。ただし一般には、明快な答えは見出されていない。これはいわば仮説を生み出す段階であり、マネジャーは共創経験の文脈を十分に理解し、ごく身近で仕事をする人々との間で行動への合意を取り付ける必要がある。グループの全員が、仮説のもとになった情報を入手できなくてはいけないため、対話と透明性が大きな意味を持つ。この段階では経験の品質管理（EQM）が求められる。というのも、マネジメント行動のばらつきがきわめて大きいのだ。

仮説が正しいと判明し、問題がくすぶり続けるようなら、レベル2へと進み、業務をモニタリングすることになる。各種ツールを用いて、コールセンター業務をモニタリングするのと同じだ。さらに一歩先へ進むと、マネジャーの気づきをもとに、業務のオートメーション化、定期分析、レポートの自動出力などを実現する（レベル3）。業務プロセスのマネジメントを行うのだ。[*6]

大多数の情報システムは、個々のラインマネジャーを中心に据えずに、企業中心の発想で業務プロセスを捉えている。つまりレベル1に到達しておらず、レベル3にとどまっているのだ。レベル1に対応した能力が用意されていない限り、ラインマネジャーとしては、消費者経験というレンズを通して業務活動をマネジメントすることはできない。マネジャーが経験中心の発想をするためには、共創経験の土台をなすイベントとその文脈を理解し、イベントを自分なりに解釈して業務への意味合いを突き止め、行動アイデアを生み出せなくてはならない。しかしたいていの企業では、もっぱらレベル3に関心が集まり、レベル1はひどく軽んじられている。レベル3でルールに沿った効果的なオートメーション化を実現するためには、レベル2で業務活動をモニタリング、分析、理解することがきわめて重要で、一部の企業はこの点に気づいている。このような企業は、業務活動を適切にモニタリングして、ラインマネジャーが共創経験の質を高められるようにお膳立てをするうえで、レベル1がいかに大きな意味を持つかに目覚めるべきである。このように、企業が経験中心の発想を身につけるためには、ラインマネジャーが価値共創で存分に手腕を発揮できるよう、彼らを主役に据えて情報システムを構築する必要がある。

◉――共進化：マネジャーを消費者経験とともに進化させる

マネジャーは、業務をリアルタイムで体験しようとするなら、「時間差ゼロの対応」をめざさなくてはならない。患者から苦情があったばかりだというのに、依然としてERでの措置に手間取っているようなら、マネジャーとしては心穏やかではないだろう。月末のレポートに、患者の四〇％は三〇分以上も診察待ちをしていたなどと書いてあったら、やはり面白くないはずだ。その時々で即座に対応を取りたいのである。

そこで企業は、共創経験の主な要素が何かを見極め（これを「共創経験についての知識」と呼ぶ）、各マネジャーが消費者経験とともに進化できるような仕組みを設けなくてはならない。

・マネジャー別の警報……何かが起きたらすぐに対処できるように、マネジャーは自分だけに警報が出る（注意が喚起される）仕組みを必要としている。ERの事例では、患者の一割が一〇分以上待たされているようではまずいと考えれば、マネジャーはその状態が生じたらすぐに警報を受けるようにしておく。別のマネジャーは別の警報条件を設けるだろう。

- 文脈情報……自分の文脈に合わせて情報を利用して、効果的な意思決定を行う。
- リアルタイムの協働……仮説を立てて検証し、リアルタイムで協働を実践し、仮説や行動計画についての合意を形成する。
- 経営資源をスピーディに組み替える……共創経験を軸にして、必要に応じてスピーディに経営資源を組み替える。
- リアルタイムでのモニタリング……業務活動をモニタリングして改善を施す。改善後はすぐに結果を追跡する。
- 経験を軸にした業務ルールと手順……たいていの企業では、効率や顧客とのかかわり合いに関する企業中心の見方をもとに、業務上の決まりや手順が設けられている。経験中心の発想を身につけるためには、ラインマネジャーが、新しいルールや手順を作るとともに、共創経験を重視しながら売上機会を十分に活かせなくてはならない。と同時に、魅力的な顧客経験を生み出すのに貢献しないコストを削って、効率を押し上げるのだ。

以上からは明快な教訓が得られる。価値の共創を実践するためには、マネジャーの経験の重要性を意識しながら、情報インフラを築かなくてはならない。マネジャーを消費者に見立てるべきなのである。消費者と同じく、マネジャーもまた価値共創をめざして、業務経験をパーソナル化できる環境を必要としている。個々のマネジャーは、自社を取り巻くネットワークに属しており、そのネットワークはさらに、価値共創をめざす幅広い文化の一部をなしている。このようにマネジャーは、広大な「知識環境」の中に身を置いているのだ。次の章では、この知識環境をテーマに取り上げる。

第10章

知識創造のスピードを高める

Rapid Knowledge Creation

マネジャーを取り巻く知識環境は、消費者の経験環境とよく似ている。マネジメント経験は規模がさまざまであるため、知識環境のイノベーションを図るのなら、この点をふまえておかなくてはいけない。ちょうど、経験環境のイノベーションをめざす際に、消費者経験の深さに対応しなくてはならないのと同じだ。図10－1に、価値の共創を消費者とマネジャーがそれぞれどう捉えるか、簡潔にまとめてある。

価値の共創をたゆまずに実践するには、常に新しい知識を吸収しなくてはならない。そのためには具体的な問題を解決したり（例：携帯電話の充電時間を短くする）、これまでにない種類の大きな事業機会に目を留めたりする（例：中国やインドで携帯電話市場が急拡大している事実に目を留める）のが役に立つ。そこで、新しい競争空間での発見と行動を促すような知識環境づくりが求められる。

知識環境とは何か

多彩な消費者とかかわりを持つと、企業には予想もしていなかった要望が寄せられる。これは、価値共創に付き物の課題である。顧客が最前線の従業員に「困っているんです。解決してもらえませんか」と相談してきたら、その従業員だけでなく、企業全体に課題が与えられたことになる。その従業員は、どのようにして世界中の仲間の知恵を借りるのだろうか。組織としてどのように各従業員の経験や技能を結び付け、新しい知識を生み出すのか。これらの課題に応えるために企業は、知識の共創と共有が絶えず行われる環境を作らなければならない。[*1]

新しい知識をスピーディに生み出すには、①個々のマネジャーが新しいアイデアを生み出す力を持つ、②そのアイデアを周囲に伝えて行動方針を取りまとめる、という二つの条件が求められる。すなわち、具体的な文脈に適した知識を利用できるように、マネジャーを後押しする対話型の協働環境が用意されていることが、俊敏なマネジメントを実現するためのカギなのである。

知識環境を充実させるには、情報システムを開発するという技術面での取組みを進める一方で、情報を得やすい環境を整える必要がある。技術インフラを構成する各ツールは、関係者間の情報交換を促す性質のものでなくてはならない。

最初のステップとして、知識環境を経営上層部だけでなく、従業員の大多数に開放すべきだ。ゼネ

図10-1 企業と消費者の距離を縮める――価値を共創する環境

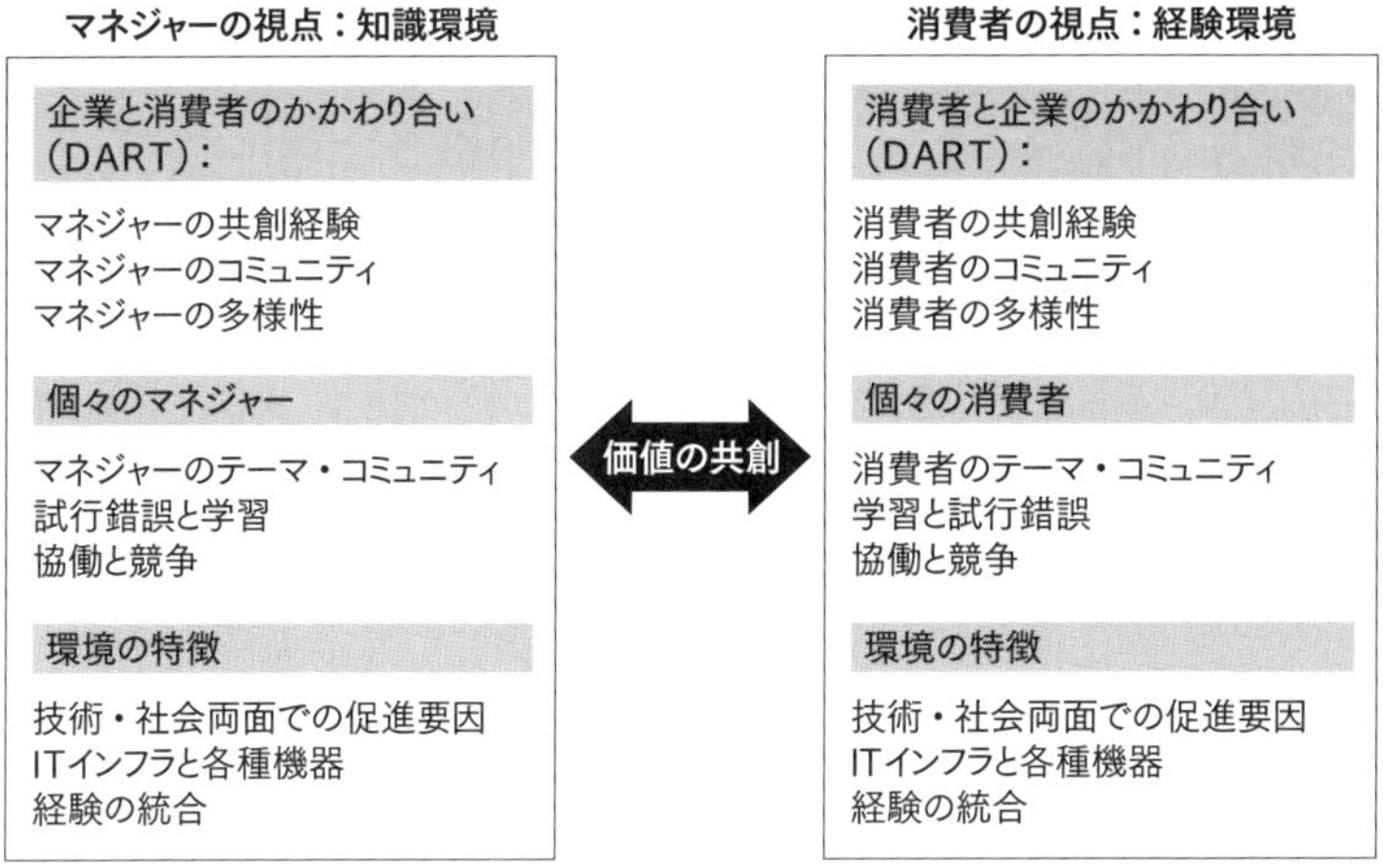

ラルモーターズ（GM）のような大手グローバル企業では、対象者の数は五万人規模にのぼるだろう。もちろん、こうした動きを快く思わない向きもあるはずだ。マネジャーたちは、情報を優先的に入手できるのが当然だと考えているのだから。しかし、そのような発想は捨てなくてはいけない。一部には、知識環境を誤った方法で利用したり、そもそも利用しなかったりする従業員もいるかもしれないが、それは大きな問題ではない。大勢に情報の利用を認めれば、大多数はその機会を活かそうとする。実践コミュニティでの自由なコミュニケーションに多くの人が目覚めれば、世界中のベストプラクティスが広まるだろう。そして人と人とのつながりを通して学習や共有が進めば、地理的な境界も、目に見えないさまざまな壁も、打ち破れるのだ。

企業の内外で、国や地域の境界を超えて、徐々に新しいコミュニティが生まれる。その結果、組織上の制約にとらわれない、新しい事業機会がもたらされる。たとえば、このような発想をしてみてはどうだろう。「世界中の消費者を対象に一律の保障サービスを提供するには、どうすればよいだろうか。マイアミでビデオカメラを購入した人に、ペルーで修理などのサービスを施すには、どのような方法があるのか」「社内で顧客データベースをどう共有すればよいか。ノートパソコンを購入した顧客が、デジタルカメラも購入する可能性は高いだろうか」

いずれもシンプルな問いであるにもかかわらず、グローバル企業がすぐに答えを引き出せるとは限らない。だが、このような現状はほどなく改善されるだろう。組織階層、部門間の壁、地理的境界などを超えて「知識のスレッド」が生まれれば、消費者経験を核にした知識共創が実現するのだ。

では、実り多い知識環境とは、主にどのような特徴を持つのだろうか。コンピタンスはネットワークのさまざまな部分に宿るため、知識や情報がどの方向にどれだけ流れるかは、予測がつかない。時とともにある程度の傾向は見えてくるだろうが、一定ではなく常に変化しているはずだ。このためマネジャーは、知識や情報の流れを管理するのではなく、円滑な流れを促すように努めるとともに、コンピタンスの利用形態を型にはめるのではなく、その時々の必要に応じて提供できるようにすべきである。

◉知識環境の威力：バックマン研究所の事例

ここでは、テネシー州メンフィスを本拠とする三億ドル規模の化学品メーカー、バックマン研究所（以下、バックマン）を取り上げる。バックマンは一〇〇カ国以上におよそ一三〇〇人の従業員を擁し、世界八工場で一〇〇〇種類を超える化学品を製造している。紙・パルプ、水処理、皮革、農業、介護など、幅広い分野で競争を繰り広げている。多くの国で多くの事業を展開している点では、多国籍企業の典型例といえる。ただし大多数の多国籍企業とは違って、規模が小さく、すべての従業員のパワーをあらゆる顧客経験に活かすことで、高い競争力を実現しているのだ。こうした能力を支えるのは、世界各国で知識を共有するための「ケネティクス」と呼ばれるネットワークである。これはバックマンの情報インフラの要でもある。[*2]

以下、ケネティクスの典型的な利用例を紹介したい。シンガポールの現地法人のマネジングディレクター（仮に「メアリー」とする）が、インドネシアのパルプ工場向けにピッチコントロール計画を提案するよう、求められているとしよう。ピッチとは、パルプを製造して不純物を取り除く過程で木材から出る物質で、構成要素は樹木の種類や環境などに応じて異なる。ピッチをパルプから除去しておかないと、紙の質が落ちて、製紙工場の操業に悪影響を及ぼすおそれもある。つまり、効果的なピッチコントロール計画を立てておくのは、製紙工場を管理するうえで重要な仕事なのだが、これは容易ではない。

メアリーはケネティクスにログインして、世界中の同僚たちに、ピッチコントロールの最新動向を尋ねた。三時間後、メアリーのもとにメンフィスから返信があった。熱帯広葉樹材のピッチコントロールに関して、インドネシア人学生の書いた修士論文があることを伝える内容で、併せて、ピッチコントロールに適していそうなバックマンの化学製品をいくつか挙げていた。その一時間後には、カナダのマネジャーから連絡があり、ブリティッシュ・コロンビア州でピッチ関連の問題を解決した際の経験が記されていた。メアリーのもとにはさらに、スウェーデン、ニュージーランド、フランスなどから情報が相次ぎ、本社R&Dグループからは技術・科学面での助言を提供するとの申し出もあった。合計で六カ国から一一件の情報提供があり、ネット上での投稿スレッドを通して関係者すべてが何らかの学習をした。こうしてメアリーは文脈に適した知識を得て、インドネシアの製紙工場から六〇〇万ドル規模の受注を獲得できた。[*3] 仮にバックマンのネットワークが技術畑の専門家だけを対象としたものだったとしても、以上の逸話は十分に興味深いのだが、実際には現場に身を置く人々も含めて、すべての従業員がこのシステムを利用できるのだ。

別の事例を紹介したい。バックマンの紙製品を利用するミシガン州の顧客が、古い雑誌からインクを落とすのに漂白剤を用いていたが、この効き目がなくなったことに気づいた。そこでこの顧客を担当するセールスマネジャーが、ケネティクスに質問を投げかけたところ、二日の間に、ベルギーとフィンランドのセールス担当者から意見が寄せられた。紙の中に潜むバクテリアが酵素を生み出し、それが漂白剤を分解するのではないか、というのだ。これを受けてセールスマネジャーは、バクテリアの増殖を抑える化学物質を顧客に紹介し、トラブルは解決に至った。[*4] 顧客がバックマンとの取引関係について、どう感じているか、想像していただきたい。顧客との間で知識を共創すれば、非常に強い信頼関係と価値が生み出される。

◉――知識環境を築き上げる

バックマンの事例からは、知識環境というコンセプトを支える重要な前提や条件が見えてくる。

・他社を大きく引き離すだけの競争力を得ると、新しい知識の創造が促される。
・グローバリゼーションが進展すると、全社のコンピタンスを利用できる。というのも、国・地域ごとに別々に努力していたのでは無駄が多く、顧客経験の質も向上しないのだ。
・知識は情報とは異なる。知識は経験と同じように、特定の人に属していて、その人と切り離せないのである。
・新しい知識を創造するには、単なるデータベースではなく、コンピタンスを活かす必要がある。知識環境を充実させるには、技術もさることながら、人も大きな重みを持つ。
・知識創造を促すには、マネジャーや従業員は一人ひとり個性が異なる点を尊重して、技術面、組織面の仕組みづくりをしなくてはならない。
・知識環境を組織風土にうまく根づかせる必要がある。知識が個人に属するのと同じく、知識環境も組織と一体化していなくてはならない（バックマンが好例である）。

知識環境は時とともに変容していく。そこで、知識が集積し、新たな知識が迅速に生み出されるような仕組みづくりが求められる。このような仕組み（「知識創造の触媒」）は、知識を迅速に創造するための環境に、形式知の管理を主な目的とした情報インフラを十分に根づかせるうえで、欠かせないのだ。

経験を生み出すツール（経験促進要因）が技術力を駆使して、消費者に魅力的な経験環境をもたらそうとする（第4章を参照）のと同じく、知識創造の触媒は、情報インフラの総力を傾けて、マネジャーのために効果的な知識環境を生み出す。

以下、知識創造の触媒とは何か、どのような要件が求められるのか、組織への意味合いは何かなど、詳しく見ていきたい。

暗黙知を活かして形式的な情報を管理する

知識と情報の違いを示すために、輝かしいコレクションを新たに入手した美術館を考えたい。たとえばサンディエゴ美術館はインドの仏像コレクションを手に入れたが、このような経験は、知識創造面での大きな課題を美術館に突き付ける。美術館の職員は、なじみの薄いコレクションを前に、各美術品の価値や特徴を見極めたうえで、分類、保存、展示、処理といった作業をしなくてはならない。由来、価値、歴史など、ごく基本的な情報は、美術品とともに届くかもしれないが、職員はコレクションの意義を改めて掘り下げる必要がある。このような文脈情報を提供できるのは、個々の専門家だけだろう。専門家が美術品をどう鑑定するかは、それまでの経験や入手情報に基づくため、当然ながらその人次第だといえる。

この事例が示すように、知識とは本来、暗黙知なのだ。「ナレッジマネジメント」という言葉があるにもかかわらず、知識とはそもそもマネジメントできないのではないか、との議論もある。知識はデータベースなどに保存できる性質のものではなく、人に備わり、人と特定の文脈が結び付く中で生み出されるのだ。[*5]

では、何であればマネジメント可能かといえば、具体的な問題を解決しようとする中で、絶えず知識を創造しようとした結果もたらされる、形ある情報である。だが、別の問題を別の人々によって解決しようとする場合には、文脈を作り直し、新たな問題にふさわしい新しい知識を生み出さなくてはならない。

知識創造にコンピタンスを活かす

引き続き美術館の事例をもとに話を進めたい。新しいコレクションの展示を担当する職員は、どの作品を並べるか、どうグループ分けするか、カタログなどで使う名称や紹介内容はどうするか、どういった雰囲気を演出すればよいか、展示全体のコンセプトをどう伝えるか、といった判断を下さなくてはならない。新しい展示手法を取り入れた先進的な美術館であれば、印象深い経験を生み出すうえで、幅広い選択肢を持つといえる。

ここでカギを握るのは、美術館の職員が、館内にとどまらず、世界の美術館で働くさまざまな個人のコンピタンスを利用できるかどうかだ。なじみの薄い分野の展示を企画する際には、この点がとりわけ大きな意味を持つ。今日ではインターネットの助けによって、美術館の学芸員や専門家が国境を超えて知恵を交換しやすい環境が生まれている。コレクションの紹介文、画像、研究ノート、その他の関連資料などがオンラインで入手できるため、仮想空間上で展示を行い、自分なりの考えを示し、世界中の専門家や愛好家から感想や意見を募ればよい。そのうえで、実際にギャラリーでの展示に臨めばよいのだ。[*6]

知識の共創と体系化

知識創造を絶えず行っていると、各人の知識に関係した情報を体系化して説明、表現しやすくなる。バックマン研究所の、紙の中のバクテリアが漂白剤を分解することがケネックスに書き込まれた事例のように。

暗黙知を形ある情報へと体系化するのは、えてして骨が折れる。たとえば、NASA（アメリカ航空宇宙局）がスペースシャトル計画を立てる際には、実験に携わる科学者たちの暗黙知をすべて、形ある情報へと変える必要がある。実験の目的から曖昧さを取り除くのだ。試験やトラブル対応の手順は逐一文書化し、実験を担う宇宙飛行士に研修を施す。準備を万全に整え、多数の人々を訓練し、知識をすべて文書化するには、往々にして何年もの歳月を要する。

ＮＡＳＡのプロジェクトには多大な時間、コスト、能力を要するため、これをもとに一般論を展開するのは無理があるかもしれないが、大多数のマネジャーにとっての課題は、暗黙知と体系的な情報を工夫によってうまく調和させることであって、すべての暗黙知を形式知へと体系化することではない。経験イノベーションを効率的に行う（第４章を参照）のと同じく、知識環境のイノベーションを効率的に行う手法を身につけなくてはならない。そのためには、知識環境のイノベーションだけでなく、知識の体系化にも力を注ぐ必要がある。そして、各従業員が周囲と力を合わせながら特定の文脈の中で知識を生み出し、それを体系化して、組織に根づかせることができるようにするのだ。

いくつもの知識の流れを調和させる

産業間の垣根が低くなり、技術の融合が進んでいるため、知識を創造したり、人に備わる暗黙知を活かしたりすることが、難しさを増している。いくつもの知識の流れをうまく調和させる力がきわめて重要になるのだ。たとえば、美容クリーム、シャンプー、石鹸などが医薬品としての役割を帯び、皺取りクリーム（レチノールなど）、育毛剤（ロゲインなど）、健康増進剤（ハーバルサプリメントなど）などが登場したため、これらの業界は医薬品業界との連携を求められている。バイオテクノロジー業界は、大規模コンピューティングへの依存度を高めており、自動車業界も製品に通信機能を搭載して、「車輪のついたコンピュータ」としての性格を強めている。

これを知識創造の観点から捉えると、化学、ソフトウェア、エレクトロニクスといった多様な専門分野の人材を一つのチームにまとめ上げるのは、人種、性別、年齢などの多様性に対処するのと同じくらい大変な仕事だといえそうだ。マイクロエレクトロニクスの事例を通して考えたい。シリコンウェハー上に一定の回路パターンを再現するには通常、紫外線抵抗性の強いポリマー（「フォトレジスト」と呼ばれる）の薄膜でウェハーを覆う。その際には、グリコール・エーテルという有害物質を用いる。液体二酸化炭素に溶けるポリマーを使うと、薄くてしかも無害なコーティングが可能であるため、環境リスクを低減できる。ところが、この条件を満たすポリマーを生産するには、界面張力と粘着性の低い液体二酸化炭素がシリコンウェハー上で薄く広がるメカニズムを、詳しく理解しておく必要がある。すなわち、界面張力や粘着性といった分野だけでなく、多方面の専門家が集まって新しい分野についての理解を深めなくてはいけないのだ。[*7]

そのうえ、この溶液はシリコンウェハー上に広がった後に蒸発し、それがフィルムの薄さを調節するうえで重要であるため、多彩な分野の専門家に加えて、二酸化炭素の状態変化についての実験に携わる人々を巻き込んで、新しい知識を生み出す必要がある。このように、個々のコンピタンスを利用し、いくつもの技術分野を仕切る壁を打ち破り、多彩な専門分野をマネジメントするための手法を学ばなくてはならない。いくつもの知識の流れを調和させることが求められているのだ。

組織全体を取り込む

知識環境が効果を発揮するためには、階層、職能、国や地域といったさまざまな壁を越えて、組織全体を取り込む必要がある。いくつもの壁を取り払い、使命やテーマに沿った実践コミュニティを築かなくてはならないのだ。

この点を、再度バックマン研究所の事例をもとに見ていきたい。バックマンは顧客志向がきわめて強いが、これは古くからの伝統というわけではない。一九七八年にボブ・バックマンが会長兼CEOに就任するまでは、製品中心の発想に染まっていたのだ。従業員たちは大半が博士号を持つ技術者集団で、新しい化学製品を世に出すのが自分たちの使命だと考えていた。

しかも、マネジメント組織も階層制が徹底し、バックマンの言葉を借りれば「軍隊並みの指揮命令制度」が敷かれていたのである。バックマンは、このような体質が災いして市場の変化にスピーディに対応できていないと悟り、一九八〇年代初めに顧客志向への転換を図った。イノベーションの対象は依然として製品だが、あくまでも顧客主導で推進することになった。併せて、多数のセールス担当者を新たに採用して研修を施した。[*8]

一九八〇年代末には、競争空間がすさまじい勢いで変質していることにも気づく。顧客層のグローバル化、一部の業界での規制緩和、巨大な新興市場の台頭などが、グローバル規模の事業機会を生み出していた。ただし、このような広大なフィールドで競争するためには、自己変革が求められた。バックマン研究所は科学者たちに顧客のもとを訪問させ、ベストプラクティスを集めてR&Dに活かす、という取組みに腰を上げた。これは大きな痛みを伴う変革で、遅々として進まなかった。

一九九〇年代の初め、バックマンはあるひらめきを得る。事故が原因で背中を怪我し、二週間、病院のベッドの上で過ごすこととなったため、その時間を使って、一人静かに新しい企業哲学に思いをめぐらせたのだ。顧客を組織の頂点に据えて、個々の従業員を核として知識を共有する環境を作るというのが、その骨子である。バックマンはひらめきの瞬間を振り返って、自社の歴史の中でもきわめて大きな転換点だったと述べている。

バックマンは引き続き、新しい知識共有環境に求められる条件を挙げていった。

- 使いやすい。
- 一日二四時間、週に七日間利用できる。
- 人と人がじかにコミュニケーションを取り合え、伝達内容の歪みが少ない。
- 全員に利用を認める。
- 新たな知識を提供する機会を全員に与える。
- 利用者の希望で自由に言語を選べる。
- 質疑応答を通して絶えず新しい知識を吸い上げる。

ボブ・バックマンのビジョンは、企業文化をさまざまな面で変革することを意味した。経営コントロールの面ではトップダウンをボトムアップへと改め、顧客志向を強めるために内向きの発想を外向きに変えるのだ。ビル・ゲイツがインターネット対応戦略をひらめいたときと同じように、バックマンの計画も、戦略とは何かを象徴する意味合いを持っていた。つまり、競争優位の新たな土台を絶えず探求し、発見するのである。

注目していただきたいのは、バックマンが知識共有への取組みを始めたのが、インターネットが普及する以前だったという点だ。ここからは、技術そのものはあくまでも、マネジャーや一般従業員を補助する意味しか持たない、との教訓が引き出せる。知識共有を進める際には、それを支える考え方や文化を全社を挙げて培うことが、技術にも増して重要なのだ。

一九九二年の初め、バックマンは有機化学の専門家で三〇代半ばのビクター・バリャージェオンに、知識共有システムの雛型を作るように命じた。バリャージェオンはしばらくの間、バックマンを補佐して知識共有関連のリサーチに当たっていた人物である。バリャージェオンは電話回線を介してどこでも簡単に使え、信頼性が高いという条件をもとに、コンピュサーブを技術プラットフォームに選んだ。コンピュサーブは、電子メールの送受信や特定グループに閉じた掲示板といった機能を提供していた。掲示板機能を用いれば、バックマンのめざす「知識共有のための透明性の高いフォーラム」が実現できると考えたのだ。各セールス担当者には、ＩＢＭのＴｈｉｎｋＰａｄ７２０とモデムがあてがわれた。こうしてバリャージェオンはケネティクスを立ち上げ、七つの技術フォーラムを開設した他、当初はみずから発言して社内の対話促進を図った。

初めのうち、知識共有を熱心に進めたのは、役職のない最前線の従業員だった。というのも、この層が最も大きな恩恵に浴するのだ。ネットワークを介して質問への回答が寄せられ、問題が解決すると、そのたびに参加者たちは力を蓄え、仕事の成果を高めた。

知識共有への意欲がまるでウイルスのように広まると、マネジャーたちは、自分たちが取り残されそうになっていると気づいた。自分たちのあずかり知らないところで情報が流れており、部下のほうが情報に通じている場合もあったのだ。マネジャーたちに対しては、バックマンからじきじきに、新しい仕組みを受け入れるように要請があった。立場が脅かされているなどとは受け止めずに、部下の相談相手としての役割を引き受けるように、というのだ。バックマンは知識共有の旗振り役も買って出て、ネットワークの詳しい利用状況を毎週取りまとめて、それをもとに利用の拡大を訴えた。一九九四年には、利用回数の多い上位一五〇人を、アリゾナ州のリゾートに招待してもてなしている。このように「知識共有の優秀者」にとびきりの褒美を与えたところ、ケネティクスの利用はさらに進んだ。

バックマンは、ケネティクスの利用を拒否すると昇進・昇給に響く、とも明言した。従業員はお客様の要望を代弁し、お客様に奉仕することで給料の支払いを受けているのだ、というのである。ケネティクスがあると、一人ひとりの貢献ぶりが手に取るように見える。役に立つ知識やアイデアを持つ人には発言の場ができたわけで、それ以外の人との差が際立つ。有益な知識やアイデアを積極的に提供しようとしない人は、社内でのキャリアの見通しが明るくないことを思い知らされることになる。

言うまでもなく、知識環境を支えるためにバックマン研究所はそれなりの投資をした。では、ROI（投資収益率）の算出は可能なのだろうか。ボブ・バックマンは、この問いを頭の中から追い払った。知識ネットワークは会社の神経系のようなもので、魂と分かち難く結び付いている、と考えていたのだ。売上の約四％に相当する金額がこのシステムに投じられた事実は心得ていた。この投資によって、顧客からの問合せに迅速に対応できる（それまで三カ月かかっていたのが六時間に短縮された）といった、数値化の可能な目に見える成果も生まれたが、成果がすべて測定できるわけではなかった。たとえば、バックマンを取引先に選んだ主な理由として、「知識環境の充実」を挙げる顧客もいるが、これは定量化にはなじまない。

このシステムのコスト総額と利益貢献額を正確に算出するのは不可能である。しかし、一度その威力を知った従業員、顧客、仕入れ先などは、以前の仕組みに戻りたいとは思わないのだ。

バックマン研究所の知識共有システムは、時とともに発展、進化を遂げてきた。現在ではマネジャーたちも、顧客の抱える問題やニーズをめぐって技術面で意見や情報を交換している。これは非常に貴重な能力である。ケネティクスはまた、報酬をテーマにしたオンライン・ディスカッションなど、社内の対話を促す。こうしたテーマで従業員同士がオープンに議論をするには、強い信頼関係が必須である。この事実は、組織や人間関係のインフラが、充実した知識環境を生み出すうえで重要だということを示している。

知識環境の共進化

知識環境を作ったら、たゆまずに学習を重ね、望ましい方向に知識環境を進化させるのが次の課題となる。ボブ・バックマンは当初、主として直感に頼りながら知識環境を発展させていった。バックマンのねらいや目標を受け継ぎ、会社の成長に合わせて知識環境を進化させてきたのは、新CEOスティーブ・バックマンと知識戦略担当メリッシー・ルミゼンである。

ケネティクスは現在、電子メール、掲示板、仮想会議室、図書館、電子フォーラムといった機能を備えている。各フォーラムは共通の仕組みを備えており、「知識触媒」を通して知識の共創をめざしている。これは従業員から見ると意見交換のスレッドである（消費者にとっての経験促進要因［第4章参照］に似ている）。スレッドはテーマ、発言者、日付などによってインデックス（索引）付けされ、質問、回答、観察結果などを内容としている。フォーラムスペシャリストとサブジェクトエキスパートが議論を先導して、誠実で内容の確かな助言が行われるようにする。サブジェクトエキスパートはセクションリーダーの役割も果たし、要望に応えたり、週ごとの要約を作成したりする。彼らはスレッドの内容を抜粋、編集、要約し、キーワードを選び出して、数々のアイデアを取りまとめて中身を確かめてから、「知識ベース」に保存する。この知識ベースは複数に分かれているが相互接続されており、外部の情報源とも連携する。

知識ベースには、知識労働者の専門性を緩やかに組織化したものから、体系立ったものまでさまざまな形態がある。いずれにしても、顧客中心の発想に根差し、ある程度体系化されていると同時に、ダイナミックで融通も利く。互いに接続されていて、たゆまずに進化を遂げている。進化は自然発生的な側面もあれば、人為的に促される場合もある。別々の地域にいる人々が、時差などを気にせずに迅速に知識共有を進めることができる。この仕組みのカギは、利用者が拠点を離れずに、自分の活動時間に合わせて、地球規模で集められた知識やアイデア全体を利用できる点にある。バックマン研究所の事例では地域別のフォーラムもあり、ヨーロッパ、ラテンアメリカ、アジアなどの言語での意見交換が進むにつれて、地域別フォーラムも進化を続けている。

以上のように、ケネティクスが進化を続けているため、バックマン研究所の従業員は一〇〇を超える国々のコンピタンス、経験、経営資源を利用できるのだ。最前線の従業員が顧客に奉仕している間、専門家が有益な知識を集め、体系化を進める。ＩＴグループが技術インフラを保守する間、知識共有チーム、製品開発マネジャー、研究司書など大勢の関係者が、組織や人事のインフラ整備を続ける。

筆者たちがとりわけ好ましいと受け止めているのは、顧客対応の最前線に立つ従業員が、ＩＴ担当者と同じように手厚い支援を得ている点だ。この種の施策は大方、利用者に不親切で複雑であるため、従業員にとっては非常に使いにくい。知識環境とは技術そのものを指すのではなく、組織文化に深く根を下ろしたプロセスである。有益な知識環境を生み出すには、情報インフラの技術面だけでなく、組織面も重要なのだ。

バックマンでは、知識共有が企業文化に深く根づいている。知識創造の能力も、徐々に社内に広がっていくだろう。今では、知識の創造と共有という二つの精神は組織の中にたしかに脈打っている。社内の誰もがフォーラムの議論に頻繁に接し、発言をするよう、期待されている。これを守るのは、単に期待されているだけでなく、必須の義務でもある。バックマン研究所の事例が示しているとおり、従業員同士が協力しながら知識を共創すると、かつてない規模と範囲で想像力が解き放たれ、アイデアの泉が湧き出てくる。こうなると、専門性が専門性を呼ぶ傾向が強まる。

ある意味では、知識創造が進むと、専門性は生き続けるが、「専門家」は消えるのかもしれない。バックマンの事例からもわかるように、従業員はデータベースや履歴書には表れない技能や能力を備えている。こうした隠れた経営資源を活かすためには、知識環境を整えて、透明性の高い対話を促し、テーマコミュニティを活性化させる必要がある。

◉グローバル規模の知識環境を整える：BPの事例

前項では、バックマン研究所の事例をもとに、従業員と顧客のかかわり合いを重視した優れた知識環境を紹介し、組織全体の暗黙知を活かすとどれだけ大きなパワーを生み出せるかを知っていただいた。では、このような仕組みは、規模の大きい典型的な多国籍企業でも機能するのだろうか。筆者たちは十分に機能すると考えている。そのための条件を満たしたインフラを整え、一人ひとりのマネジャー、そしてまたマネジャーと経験ネットワークのかかわり合いを意識した、グローバルな知識環境を実現すればよいのだ。

ここでは、ＢＰ（旧ブリティッシュ・ペトロリアム）の事例を取り上げたい。ＢＰは大規模なグローバル企業で、知識・専門性を集めた「コネクト」というシステムを運用している。従業員たちが自分のウェブページを作成して同僚のページにリンクを張れるよう、そのための環境も整えている。こうして出来上がったのは、「社内イエローページ」とでも呼べそうなもので、知識労働者と彼らが参加するサブネットワークについての情報源となっている。サブネットワークにはたとえば、掘削技術を学ぶ、製油活動を管理する、環境を保全する、といったテーマを柱としたものや、エンジニアリングの権威たちの集まりもある。この社内イエローページは当初、技術スタッフが使い始め、現在では二万人を超える知識労働者が参加している。サブネットワークの数も二五〇を上回る。ただし、重要なのは個々のツールではなく、一人ひとりの知識労働者を中心に据えて運用されているという特徴である。このため、あるマネジャーの言葉を借りれば、「コネクトは『深海での掘削に詳しくロシア語が流暢な人を探している。ロンドン南西部にこの条件に合った人はいないだろうか』という質問にも答えられる」という。[*9]

ここで、特定の時間に特定の場所で深海油田を掘削することを想定してみたい。このような業務をこなすには、プロジェクト横断的な協力体制を築いて、特定分野の専門家を巻き込む必要がある。ＢＰには「ピアアシスト」（同僚同士の助け合い）というツールもあり、マネジャーたちは実地に先立って知識を仕入れることができる。ピアアシストを使うと、プロジェクトチームは他のチームから知識をもらい、利用できそうな手法が何かを見極めてそれについて質問を出し、互いの知識共有を図りながら課題に対処できる。このようなツールは、特定のコンピタンスの利用を促す「知識触媒」の好例だろう。

BPはこの他、業務を進めながら学習するためのツールも利用している。その一つが「行動後のレビュー」と呼ばれるものだ。これは元来、アメリカ陸軍が編み出した手法で、重要なイベントの後に、たとえば次のような問いかけを行う。「何が起きると予想していたか。実際にはどのような展開になったか。違いはあったか。異常や特異な出来事などは見られたか。その異常事態の教訓は何か」。このような問いの答えをリアルタイムで見つけ出せたなら、どれほど大きな力になるか、想像していただきたい。

第9章で述べたように、マネジャーはイベントをいくつかに分けたり、まとめたりして、さまざまなレベルで捉える力が求められる。併せて、二件の事故の相関関係など、イベント相互の結び付きを検証する必要もある。これに関して重要なのは、検証の際に文脈を設定するのは、マネジャー自身だという点だ。何らかの傾向は見て取れるだろうか。共通の矛盾点はあるか。目標は、業務の文脈に合わせて迅速に仮説を立て、それを検証することである。知識環境というコンセプトは、①起点となるイベントを特定する必要がある、②同じイベントであってもマネジャーによって異なった反応を示す、との前提に立っている。イベントを理解・検証し、頭の中で再現し、仮説を立て、対策を決め、行動を起こす際には、人それぞれにやり方が異なるのだ。

知識環境とは、マネジャーが消費者の立場に立って、経験ネットワークとかかわりながら価値共創に携わる場でもある。消費者による価値共創と同じく、マネジャーの場合にも、プロジェクトを遂行し、価格と経験の関係を見極め、取引を行うための多彩なチャネルといかにかかわるかによって、価値を効果的に共創できるかどうかが決まる。

知識環境は、価値共創の土台をなすＤＡＲＴを満たしていなくてはならない。一例として、ＢＰの各ネットワークは、支援と助言を行うシニアリーダーとの間で、業績契約を結んでおり、予算も配分している。ネットワークはみな、従業員や業務委託先、つまりエンジニア、研究者、技術者などに開放されている。サブネットワークはすべて高い透明性を保っており、知識労働者は誰でもコネクトを利用できる。エンジニアが現場にいながらにして掘削データや地質データを利用できれば、生産性は目覚ましく向上する。

透明性が確保されていると、プロジェクトを推進しながら学習を重ね、社内の対話に参加することができる。具体的には、ＢＰにはＨＩＶＥ（集中を促すビジュアル化環境）と呼ばれる施設がある。ＨＩＶＥは、先進的な三次元環境を演出する一五の部屋で構成され、これを利用すると、特定の地点を掘削すべきかどうかの判断が数時間で下せる。この作業には従来、何週間もかかっていた。ＨＩＶＥを用いると、地質専門家や技術者は、同じ「仮想地点」の画像を眺めながら、話し合いを行うことができる。ある時などは、話し合いの結果、二〇の油田ではなく一八カ所を掘れば十分だと判明して、六〇〇〇万ドルものコストが節約できた。さらに、施設エンジニアを対話に巻き込んだところ、水上施設のコストが三〇〇〇万ドルも浮いた。関係者の力でリスク評価も行える。たとえば右の事例の深海環境では、危険が少なくコスト効率の良い掘削ルートと、そうではないルートがあったのだ。このように、地質学や地球物理学の専門家、石油タンク、パイプライン、掘削、施設などの各エンジニアらが力を合わせて、プロジェクトコストを一〇%も押し下げた。[*10]

興味深いのは、インフラとDARTの威力によって、非公式な組織ネットワークと隠れた専門性が、誰からも見える形で結び付いた点である。このように、知識と価値がスピーディに効率よく創造されたのだ。

新しい競争空間では、知識環境の中核部分を広げて、消費者まで巻き込んだ形で協働を実現するとともに、消費者とのかかわり合いを軸に新しい知識を創造していくのが、組織の大きな課題である（図8－2を思い起こしていただきたい）。

次章では、新しい競争空間でいかに協働を通して価値を創造するかという、具体的な課題を取り上げる。だがその前に、以下のような問いかけをしておく必要がある。「価値を共創するうえで、知識環境が重要であるなら、なぜその創造により高い優先順位をつけないのか」「組織にとって、とりわけ大組織にとって、知識環境を生み出すうえでの障壁は何か」

◉――知識環境を生み出すうえでの障壁

大多数の企業では、継ぎ目のない知識環境を生み出すうえで、技術上、組織上のさまざまな障壁がある。その中でも最も重い意味を持つのが、組織の沿革だろう。

一例として、GMやフォードのような大規模なグローバル企業にとって、海を越えたネットワークを構築するのがどれほど難しいか、考えてみていただきたい。両社では、ヨーロッパと北米の組織は、過去七五年以上にもわたって別々に活動してきた。それぞれが豊富な経営資源を持って自律性を保ち、地域市場の事業機会や課題に対応しながら成長してきたのだ。マネジャーたちもずっと同じ地域で働き続けることを前提に、その地域の組織に忠誠を抱いている。このような状況では、グローバル戦略の立案は難しい。極端な分権制のもとで七五年も事業活動を続けており、しかも地理的にも遠く離れている以上、そこで育まれた遺伝子は容易には変えられないのだ。

別の事例を挙げよう。M&Aが頻繁に行われると、企業の内部にいくつもの文化が共存する状態が生じる。買収された側の企業は、従来の企業文化を守ろうとして、情報の共有を拒む。社風を統一しようとの努力を明確に、しかも両社の足並みを揃えながら行わない限り、一体感のある知識環境を築こうとの試みは妨害に遭うおそれが強い。

あるいは、技術インフラが不備であるために、マネジャーたちが情報や専門性の利用、共有をできずにいる、という事例もありうる。下層のマネジャーは、いったん縦割り組織にはまってしまうと、通常は自分で組織間の壁を破る手立てを持たない。コミュニケーションのインフラが未整備だと、組織間の縦割りが一層強まっていく。

このような事例は他にもいくらでも挙げられるが、知識環境を充実したものにするうえでの障壁は、組織ごとに実にさまざまだろう。バックマン研究所が手本を示しているように、経営者は何が障壁であるかを見極め、一つずつ取り除いていかなくてはならない。伝統ある大規模多国籍企業は、BPと同じように、グローバルベースでこれを行うことになる。

◉——経営陣にとっての課題

有益な知識環境やマネジメント環境を築くうえで、経営陣がどのような課題に直面するかについて、再びBPを例に引きながら説明していきたい。BPは分権化の進んだ階層の少ない組織を持ち、一二〇以上の事業ユニットから構成されている。各ユニットを率いるゼネラルマネジャーは、年度ごとに会社と業績契約を結び、財務、環境対応、その他の面で具体的な目標を設定する。ゼネラルマネジャーたちは、少人数の執行役員と連携しながら業務に当たり、執行役員はCEOとともに全事業の監督に当たる。一九九七年、ケント・グリーンズというプロジェクトディレクターが、事業ユニット間を結んで、知識共有のための仮想ネットワークを立ち上げたのだが、その時点ですでにBPは、自社の実体が各地の事業ユニットを単に寄せ集めた以上のものだと気づいていた。ＢＰは、コンピタンスの集合体として自社を捉え直す必要に迫られていたのだ。*11

特筆に値するのは、ＢＰとバックマン研究所がともに、分権化の進んだ階層の少ない組織を築いている点である。ＢＰの前ＣＥＯジョン・ブラウンが述べているように、階層を減らして組織の水平化を図ることは、ヒエラルキーに沿った縦方向のコミュニケーションを排除して、横のコミュニケーションを盛んにするうえで、きわめて大きな意味を持った。

石油掘削事業は多大な投資を必要とし、大規模油田を掘り当てて開発するには、数十億ドル規模のコストがかかる。このため、業務を効率化してできるだけ早くプロジェクトを完了させなくてはいけないとのプレッシャーは、それはすさまじいものだ。ＢＰは、多彩な事業ユニットのマネジャー同士をイントラネットでつなぎ、バックマンの従業員と同じように、互いに質疑応答ができるようにした。ノルウェーの沖合で業務に当たる地質専門家が、ドリルヘッドの位置を改めて油田を探り当てるための効率的な方法を見つけた折には、この新しい方法をイントラネット上で紹介した。するとその日のうちに、トリニダード島の油田で作業に携わるエンジニアがこれに目を留め、電子メールで詳しい内容を問い合わせたうえ、同じ手法を実地に取り入れた。こうして掘削期間が五日間ほど短縮され、およそ六〇〇万ドルのコスト削減が実現した。この事例では、知識の共有が業務効率を向上させ、ひいてはコストを押し下げたのだ。

この他、プロジェクトや投資先の選定精度を高め、投資効率を高めた事例もある。メキシコ湾のとあるプロジェクトでは、ＢＰは実に四五〇〇万ドルものコストを節約したという。[*12]

さてここで、ＢＰが社内だけでなく、社外のさまざまな情報源から専門知識を得て、新しい海底油田の価値を評価しようとの計画を持っているとしよう。これを実現するためには、インフラとして、信頼性と拡張性に優れた高速通信ネットワークが求められる（いわば「インフラ・オンデマンド」である）。通信、ＩＴ、アプリケーションサービス、そして最近ではウェブサービスの融合が進んだため、企業は協働のための仮想コミュニケーション網を構築して、必要に応じて規模を変えることができる。

このような技術をテコとしたネットワークインフラは、ＢＰが知識共有を進めるうえでも役立っている。とはいえ、組織面のインフラのほうがやはり重要性は高い。ＢＰの知識設計技師《ナレッジアーキテクト》クリス・コリソンはいみじくも、「知識の媒体として、人間の脳以上に優れたものはないでしょう。そして知識を伝えるには人と人との会話が最適なのです」と述べている。コリソンは、ＢＰくらいの規模の企業では、一〇分ほどの会話が数限りなく交わされる可能性がある、とも語っている。したがって、人と人とをつなぎ、ＢＰにとって何より貴重な宝の山、すなわち「一〇〇万人・年分の経験」を掘り起こすのが、ＩＴインフラの重点課題となるのだ。[*13]

インフラは人と人をつなぐだけでなく、知識共有のための共通言語、プロセス、プロトコルなどを提供しなくてはならない。そのためには、関係者間の知識の量や質の違いを超えて、誰にでも伝わる知識を生み出す必要がある。ソフトウェアエンジニアとして育成されてきた人材を、化学エンジニアと一緒に働かせるにはどうすればよいだろうか。数学を専攻した人に銀行の仕事をしてもらうにはどうか。複数の組織が共同で何かを開発するためには、さまざまな知識水準の人々をうまく調和させなくてはならない。ＢＰはこの課題に対処するために、油田別の巨大プロジェクトを立ち上げて、石油・天然ガスの探査、あるいは石油の精製とマーケティングといった職能横断的な取組みを通して、プロジェクトの専門性を高めていった。

◉――知識環境のインフラを築く

次は、有用な知識環境を生み出すために、土台となる概念を整理する番である。まず、知識共創を支える組織インフラを築こうとする際に、企業が心得ておくべきポイントを押さえておきたい（以下のリストにあなた自身で思いついたものを追加してもよい）。

- 知識共創の核となるのは個人である。そこで出発点として、一人ひとりのメンバーとその個性を尊重すべきだ。
- 階層制を排して、実力主義を徹底させなくてはいけない。業務内容や肩書が何であるかにかかわらず、専門知識を見つけ出して広め、活用するのがねらいである。
- 管理上の区分や組織の壁にとらわれずに、実践コミュニティごとに知識を取りまとめる必要がある。

・任務や技能に応じて、痛みを伴わない形で絶えず人材を集めたり、解散させたりする。さまざまな組織がコンピタンスを利用できる仕組みが重要で、組織上の建前などの障壁があってはならない。
・大きな貢献のあった人を、社内での階層や部門間の垣根を越えて公平に評価すべきである。
・顧客を含む幅広いコンピタンス基盤と、マネジャー・従業員との間の知識共創を支えるために、DART、すなわち対話、利用、リスク評価、透明性などを実現しなくてはならない。

続いて、技術面のインフラを構築することになる。

・新旧の多彩なデータベースからの情報を全社的に取りまとめ、誰でもすぐに利用できるようにしなくてはならない。
・音声、動画、静止画、文字、統計などさまざまな種類のデータを、どこからでも同じように利用できなくてはいけない。
・ラインマネジャーが、アナリストに任せるのではなく自分でデータベースを検索できるように、操作を簡単にする必要がある。
・データ・インターフェースが、誰でもすぐに理解できるものでなくてはいけない。
・インフラを通して仮説を検証できるだけでなく、仮説を設けられる。

図10-2 知識環境の七つの層

第7層	価値を共創する 新たな慣行を創造する
第6層	発見を促す 多彩なアイデアを取り込む
第5層	行動チームのやる気を高める 新しい施策を始める
第4層	コンピタンスの源を活用する 利用しやすさ、見やすさ、対話
第3層	情報を利用する 文脈に沿った知識を抽出する
第2層	情報を共有する 社内のベスト・プラクティスを知る
第1層	研修と人材開発 技能の土台を作る

・インフラが、多数の情報源からの情報共有を促す。また、マネジャーたちの情報スレッド作成を奨励し、そのスレッドを守る。
・データを再度参照する、新しい情報を追加する、絶えず新しいアイデアを生み出す、といったことが可能である。

知識環境のインフラは、図10－2に示したように七つの層から構成される。以下では、各層について順番に説明を施していく。

第1層　研修と人材開発

戦略的な変革の第一歩として、組織全体に新しい技能と視点を提供すべきである。多くの組織がこのニーズを認識していながら、研修や訓練の実施には尻込みしている。というのも、昔ながらの集合形式の研修では費用と時間がかかりすぎるのだ。しかし幸いにも、インターネットベースの技術を用いると、さほどコストをかけずにすぐに組織全体に研修を施すことができる。

バックマン研究所のフォーラムで培われるような知識も、研修目的に活かせるだろう。この種のフォーラムに現実の課題を投げかけて、担当者やアドバイザー役が意見を戦わせるようにしてみてはどうだろう。議論が花開けば、社内の実践コミュニティの活用が進むだろう。このような施策を通して、実践コミュニティを学習コミュニティへと変えるのだ。

第2層　情報を共有する

組織のノウハウをもとにして、なぜベストプラクティスが成果を生むのかを理解するには、長い時間を要する。だがマネジャーたちは、この理由を知っておかなくてはならない。このため情報の共有をめざす際には、単に情報を集めてリスト化するだけでなく、情報の底流にあるコンセプトも取り込むべきだ。

第3層　情報を利用する

ベストプラクティスについて知っていても、そのとおりに行動できるわけではない。文脈に関する知識を得て、文脈の中でベストプラクティスを捉え直す必要もあるのだ。マクドナルドは、牛肉を絶対に食べないというインドの風習を知っておくべきだろう。ディズニーは、フランスではアメリカと働き方が違うことを心得ておくべきだ。同じ国の中ですら、業界が異なれば競争環境も異なる。インドではシャンプーは極貧層向けに、一回分がとても小さな容器に入れて売られている。ひどく貧しい人々にもシャンプーが行き届くようにしているのだ。しかし、インド人の食生活に欠かせない調理用油を一回分ずつ売るのは、いかがなものか。このように企業としては、一般的なベストプラクティスを押さえるだけでなく、地域に密着した知識を手に入れ、共有すべきなのだ。

第4層 コンピタンスの源を活用する

知識環境を通して、形ある情報（文書、音声、ビデオなど）だけでなく、人々の頭脳の中にある目に見えない情報を利用することに、各階層のマネジャーの意識を向けさせる必要がある。GMはどうやって社内の知識を引き出すのか。社内にはないが、事業パートナーが持っている知識については、どのようにして手に入れればよいのか。具体例を挙げたい。ミシガン州で働くGMのエンジニアが、ミラノにいるフィアットの従業員、あるいは韓国にいる大宇の従業員からトランスミッションに関する専門知識を得るには、どのような方法を用いるのだろうか。優れた知識環境は、このような事例にも十分に対処できる。BPの事例を通して見たとおりである。

適材を見つけやすいかどうかも重要なポイントだ。人材の略歴、興味分野、過去の実績といった情報を、実践コミュニティが参照できる仕組みが欠かせないのである。つまり、GMのトランスミッション・エンジニアは、国や地域が違っても全員が互いをある程度知り、実践コミュニティを形成して積極的に対話を進めるべきなのだ。

第5層　行動チームのやる気を高める

プロジェクトや施策のメンバーを慎重に選べば、そこから学習内容が社内に広まり、やがては全社の変革を導くだろう。ただし、行動チームのメンバーを選定してやる気を引き出すためには、どのような人材がいるのか、プロジェクトの優先順位はどうか、各人の特性はどうか、といった点を詳しく知っておく必要がある。

併せてマネジャーは、自分を律しながら厳しく試行プロジェクトを管理しなくてはいけない。というのも、有望なプロジェクトへの支出を惜しみ、成果を上げないプロジェクトにいつまでも執着するなど、パイロットプロジェクトに経営資源が無駄に投じられる事例があまりに多いのだ。スリーエム（３Ｍ）のＣＥＯジェームズ・マックナーニはこの分野で新しい取組みを始め、データベースを用いてＲ＆Ｄ支出の内容や成果を詳しく追跡できるようにした。このデータベースをもとに、どのプロジェクトを継続（あるいは拡大）すべきか、どれを打ち切るべきかについて、絶えず議論が戦わされている。

インテルも興味深い試みをしている。四〇億ドルにのぼるＲ＆Ｄ予算の一部を割いて、一流大学のそばに「ラブレット」という研究施設をいくつも設けて二〇人から三〇人ほどを配置、有望そうな新技術の研究に当たらせているのだ。[*14] ＩＢＭもエマージングビジネス・グループを新設して、自社の幅広いＩＴ研究成果を新興企業に提供しようと計画している。ねらいは、ＩＢＭのソフトウェアやサービスを土台にした新技術の開発を促すことだ。いずれの事例も、当事者が互いに知識を共有して学習を深めるという意味で、非常に大きな可能性を秘めている。

第6層　発見を促す

行動チームからはいくつものプロジェクトが飛び出すだろうが、これからの競争空間では、顧客の反応を含む多彩な情報をもとに、コストのかさまないプロジェクトを実現することが求められる。これも、ＢＰの事例を通してすでに見たとおりである。新たなアイデアや知恵は、顧客と積極的に対話する中から生まれるものだ。

第7層　価値を共創する

価値の共創に真剣に取り組む企業は、行動チームを設けたり、アイデアを生み出したりするだけでは満足しない。さらに一歩進んで、新しい競争手法についての合意を形成して、それに沿って各種行動の歩調を合わせるのだ。消費者との関係だけでなく、従業員同士の交流、マネジャーと経験ネットワークのかかわりなどについても注意を払い、これらの諸関係が多様性に満ちたものである点を理解しておかなくてはいけない。幸いにも、部門、階層、国や地域などを超えて、文脈を伴った情報を手に入れることは可能である。ただし、情報を体系的に取りまとめて業務に活かすというプロセスを安定したものにするためには、暗黙の決まりも必要となる。言葉を換えれば、マネジャーや従業員と知識環境、顧客と経験環境、それぞれのかかわり合いの質という視点から、総合的なEQM（経験の品質管理）を考えなくてはならない（EQMについては第6章を参照）。価値共創を実現するためには、自社のマネジャーや従業員のためにインフラを築くだけでなく、消費者のためのインフラも整備しなくてはいけないのである。

経営トップの視点からは、価値共創を図るとは、戦略そのものを築くことでもある。次章では、戦略を新たな発見へのプロセスと位置づけ、論じていく。

第11章
戦略とは発見への旅である
Strategy as Discovery

価値共創というパラダイムのもとでは、さまざまな戦略観がありうるだろうが、本書ではここまで、戦略立案プロセスや戦略の意味などには触れてこなかった。しかし、ラインマネジャーの役割の大きさや、マネジャーを主体とした環境づくりの重要性を説明し終えたので、いよいよ新しい戦略の概略を取り上げたい。

これまでの戦略観では、各企業は競争相手の行動に左右されるが、それを別にすれば、業界の発展状況や顧客の期待内容に独自に影響を及ぼせるとされてきた。ところが新しいパラダイムのもとでは、業界がどのように進化していくかを決定づけるうえで、消費者、さらには消費者コミュニティの動きがきわめて大きな意味を持つ。レゴやナップスターなどの事例を通して述べたように、消費者コミュニティが戦略に及ぼす影響力にはすさまじいものがある。経験ネットワークに参加する他社も、やはり大きな影響力を持っている。

価値共創パラダイムでは、戦略の方向性や意図が明確であったとしても、戦略を実行するためには、試行錯誤、リスク低減、スピード向上、投資削減などの努力をたゆまずに続けながら、市場への影響力を最大限に高める必要がある。これらすべてを独力で成し遂げられる企業など、一社として存在しないはずだ。

喜ばしいことに、この発見のプロセスを通して、私たちは創造性を高められる。もっともそのためには、戦略についての従来の前提をほとんど捨て去るほどの気概が求められる。

◉経営資源を新たな視点から眺める

戦略立案者の主な役割は、事業機会を見抜き、そこに経営資源を投じることである。これまで、戦略を分析する折にはまず、社内の経営資源のうち何をどれくらい利用できそうかを見極め、目標に沿って経営資源を確保しようとした。だが、一九九〇年代初めに「ストレッチ戦略」という概念が生まれ、変化が起きた。目標にふさわしい経営資源を充てようとするのではなく、あえて高い目標を設定して、新興企業型の起業家精神に火をつけようというのである。そのためには経営資源を増やすのではなく、目標を引き上げる（ストレッチする）のが定石だ。このストレッチ戦略を採用すると、自然の流れとして、知的資産を含む経営資源、すなわちコア・コンピタンスを十分に活かし、高める必要がある。その結果、戦略策定のアプローチを変更する企業が相次いだ。

一九九〇年代半ばになると、先進的な戦略立案者の間では、合弁事業の相手先や仕入れ先など、社外の経営資源を活かせないか、といった議論が展開された。仕入れ先や事業パートナーの経営資源を利用して、途方もなく大きな競争優位を手に入れる、という目標が立てられたのだ。

価値の共創という概念をテコに、経営資源はさらに別の角度から捉えられるようになった。社内や仕入れ先だけでなく、もっと幅広い範囲の経営資源を利用してはどうか。消費者コミュニティの知識ベースに頼ってもよいのではないか。仕入れ先、事業パートナー、消費者コミュニティなど広い範囲の資源――コンピタンス、知識、インフラ、投資力――などを利用すると、経営資源の厚みが飛躍的に増す。

このようにして、経営資源を所有・管理するという発想が廃れ、顧客や仕入れ先と協働関係を結んでその経営資源を利用する、という発想が生まれたのだ。第6章で紹介したように、リー・アンド・ファンは一切出資しないまま、仕入れ先各社の資源配分に影響を及ぼしている。企業間の取引ネットワークで中核的な役割を果たす企業（ノード企業）は、経営資源の所有をめざすのではなく、ネットワーク全体のいわば司令塔として、経営資源の配分を決めようとする。

価値共創を図ろうとすると、自社の目標だけを優先させるわけにはいかない。経験ネットワークのメンバーはみな、力を合わせて価値創造に当たると同時に、価値を手中に収めようとして競争を繰り広げるのだ。このため、戦略立案プロセスは絶えず利害のせめぎ合いに揺れる。とりわけ、多様な事業ユニットや個人がともに戦略の遂行に当たる場合には、せめぎ合いは激しさを増す。焦点となるのは、価値の共創をめざして協働成果を上げ、なおかつ経済価値の入手をめぐって積極的に競争を繰り広げるためには、どの程度の透明性が求められるのかである。協働と競争のバランスを取るのは、繊細な判断を要する仕事だが、何としても成し遂げなくてはならない。

◉――協働と戦略

価値の共創に向けて積極的に協働が進められない限り、経験ネットワークは音を立てて崩れていく。ところが、大多数のマネジャーは協働を自然なことと捉えていないため、実践するのは容易ではない。このため戦略立案者は、協働の長所と短所を十分に心得ておくべきだ。

そもそも協働とはいったい何だろうか。この言葉は広く用いられているにもかかわらず、定義はえてして曖昧である。複数のグループや人が協力して何らかの行動を取る場合、それを協働と呼ぶ。定期的な情報交換から、複雑で重層的な開発、マーケティングプロジェクトまで、その中身は多種多様である。本書でもインテュイット、アーキペラーゴ、ＮＴＴドコモ、ＺＡＲＡ、リー・アンド・ファン、マイクロソフトなど、さまざまな事例を紹介した。

協働は必要で好ましいものだ、というのが大方の見解のようだ。さらに肝心なのは、積極的に協働を推し進めない限り価値共創は実現しない、という点である。ただし、協働プランを立てるには、次の五つの問いの答えを見つけなくてはならない。

①なぜ協働を行うのか。どのような競争上の理由があるのか。
②協働を成功させるための条件とは何か。
③協働の手法や目的は従来とどう違うのか。
④協働のコストと利益は何か。コストは誰が負うのか。恩恵に浴するのは誰か。
⑤複雑な協働を成し遂げるには、どのような情報インフラが求められるのか。

まずは、なぜ協働を行うのかという点について探っていきたい。企業が今日直面する重要課題の中には、以下で挙げるように、協働を通してしかうまく解決できそうもないものがいくつかあるのだ。

サイクル時間の短縮とコストの低減

新たな競争空間で優れた成果を収めるには、迅速な対応と高効率が求められるのだが、この両方を実現するうえで協働が助けとなる。たとえば、仕入れ先との風通しを良くして、協力しながら業務を進めれば、行き違いや対立は減る。在庫に投資をする代わりに、情報提供に力を入れればよいのだ。

規模と範囲の拡大

大規模な多角化企業では、高い自律性を与えられた事業ユニットが、事業の規模と範囲を十分に活かせずにいる。ゼネラルモーターズ（GM）の各事業ユニットは、開発プラットフォームを共有すべきだろうか。仮に共有しない場合、重複が生じることによってどれだけの経営資源が無駄になるだろうか。金融機関は、クレジットカード、普通預金口座、当座預金口座、住宅ローン、自動車ローン、生命保険などを利用する顧客に向けて、すべてを網羅した明細書を作成すべきだろうか。これを行わなかった場合、サービスの合理化やクロスセリングの機会がどれだけ失われるだろうか。事業ユニット間で、あるいは他社との間で協働を実践すれば、その効果によって、以上のような損失は避けられるはずだ。

知識の利用

デジタルイメージング、遺伝子治療など数多くの分野で、業界の垣根が曖昧になり、技術の融合が進んでいるため、新旧の知識をうまく組み合わせなくてはならない。長い伝統を持つ化粧品業界で、突如として遺伝学や生物化学の専門性が必要になる。このような場合、社内にその分野の専門家がいなければ、協働によって外部の知識を利用することになるのだ。

投資効果の倍増

事業分野によっては、競争に必要な人材や資本を一社ではとてもまかなえない場合がある。そこで数社が協働して人材や資本を出し合えば、どこの企業も単独ではとても太刀打ちできないような、巨大なパワーがもたらされる。

変革の手法

従来型の企業が協働に取り組むと、協働のパートナーを変革の手本にして、企業文化を刷新する手法を学べるだろう。たとえば、伝統ある大規模企業が小規模企業と協働したのがきっかけで、事業のスピードを高めることができる、といった具合である。

リスクの分散

未知の競争空間では、何が最善の手法であるか見極めにくいものだ。市場機会の大きさや魅力度に確信を持てるまで、何回も試行錯誤が求められるかもしれない。あまりコストをかけずに社外の知識を利用できれば、リスクを分散しながら多数の試行が行えるだろう。

以上のように、協働には数々の利点があるのだが、にもかかわらず大多数の組織はその機会を十分に活かしていない。根本的な理由は、協働を当然の取組みとして受け止めていないことだ。協働を実現するためには、社内外の複数の組織が力を合わせなくてはならない。大多数の事例では、対立や緊張によるコストが恩恵を上回ってしまう。コストとは具体的にはマネジャーの時間や熱意、移転価格、優先順位、納期、ＩＴシステムや戦略の整合性、そのほかのさまざまな管理上の問題である。こうしたコストはすぐに発生するのに対して、恩恵に関しては、せいぜい「恩恵が得られそうだ」という希望的観測があるにすぎない。

そのうえ、短期間の業績をもとに報酬を決める制度があると、協働は一層難しさを増す。このような場合、マネジャーの間では、「自部門だけで動けばよい」との元来の意識がさらに強まっていく。長い目で見れば、協働によって効率が上がり利益が増えるとしても、こうしたメリットがすぐに現れる例は稀なのだ。

これらのハードルを乗り越えるには、協働を求める明確な、しかも強力な動きが求められる。ウォルマートは、3Mなどの大規模な仕入れ先に対して、取引窓口の一本化を求めた。この要望を受けて3Mは、資源配分や業務プロセスを見直し、事業部間の協働によって顧客対応チームを設けた。社内での協働を推し進めるためには、経営トップが強いリーダーシップを発揮したり、インセンティブを工夫したりするのが有効だろう。GEは何年も前からこれを実践している。

◉──価値共創へ向けた協働

協働は、緊密さや条件などの違いによって、いくつもの形態に分けられる。その概略を図11―1に示してある。

このように分類すると、これからの競争空間で価値を共創するためにはどのような協働形態が求められるのか、判断が下しやすくなる。[*1]

大多数の企業は、従来型のやり方、つまり市場に根差した取引主体の協働から出発して、仕入れ先

図11-1 価値共創へ向けた協働

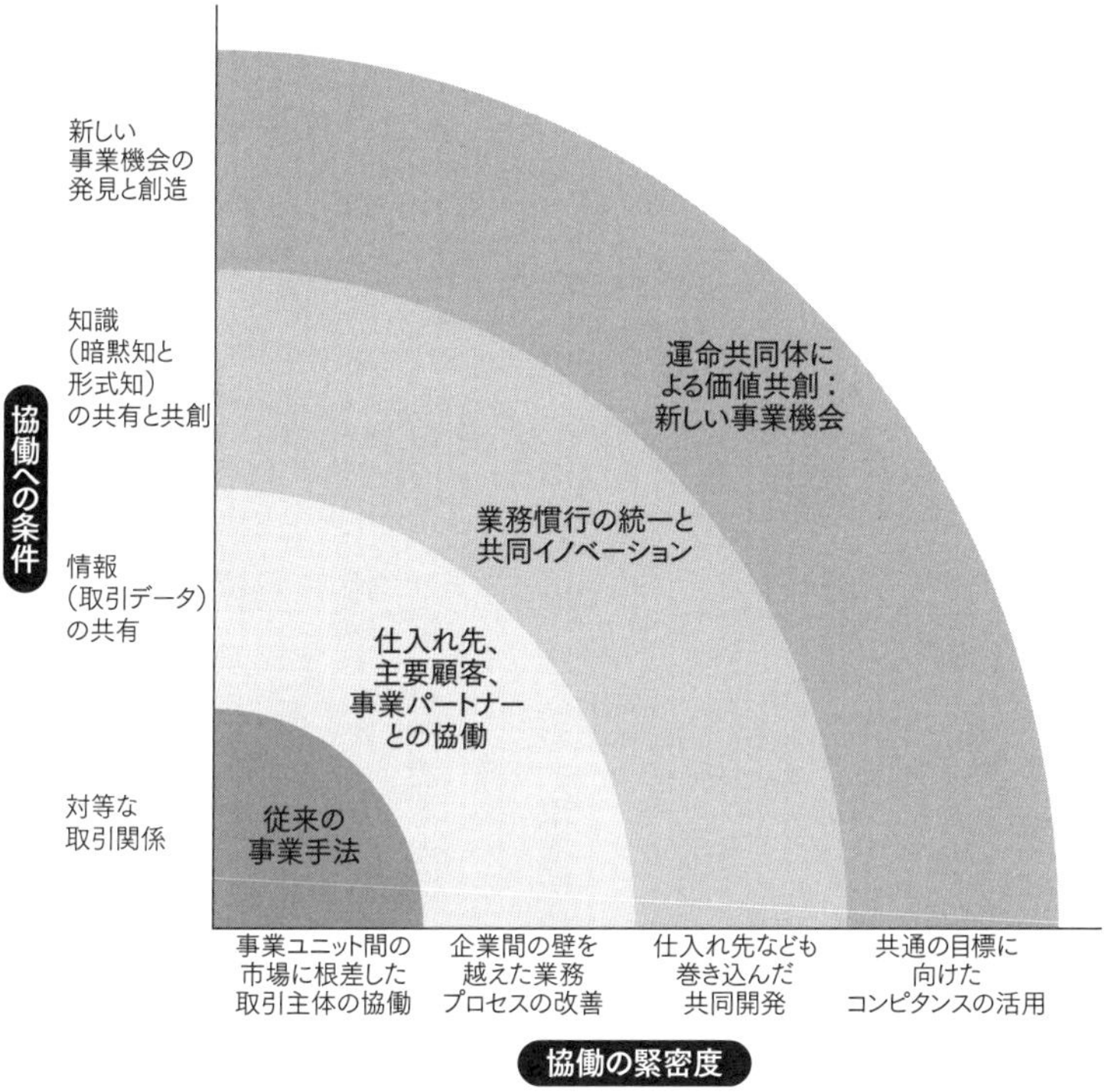

や主要顧客との関係を緊密化するメリットを知るに至った。このような協働を実践すると、コスト低減、対応の迅速化などが可能となり、販売やマーケティングの機会が増え、顧客満足度の向上にもつながる。ただし、この協働形態の利点をフルに活かすためには、情報共有が欠かせない。各企業は注文管理情報、販売・マーケティングの概要データ、販売予測などは積極的に共有しようとするが、具体的な顧客についてのデータ、製品・サービス別のコ

スト構造、財務ほか経営資源の配分状況などについては、往々にして共有を避けようとする。情報共有をさらに進めるには、強い信頼と特別なインセンティブが求められ、これらを実現するには、業務プロセスを改善して通常業務や開発業務を共同で行う必要がある。

協働の意義を称える論調はほとんどが、業務の内容と協働の手法がともに明確な中で複数の当事者が協働する、という事例を前提としている。協働の緊密度を高めていくと、業務そのものも、協働の手法も複雑さを増すが、その一方で、価値を共創する力も大きくなっていく。たとえば、社内外との共同開発へ踏み出すと、共通の業務、目標、経営資源の活用状況などをマネジメントするのが難しくなり、知的資産の所在、メリットとデメリット、成果への責任などをめぐって議論が巻き起こる。

協働にふさわしい能力が自社にどれだけあるかを知るには、各種の協働形態をどれだけ経験してきたかを厳しい目で振り返り、技術・組織両方のインフラについてどのような改善が必要かを見極めるべきだ。協働や共創の経験を詳しく分析してみると、非常に有益だろう。技術インフラを適切に改善すれば、おのずと組織インフラの改善も促されるという点も念頭に置いておくとよい。

いくつかの協働形態を比較検討したところ、以下のような結論が導き出された。

・最もシンプルで基本的な協働とは、事業ユニット間で業務プロセスを共通化するというものだ。しかし、これだけでは協働による価値共創の可能性は十分には活かせない。

・協働の緊密度が強まるにつれて、マネジメントチームの能力にも変化が芽生える。

・これからの競争空間で戦うためのいくつものニーズを満たすには、多彩な協働形態に対応する必要がある。
・多彩な形態の協働を行いながら、価値の共創と獲得をめざすには、技術インフラと組織インフラを大幅に手直しすることが求められる。

◉――協働のリスクとコスト

言うまでもなく、協働のリスクとコストは、便益と同じくらい見逃せないものだ。リスクの中身と大きさを見極め、管理するために、マネジャーたちは以下のようないくつかの問いをじっくりと考えておくべきだろう。

どのような情報を共有すべきか

すでに述べたとおり、仕入れ先ネットワークとの協働をめざす企業は、「情報を開示しすぎてはいけない」との意識を持っている場合が多い。競合他社に情報が漏れるのではないか、との不安があるのだろう。非常によく見られる対応は、情報流出を防ぐために鉄壁の守りを築くというものだ。だが、その前に次の点を考えていただきたい。競合他社に情報が流れる危険性は、実際にどれくらいあるのだろうか。重要情報を外部に提供するリスクと、透明性のきわめて高い環境で事業を行うメリットのバランスを、どう取ればよいのか。あるいは、ネットワーク化された社会では、情報が漏れるのは避けられないのか。そもそも情報のコントロールを試みるべきなのか。次世代の事業慣行を発見してそのリスクを取り除くのが、共創という新しいパラダイムのもとでの優れた戦略だとするなら、そこには何も秘密はいう点を考えてみるべきではないだろうか。

需要に対応できなかったツケは誰が支払うのか

製品やサービスの需要が大きく変動すると、数々の仕入れ先は新たなプレッシャーにさらされる。ノード企業の予測に、独自の修正を加味するべきだろうか、という疑問が湧き上がるのだ。供給過剰、あるいは供給不足に陥った場合、誰がそのコストを負担するのかという問題もある。情報そのものは瞬時に配信できたとしても、製品構成が複雑である以上、在庫水準は即座に調整できるものではない。この問題に対処するには、業務を一カ所に集中させて、配送を容易にするとともに、コストを低減すべきだろう。すると今度は、サプライチェーンがグローバル規模に広がっている場合には、メンバー間のつながりが弱いのではないか、という別の難題が浮上する。

効率向上による価値を誰が手に入れるのか

グローバル規模のサプライチェーンを築くと、全体の効率は目に見えて向上する。その結果、価値が増大した場合、えてしてGM、GE、デルといったノード企業がその大部分を手に入れる。サプライチェーンのすべてのメンバーが、リスクに対して同じだけのリターンを得られるのだろうか。この問題は、景気後退期にはとりわけ深刻である。サプライチェーン上で価値創造に貢献したすべての当事者が、対等に利益を得る仕組みは、どうすれば作れるのだろうか。

多数のシステムに対応する負担は誰が負うのか

いくつものサプライチェーンに属する仕入れ先はたいてい、多数のノード企業のITシステムに対応しなくてはならない。仮にGMのような巨大ノード企業一社だけと取引していたとしても、事業部ごとにITプラットフォームが異なる可能性があり、この場合には仕入れ先の負担は一層重くなる。多数のシステムに対応するコストを、仕入れ先はどう管理するのだろうか。業界全体で標準を定めたり、オープンシステムを採用したりして、サプライチェーン上の小規模メンバーの負担を軽減すべきではないだろうか。

協働によって生み出された知的資産は誰のものか

複数の企業が力を出し合って製品やサービスを開発した場合、どこが知的資産の所有権を持つかという問題が、大きな火種になりかねない。協働の際には、当事者間の交流を通して独自のダイナミクスが生まれ、そこには通常、重要な暗黙知がかかわっている。協働によって知識を創造した場合、各企業の貢献度はどのように測定・評価すべきだろうか。同じ企業の中ですら、社内取引価格をどうするかといった問題が原因で、協働が遅れかねない。まして、多数の企業が参加しているなら、複雑で激しい論争が繰り広げられるだろう。

ＩＴ関連の能力を生み出すコストは誰が負担するのか

既存企業はほぼ例外なく、複数のシステムをすでに構築してあるはずだ。そうした企業が協働を始める折には、往々にして多くの時間とコストをかけて「データ洗浄」を行う。これは、協働のインフラを築くためには必要な作業かもしれないが、ともすると計画がお粗末になる。自社の現行システムがどのように機能しているか、正確に把握していないからである。このようなプロジェクトを計画・遂行するには莫大なコストを要するが、どうこれを分担するのだろうか。

協働と競争に向けて新たな能力を培う

価値共創の段階が進むにつれて、協働のための能力を蓄えることが競争力を伸ばすことをも意味するようになる。これ自体が競争上の個々の動きにも増して重要な戦略的意味合いを持っている。これまでに述べてきたように、共創を実践するためには、消費者や仕入れ先などとの変わりゆく関係に絶えず対応することが求められる。個別の経験についての予測・コントロールは不可能であるため、マネジャーたちにできるのは、経験環境を創造することだけだ。このため、価値をどれだけ共創・獲得できるかが、戦略の意義を測る尺度となる。少なくとも、以下の基本要素は満たす必要がある。

- 事業機会について明るい見通しを提供して、ノード企業の地位を獲得する……気の利いたプランを提示して、他企業の参加を促す。つまり、戦略面でリーダーシップを発揮することが、各種のコンピタンスや経験ネットワークの投資力を活用するための前提となる。
- 経験ネットワーク全体にインフラを提供して、各企業の活発な活動を促す……各消費者がどのように共創にかかわっているかに応じて、ネットワークの参加企業は「待ち」の姿勢からいつ活動開始を求められるかわからない。このためノード企業にとっては、活動を休みがちな企業とも積極的に連絡を取り合うことが、マネジメント上重要になる。需要に応じてその時々の状況にふさわしいコンピタンスを活性化する能力が、欠かせないのだ。
- リアルタイムで機能する透明性の高い情報インフラを用意する……迅速な対応をするうえでは、文脈に合った情報を利用できる必要がある。
- 各企業が経験ネットワーク内のコンピタンスを利用して迅速に意見を統一できるよう、お膳立てをする意欲とそのための技能を持つ……知識環境は、行動の土台となる知恵を提供して、試行、結果の報告・取りまとめ、施策規模の拡大・縮小などの迅速化を後押ししなくてはならない。

競争力の大きさは、たゆまずにイノベーションを実現できるかどうかによって決まる。イノベーションといっても、大々的なブレークスルーである必要はない。むしろ、ちょっとした変革や適応をいくつも積み重ねて、消費者と価値を共創するのだ。最前線の場でこのような変化が続けば、新しい事業機会が明らかになるだけでなく、市場の均衡が破られるだろう。

筆者たちは、旧来の戦略立案者たちとは対照的に、市場が不安定であるのは好ましいことだと考えている。[*2] 従来は安定した状態のもとで、明確なルールに従って競争したいとの意識が強かった。そのほうが理解や説明が容易で、経営資源の手当てもしやすかったからだ。だが、F・A・フォン・ハイエクが四〇年以上も前に唱えたように、競争は産業構造を不安定にする。[*3] そのうえ、新しいルールで競争する場合には意外な出来事が相次ぐ。経営資源を入手できるかどうか、どの程度活かせるか、どのようなプロセスを通して価値を創造するかなどがすべて流動的であるなら、変わりゆく現状に適応し続けなくてはいけない。このため反応スピードが戦略ツールとしてきわめて重要となる。

このような状況に置かれた場合、マネジャーはこう自問するかもしれない。「常に適応と調整を続けているのなら、戦略とはいったい何だろう」「めざす地点を心得ているべきでは」

たしかにマネジャーには考えや方向性が必要である。しかし、そのような大枠を守りながらも、小さな軌道修正を絶えず行わなくてはいけないのだ。いわば、「南のマイアミではなく、北のトロントへ向かう」と言って、ネブラスカ州オマハからクロスカントリー・ドライブに出発するようなものである。だが旅の途上では日々、速度を調整し、食事や給油のためにどこかに立ち寄り、渋滞や道路工事を避けて迂回路を選び、もしかしたらどこかで面白そうなイベントを見つけて、急遽そこに立ち寄るかもしれない。

もとより、めざす地点（この場合はトロント）がはっきりしていなければ、微調整を繰り返すのは無意味だろう。長期的な目標は欠かせない。明快な視点を持ち、それを支えにして調整や順応を重ねていくのだ。優れた戦略なら、これを実現できるはずである。

価値共創に経営者が果たす役割

これからの共創環境では、経営者がきわめて大きな役割を担う。経営者は以下の役割を果たさなくてはならない。

- より良い経験を実現するための競争力を培う。
- 将来見通しを持ち、明快にわかりやすく説明する。
- マネジャーたちに、望ましい意識や技能を植え付ける。
- 社内での協働を奨励する。
- 知識環境の整備を後押しする。

ただし、すべての階層のラインマネジャーが積極的にかかわらない限り、価値の共創は実現しない。

経験ネットワークのすべてのメンバーの役割を理解して、それぞれのニーズの変化にリアルタイムで対応するのは、ラインマネジャーの仕事である。ラインマネジャーの役割を以下に挙げる。

・会社の大筋の方向性あるいは戦略目標を深く理解する。
・自分の任務が会社の戦略目標にどうかかわっているか、心得ておく。
・顧客、仕入れ先、従業員他、共創ネットワークの各メンバーの経験に絶えず目配りをしておく。
・環境の変化に応じて、たゆまずに行動を軌道修正する。

トロントまで運転していくのは、最前線のマネジャーだ。コールセンターのオペレーター、整備士、セールス担当者、物流マネジャー、会計係、製品開発者など、顧客と接点を持つ従業員はすべて、顧客のために魅力的な共創経験を実現する、という共通の責任を負っている。共創は組織全体に活力をもたらすのだ。このため戦略は、組織全体を巻き込む力を持たなくてはならない。そして、組織の全員が自分の裁量でリアルタイムで行動しながらも、共通のビジョンで結ばれている、という状況を生み出すのだ。

●――共創と新しい戦略観

表11-1 新旧の戦略観

	従来の企業中心の戦略観	共創を前提とした戦略観
戦略の目標	既存の業界の枠内に自社を位置づける	新しい価値の源泉と事業機会を追求する
経営資源への見方	経営資源は固定している——自社を中心とした見方	必要に応じて外部のものを利用する——仕入れ先、事業パートナー、顧客などにも目を向ける
重要な経営資源	財務資本、物的資産	人材、経験ネットワーク内の知識、各当事者と対話するためのインフラ
業界の全体像	安定と均衡を追求する	不安定で均衡の崩れた状態に対処する
戦略についての責任者	経営トップ	組織全体——ラインマネジャーが重要な役割を担う
戦略の立案方法	分析主体	分析をもとに組織的に立案
経営者の役割	経営資源の配分	コンピタンスの利用——経営資源の有効活用と配分
時間の長さ	長期	長期・短期両方
実施内容	戦略の立案と実行	長期的な大目標に向けて、新たな発見や、積極的な学習と適応を重ねていく

では、従来の戦略観と新しい戦略観はどう違うのだろうか。表11－1に両者を対比してある。

新しい戦略観では、戦略の立案と実行という区別は消える。まず考えて、それから行動に移る、というやり方ではないのだ。経営者は楽譜をもとに決められた楽曲を指揮するのではなく、筆者たちの尊敬する同僚カール・ワイクが述べているように、ジャズの即興演奏のように経営の舵取りをしていかなくてはならない。[*4]

戦略や価値創造についての考え方が変わると、経営の指揮を執り、他社と競争するためには、従来とは違った能力が求められる。社内を隅々まで見渡して、どのような職能が備わっているかを確かめ、こう自問してみる必要があるのだ。「各職能部門とそのマネジャーの発想は、共創を前提とした戦略や、共創経験を価値の土台として重視する考え方などとなじむだろうか。新しく手に入れるべき能力は何か」。次の最終章では、これらの問いを掘り下げるとともに、価値を共創するためには職能、インフラ、統治面でどのような能力が求められるかを述べる。

第12章

価値共創の未来に向けて

Building New Capabilities for the Future

本書の冒頭で筆者たちは、価値創造についてのこれまでの発想に疑問を投げかけた。共創パラダイムが優勢になると、企業の職能は事実上すべてが変化にさらされるだろう。マネジャーはみな、学習意欲を高めなくてはならないばかりか、伝統的な事業慣行を支える昔ながらの前提を、取捨選択していく必要に迫られる。

本書で紹介した諸事例からは、主要な職能がすでに変容を始めている点がうかがえる。事例を選ぶにあたっては、読者の皆さんが物の見方、考え方、プランニングの仕方を変えるうえでの助けとなるよう、工夫を施した。ただしそれだけでなく、行動も変えなくてはいけない。この章では、企業が職能面でどのような変化に直面するか、具体的に挙げていく。社風が変化を妨げているかどうか、どのように妨げているのかは、それぞれの企業で働く人々にしかわからない。そこで読者の皆さんには、本章の内容をもとに、自社のマネジメント課題をまとめ上げるよう、お勧めしたい。

製品の企画・開発

従来のバリューチェーンでは、消費者の多様性に対応するために各社は多種多様な製品を市場に投入した。品質、しっくり感、仕上げ、個性などを軸にして、仕様をめぐる競争を繰り広げたのだ。だが新しい価値共創空間では、製品開発の土台はがらりと変わる。さまざまな仕様の製品を揃えるのではなく、独自の手法によって顧客と価値を共創するのが主眼となる。

これは一筋縄ではいかない。というのも、企業の論理を克服するのが難しいのだ。エンジニア、生産マネジャー、会計士、ビジネスアナリスト、サービス担当者など、スペシャリストと呼ばれる人々は、消費者の世界に肌で触れていない。しかし、消費者の立場から企業とのかかわりを経験し、消費者経験というレンズを通して深い理解に達してこそ、マネジャーや従業員は消費者と心から共鳴し、消費者の夢や希望を共有できるのだ。

経験の設計

製品を、消費者経験を生み出す素として捉えてみよう。あるいは、消費者と企業が対等な立場で問題解決に当たる際に、両者をつなぐ接点になるのが製品だ、と考えてもよい。製品を企画・設計する折には、企業と消費者、両方の問題解決力や行動パターンを活かして、独自の経験を共創しなくてはならない。この作業次第で、両者にとって将来につながる能力を生み出せるかどうか、制約が増えるか減るかが決まる。このため、製品開発チームを刺激して、消費者経験がどのように進化するかを探ろうとの意欲を引き出せるかどうかが、製品やサービスの設計に深く影響するのだ。

ここで、ワシントンD.C.の中心部にあるベトナム戦争戦没者慰霊碑を考えてみたい。建築家のマヤ・リンは、戦没者の氏名を死亡日順に並べようと考えた。慣例に従ってアルファベット順にしてはどうかとの意見も寄せられたが、リンは「スミスなど同姓がいくつも並んでしまう」と述べて、死亡日順にこだわった。何人もの「ロバート・スミス」がいくつも並ぶ様子を想像していただきたい。近親者は、どれが自分の知る「ロバート・スミス」をなのかわからず、戸惑うだろう。

死亡日順に氏名を彫っていくと、一人ひとりの死が歴史の流れの中で位置づけられ、見る人の心を強く揺さぶる。ところが、戦没者の家族がこの記念碑を訪れても、正確な死亡日を覚えておらず、愛する人の名前を見つけ出せない場合が少なくなかった。家族は苛立ち、怒りを覚えた。そこで現在では、この問題を解決するために、記念碑のかたわらにアルファベット順の名簿が用意されている。[*1]

別の事例として、多くの家族が一日に何時間も利用する製品、テレビを取り上げたい。今日では各国で、チャンネル数は何十、それどころか何百にものぼる。にもかかわらず多数の人々が、見る価値のある番組が少ないと嘆いている。デジタル・ビデオレコーダーのTiVoや衛星テレビといった双方向の新しいシステムは、アルファベット順の番組一覧を用意しており、見たい番組名やジャンルがわかっている場合には便利だ。だが、放送開始から半世紀を経た今も、実際に見て楽しめる番組を探すための、簡単で役に立つ方法は開発されていない。いったいどういうわけだろうか。

発展性

価値共創の時代には、使用だけを目的に製品を考案するのではなく、消費者のニーズや企業側の力量が変わるのに合わせて改良や拡張を行えるように、製品に発展性を持たせておく必要がある。たとえば、可能であれば製品に十分な知能を組み込んでおき、個々の顧客の利用形態を把握して、それに合わせて進化できるようにするのだ。利用頻度の高い順に機能メニューを並べ替える、利用者の習熟度に合わせて高度な機能を紹介していく、といった具合である。ゲームソフトの一部はすでにこうした機能を備えている。テレビ、携帯電話、台所用家電、カメラ、照明器具なども、同じことが可能ではないだろうか。

◉——価格設定、精算、請求

柔軟性や適応性に優れた価格設定はすべて、経験を切り口としている。製品仕様やコストなどをもとに、企業中心の発想で価格を決めているのではない。

自動車保険の例を考えてみたい。オンスターやそれに類似のテレマティクスを用いると、保険会社は自動車のメーカーや車種ばかりか、持ち主の運転歴、その時々のリスク要因、さらには現在位置や走行速度までつかめる。このようなデータを分析すると、保障内容に見合った保険料水準をきめ細かく算定できる。すでにプログレッシブ・インシュアランスなどの保険会社が、類似のシステムを試行している。

価格設定を多様化すると課金や請求にも変化が生じる。従来の会計制度は、ビジネスモデルが一定で資産にも大きな変動がないとの前提に立っているため、有形資産を最大限に活用すれば収益性が高まる、との考えを広める結果となった。その反面で、経営資源が頻繁に組み替えられて予算項目が変更になる、貴重な資源が配分される（これには貸借対照表には表れない人材も含まれる）、あるいは、コストとは無関係にオークションによって価格が決まる、といった事態は想定していない。法律上は従来の会計制度に従うことが求められているが、日々の業務を遂行するうえでは、もはや従来の会計制度だけに頼るわけにはいかない。これまでのように項目別に予算を積み上げていくのではなく、施策ごとに柔軟に予算を立て、収益への貢献度を考え、リアルタイムに近い形でキャッシュフロー分析を行う必要があるのだ。

価格設定の多様化に関連して、マイクロビリング（小額課金）という手法がある。新しい経験空間で競争を展開するうえでは、このマイクロビリングを実現できるかどうかが、重要性を増しつつある。電話会社は以前から、分単位で課金をして料金を請求する仕組みを備えている。他の企業もこれに倣うべきだ。オークションによって価格が決まったり、顧客ごとに製品やサービスを組み合わせて提供したりすると、課金や請求は一層複雑になる。

請求システムは、顧客情報の宝庫であると同時に、顧客との接点でもある。以上のような理由から、請求業務を外からは見えにくいまま放置しておいてはいけない。請求業務を、経験のパーソナル化を促し、経済価値の獲得に寄与するツールへと変貌させるのだ。

◉――チャネルマネジメント

既存企業の多くでは、経験のパーソナル化を実現するうえで、伝統的なチャネル構造が足かせとなる。自動車業界では、フォード・モーターやゼネラルモーターズ（GM）によるウェブ直販にディーラーが抵抗してきた。金融業界でも、メリルリンチやエトナなど伝統企業は、ネット上での株式売買や保険購入の実現に前向きではなかった。旅行代理店もネット対応に消極的だった。こうした抵抗があるのは理解できるが、同時に、見過ごせない事実でもある。

従来型企業とそのチャネルパートナーは、伝統的な価値創造の枠組みにとらわれており、多数のチャネルを試すのが難しいのだ。本来これは、チャネルの選択肢を増やして、多彩な消費者経験を実現するためには、必要な試みであるのだが。この結果、予想されたとおり、エクスペディア・コム、イー・トレードなどが、新しい事業機会を活かしている。

チャネルの多様化をコスト削減の手立てとしてだけでなく、経験環境の重要な一部として捉える必要があるわけだが、ここからは、企業は新しい情報能力を身につけなくてはいけない、という教訓が引き出せる。一例として、各企業が顧客とのやり取りを逐一把握するには、どのような方法があるのだろうか。ATM（現金自動預払い機）、パソコン、電話、電子メール、対面などのうち、どの方法を用いるのか。チャネルごとに顧客経験、ひいては顧客価値にばらつきがあるようなら、足並みを揃えるべきだろうか。コストのかからないチャネルへ顧客を誘導すべきだろうか、それとも、顧客の好みに合わせるのが望ましいのか。従来型の企業は一般に、これらの問いに十分に答えられるだけのインフラ力を持たない。

ブランドとブランドマネジメント

ソニー、ホンダ、IBM、ヒューレット・パッカード、デル、ディズニー、ノキア、GE、東芝、ヴァージン・グループなど、名高いグローバルブランドを思い浮かべてみよう。これらの共通点は何だろうか。

右で挙げたのはすべて、コーポレート・ブランドなのである。たとえばソニーは、ウォークマン、プレイステーション、ソニーミュージック、テレビで有名なトリニトロンなど、各製品や子会社のブランドを包括している。ソニーは、明確な階層を設けてブランド資産を構築している。ソニー全社としての約束（イノベーションや高品質の実現）があり、その下にウォークマン、プレイステーションといった、具体的な製品と結び付いたブランド群がある。ソニー本体は、消費者にも投資家にもさまざまな選択肢を用意し、ブランド資産の中核としての役割を担いつつある。変化の激しい海で、錨のような役目を果たすのだ。

では、企業が経験志向を強めた場合、錨のように価値を支えるものはいったい何だろうか。[*2] その答えは、多数のチャネルで多数の出来事が起きたとしても、共創経験の質を常に一定以上に保つ力だと考えられる。経験はそれ自体がブランドとしての意味を持つ。そしてこの経験というブランドは、広報やイメージ操作とは違って、企業中心の発想とも、一方通行のコミュニケーションとも無縁である。

各顧客の具体的経験だけをマネジメントしようとすると、企業のコントロールの届かないところで主観的にブランドイメージが決まりかねない。そうではなく、消費者や消費者コミュニティと力を合わせながら、経験環境をマネジメントすることに力を注ぐべきだろう。ブランドマネジャーは、全く新しい経験の実現を後押しし、新しい顧客接点を生み出す。そしてその先は消費者の意思に委ねるのである。

マーケティング、販売、サービス

新しいパラダイムが興隆するにつれて、企業と消費者の間の約束事は大きく変わってきている。表12－1に、価値共創パラダイムの台頭とともに、企業と消費者のかかわり合いがどう変化してきたかをまとめてある。[*3]

消費者は従来、企業の用意した製品やサービスの受け手と見なされていた。つまり、顧客は獲物のようなもので、企業は獲物がよく見えるように双眼鏡を携えながら、狩りをしていたのだ。「フロントオフィス」（本部）という表現にも、「消費者に関するマーケティング情報を吸い上げて事業に活かそう」という、企業中心の発想が見て取れる。

消費者をより深く理解し、最新動向を探り、消費者の希望や嗜好を把握し、競合他社の強さを探るために、フォーカスグループ、統計モデリング、ビデオを利用した分析ほか、さまざまな市場調査手法が開発された。企業はまた、ニーズをうまく押さえたうえで製品やサービスを提供するために、消費者のセグメンテーションを行ってきた。顧客セグメンテーションを突き詰めていくと、ワン・トゥ・ワン・マーケティングへとたどり着き、これが競争優位の源泉であるとうたわれた。

マーケティング手法の妥当性については、熱い論争が展開されているが、消費者を標的として見なす姿勢に疑問が投げかけられることはまずない。だが、消費者と企業の立場が逆転したらどうなるのだろうか。仮に消費者が企業、製品、顧客経験などに関して、体系立てて調べ始めたら。企業としては、顧客の需要を察知し対応するだけで十分なのだろうか。マネジャーは、市場をフォーラムに見立て、市場の現状を見極めるだけでなく、今後を予測する必要があるのではないか。市場をフォーラムに見立て、そこで望まれる経験を予測し、消費者とともにみずから先頭に立ってそれを実現すべきではないだろうか。

消費者は今や、業界の価値創造システムに厳しい目を向け、分析や評価を加えている。このため企業の側は、一方的に製品を作って消費者に提供するわけにはいかない。消費者は積極性を強めており、

	共創パートナーとしての消費者
買い手との間で末永い絆を育もうとする	**消費者と独自の価値を共創する**
1990年代	2000年以降
	消費者はコンピタンス・ネットワークの一部として位置づけられ、価値共創で企業と協働する一方、価値の獲得をめぐっては競合する。市場は共創経験を生み出すための「フォーラム」である
企業からあらかじめねらいを定めたグループに向けて、片方向のコミュニケーションを図る	消費者の個性を尊重するだけでなく、テーマ・コミュニティの構成メンバー、これからの社会や文化の担い手として捉える
利用状況を見ながら提供内容を決める。顧客を深く理解し、初期の利用者の意見などをもとに製品やサービスを改める。あらかじめ用意したメニューの範囲内で、製品やサービスをカスタマイズする	消費者は価値共創のパートナーであり、価値共創を実現するためにはDART（対話、利用、リスク評価、透明性）の確保が欠かせない。企業は個々の消費者と、経験環境の中で経験を共創する。製品やサービスもその環境の一部である。企業は発展性のある経験を実現できるように、経験環境を設計しなくてはいけない。消費者のリーダー的存在とともに、経験環境に期待される条件を思い描き、市場に受け入れてもらう努力をする
リレーションシップ・マーケティングを実践し、双方向のコミュニケーションを図る	消費者やテーマ・コミュニティとともに期待内容を定め、パーソナル化された経験を実現する。多方向のコミュニケーションと協力を行う

コミュニティに参加したり、企業が持つのと同等、あるいはそれ以上に充実した情報を利用したりしている。そして、価値創造についての自分なりの考え方に沿って、どの企業とリレーションシップを結ぶかを決める。こうして、狩猟をする側だった企業が逆に狩猟される側になったのだ。

　市場がフォーラムとしての性格を帯びると、企業にとっては消費者や消費者コミュニティとじかにかかわりを持つことが重要となる。消費者の変化は、かたわらにいてともに価値を創造しなければ理解

表12-1 企業・消費者間のかかわり合いの変化

	受け手としての消費者	
	特定のグループにねらいを定め、購入を説得する	買い手と1回ごとに取引をする
時期	1970年代〜80年代前半	1980年代後半〜90年代初め
消費者の役割と市場の概念	消費者は「社外の存在」、つまり、消費というあらかじめ決められた役割だけを果たす、受け身の存在と見なされる。取引の対象にすぎないのだ	
経営者による消費者観	統計データをもとに消費者の平均像だけを捉える。特定のグループを購買層としてあらかじめ想定する	データベースほか各種のデータをもとに、個別の消費者を統計上の取引相手として認識する
企業と消費者のかかわり合い、製品やサービスの開発	従来型の市場調査やアンケートに頼る。顧客の意見をあまり反映させないまま、既定路線に沿って製品やサービスを開発する	ヘルプデスク、コールセンター、顧客サービス・プログラムなどを通して、販売だけでなく顧客サポートにも力を入れる。顧客の意見や苦情をもとに製品やサービスを改良する。クロスセリングや組合せ販売を行う
コミュニケーションの目的と流れ	企業からあらかじめねらいを定めたグループに向けて、片方向のコミュニケーションを図る	データベース・マーケティングを展開する。個人にねらいを定めて双方向のコミュニケーションをめざす

できない。企業は、消費者との充実した対話を通して、できる限り相手を深く知るべきで、対話の中身も消費者の知識や技能に応じて洗練度を高めていくはずだ。消費者を核に据えて情報システムを築き、情報システムの力で共創経験のあらゆる側面、つまり情報収集、製品やサービスの企画・完成・納品などに積極的に消費者を巻き込む必要がある。共創とは、単に消費者と共同マーケティングを展開したり、消費者に販売活動を担ってもらったりするのとは違う。企業が共創の本質を心か

ら理解して、消費者と手を携えながら期待内容を思い描き、望ましい経験を築いていくのである。

●――CRM

情報技術の分野では近年、いわゆるCRM（カスタマー・リレーションシップ・マネジメント）ソフトウェアを用いてマーケティング、販売、サービスなどをオートメーション化することに力点が置かれてきた。その主なねらいはコスト削減、業務プロセスの合理化、遅れの防止、効率の向上などである。

こうしたねらいは見直す必要がある。以下のような問いをもとに、CRM分野の新しい能力を築かなくてはならないのだ。[*4]

- 消費者経験を中心に据えてシステムを設計するには、どうすればよいか。
- 企業とさまざまな消費者コミュニティとの間で、多数の参加者による熱心な対話を続けていくためには、どのようにプラットフォームを設ければよいだろうか。
- 消費者に積極的に共創にかかわってもらい、関心を持ち続けてもらうには、どうすればよいのか。
- コンピタンスを持った消費者は、企業にとっての自身の価値に徐々に目覚め、それを活用しようとするだろう。どうすれば、そのような消費者とうまくかかわっていけるのだろうか。

- 消費者による曖昧な質問に答えられるシステムを作るには、どうすればよいのか。
- 多様な消費者に対応するシステムは、どのように開発すればよいのか。
- 消費者の多彩なコンピタンスをうまく掘り起こして、それに報いるためには、顧客サービスをどのように実現すればよいのか。

新しいCRMでは、効率性だけでなく、経験を柱とした融通の利くリレーションシップを実現しなくてはならない。ディーアがその模範を示している。ディーアの経験インフラ、そして仕入れ先、事業パートナー、顧客などとのネットワークは、単にサービスを向上させる以上の成果を生み出している。顧客とのリレーションシップを全面的に改める契機となったのだ。具体的に述べたい。農業機械の販売では従来、もっぱら製品を売り込むという姿勢が貫かれていた。「このコンバイン、いかがですか。お安くしておきますよ」という具合である。それが現在では、農家は自分たち特有のニーズに関連したデータを持っており、それをもとにディーアと力を合わせながら、少ない労力で生産性、ひいては利益を押し上げるにはどうすればよいか、知恵を絞っているのだ。包み隠さずに情報を出し合うことで、農家とディーア双方に便益がもたらされている。

顧客サービスにも変化が芽生えている。何か問題が生じた際に迅速に解決できるだけでは、もはや一流のサービスとはいえない。多くの業界ではすでに、遠隔での診断・修理を実現しており、顧客の手を一切わずらわせずに済む事例も少なくない。その好例は、ディーアのコンバイン、メドトロニックの除細動器、オーチスのエレベーター、ＧＥの航空機エンジンなどである。そしてこれを支えるのが、新しい、頼りがいのあるＩＴインフラなのだ。

以上のように、共創経験を支えるインフラの整備こそが、これからの時代に向けて企業がなすべき必須の仕事なのである。

製造、物流、SCM

顧客接点を取り巻く製造・物流システムやサプライチェーンを、新たな文脈のもとで組み替えるという取組みは、すでに進められている。たとえばホンダは、融通性の高いグローバル製造体制を整えるために投資をしてきた。ホンダの各工場は複数車種の製造に対応しており、ソフトウェアを搭載したロボットを用いて、ある車種から別の車種へと容易に製造ラインを切り替えることができる。以前であれば、新しい車種の製造に入る際には、多大な時間とコストをかけて装備を改めていたものだが、そのような必要はなくなったのだ。他方、ライバルのトヨタ自動車は、ウェブ上で特別注文車を受注して、一週間以内に納車する仕組みを編み出した。

多彩な共創経験を実現して、共創によって消費者にかけがえのない経験をもたらそうとするなら、当然ながら、サプライチェーン全体に手を加えなくてはならない。折に触れて構成を見直し、その時々で異なったコンピタンスを活用し、低コストで顧客と価値を共創しながら、なおかつ注文生産に対応し、必要に応じて手軽に規模を拡大・縮小できるようなシステムは、どうすれば生み出せるのだろうか。企業中心のサプライチェーンから、消費者中心の経験ネットワークという新しい体制への移行は、どのように実現すればよいのか。各企業は今、こうした幅広い課題に直面しているのだ。

経験環境を築くにあたってはイベントを中心に据え、要望を受けたらすぐに経験の共創に取りかかれるようにしておくべきである。物流インフラを、経験環境と密接に連携させ、イベントに対応して製品や情報の流れを作り、しかもその流れを組織内でガラス張りにしなくてはならない。製造、物流、サプライチェーンのインフラには、技術・組織両面があることを忘れてはならない。企業は、技術・組織面の諸要素を工夫しながら組み合わせて、経験ネットワークを支えるインフラを築く必要があるのだ（経験ネットワークを支えるインフラ能力については、第6章で詳しく述べた）。

ここで一つだけ補足しておきたいのは、ブラジル、中国、インドといった大規模な新興国は、低コストの物流インフラをすでに備えているという点である。つまり、自転車、牛に引かせた荷車、ラクダ、ロバなどだ。各企業に求められるのは、通信網やインターネット・バックボーンを、物理的な物流・サービスの仕組みと組み合わせて、共創経験のパーソナル化を達成することである。

情報技術

今日の企業は、柔軟な情報インフラを持っていない限り、基本的な役割をどれ一つとして果たすことができない。

シスコを考えてみたい。シスコは革新的なＩＴシステムを相互にネットワークで結んでいるため、稀に見る迅速性を身につけ、年間を通して二四時間以内に日次決算を終えている。だが、このシステムにも欠陥があり、そのせいで二〇〇一年度には二〇億ドルの在庫評価損を計上する羽目に陥った。[*5]

シスコのサプライチェーンには、セレスティカ、フレクストロニクス、ソレクトロンなど、製造委託先も組み込まれている。これら委託先は注文を受けるとすぐに製造に取りかかり、顧客にじかに完成品を納入している。と同時にこれら各社は、ＪＤＳユニフェーズ、コーニング、インテル、フィリップス・エレクトロニクスなど、大手の部品メーカー、半導体メーカーなどにも依存しており、それらがさらに大規模なグローバル・サプライネットワークに支えられているのだ。

シスコは、販売部隊の強気の売上予測をもとに、品薄気味の部品をかき集めていた。ところが顧客は、納期の最も短いメーカーから購入すればよいと考えて、シスコの競合他社にも注文を出し、いわば二股をかけていたのである。それに気づかないシスコと競合他社は、同じ顧客のために品薄の部品を争って確保しようとした。シスコのシステムは、需要急増の裏に顧客による二重発注があることを検知できなかったのだ。

そこで数百万ドルを投じて「ｅハブ」という高い志に根差したプロジェクトを立ち上げられた（このプロジェクトは、過剰在庫を抱えて損失を計上する以前から始められていた）。ＰＩＰ（Partner Interface Process）という、多数の注文に関して非常に透明性の高い情報を提供するシステムとリアルタイムで連携して、品薄部品の奪い合いを避けようというのだ。現在では、ＰＩＰから製造委託先と部品メーカーの両方に需要予測データが送信され、それをきっかけにシスコの製造サイクル全体が動き始める。シスコでは、いずれは顧客とのオンライン取引内容を、リアルタイムで自社の財務データベースとサプライチェーンに反映させ、製造から納品までの流れをすべてオートメーション化したい、と考えている。

さらには、取引の場で顧客が新しいパワーを身につけたという事実、需要が変動するという事実を受け入れなくてはいけない、とも心得ている。各企業はＩＴシステムはもとより、製造・物流インフラ、サプライチェーンなどの全体に、高い融通性を持たせなくてはならない。これは経験空間で競争するための必須条件だといえる。

筆者の一人は、この四年間に大企業の上級管理者五〇〇人以上の協力を得て、環境変化への企業の適応力について、彼らがどう評価しているかを調査した。回答者の大多数は、自社のＩＴインフラは十分に整備されておらず、即応性に劣る、と考えていた[*6]（図12－1）。

筆者たちは、経験を軸とした競争についての自説や、産業界のリーダー数百人と意見を交わした内容をもとに、ＩＴインフラに求められる条件が何であるかを見極めた。各企業は、以下のような条件を満たす、柔軟性の高いＩＴインフラの構築に腰を上げるべきである。

図12-1｜競争を勝ち抜き、業界の変革をリードする能力

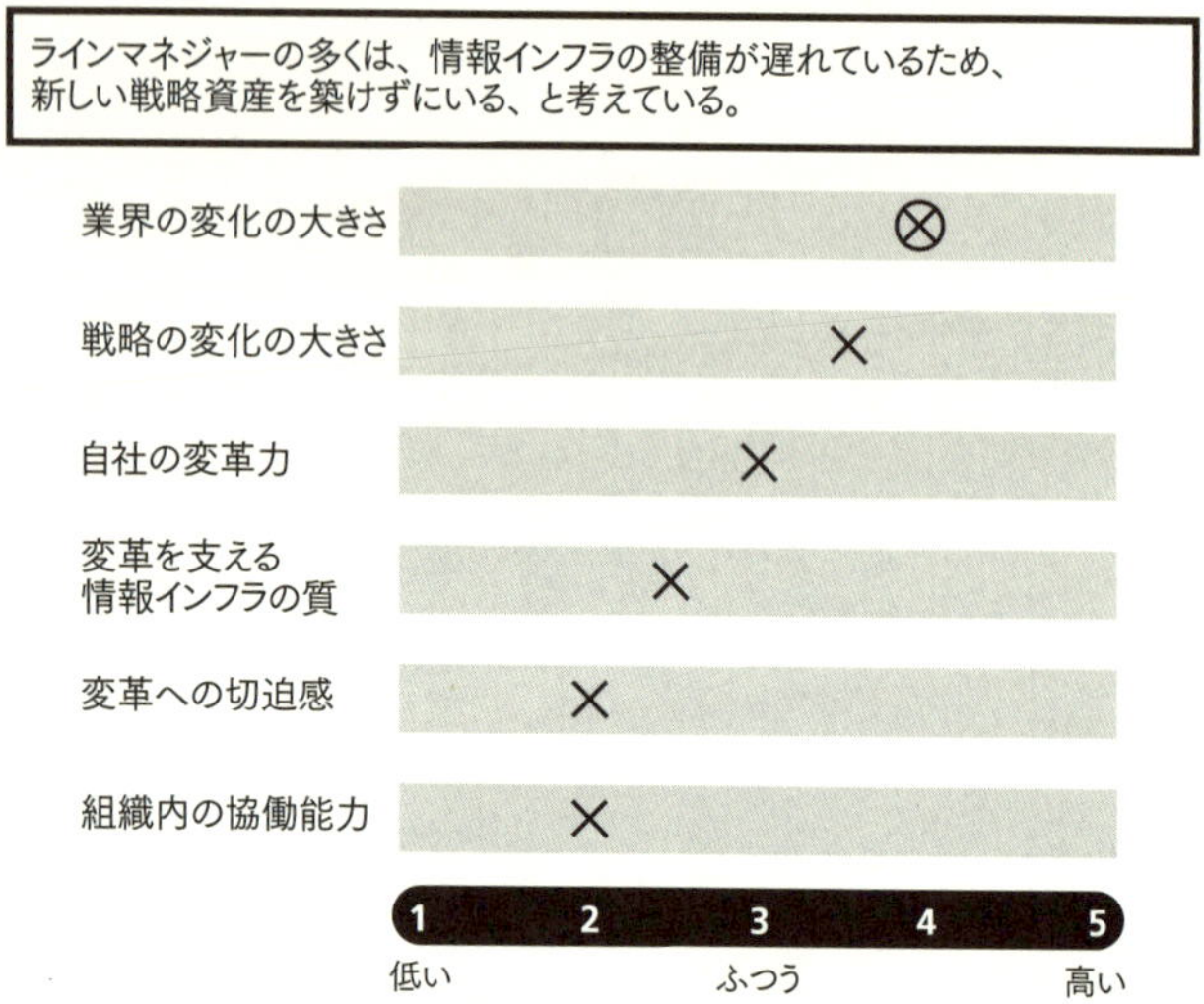

イベントの重視

経験を生み出す契機となるのは、機械の故障、顧客からの問合せ、在庫水準の変動など、何らかのイベントである。そうである以上、顧客にとって意味があり、企業の側でも対応可能なイベントを柱としてITインフラを構築すべきだろう。根拠の乏しい決まりや手順に基づくのではなく、マネジャーがどう情報を活用したいかに応じてITインフラが機能し、探求や問題解決が促されるようでなくてはいけない。

文脈に合ったデータの収集と活用

データをいくら積み上げても、そこから自動的にアイデアや知恵が飛び出すわけではない。レタス、トマト、キュウリ、サラダ・ドレッシングをテーブルの上に揃えても、ただ

眺めているだけではサラダはできないのと同じである。多彩な情報源からの各種データを文脈に合わせて集め、経営の「ダッシュボード（計器類）」「コックピット（操縦席）」などとも呼ばれる効果的なマネジメント手法によって活用する必要があるのだ。イベントや経験を切り口としてデータを収集・活用して、マネジャーに行動のヒントをもたらすのである。

透明性の徹底

組込み知能が急速に普及を遂げているため、消費者とのさまざまな接点から、ネットワークを介して絶えず情報を集める必要がある。それをもとにマネジャーは、消費者との価値共創をうまく実現できるように、行動を起こすのだ。

切り口の統一

特定の切り口をもとに情報を引き出すには、複数のアプリケーション、業務プロセス、データ源などを網羅して、経験ネットワーク全体からデータを集め、取りまとめることが求められる。そのためには、各イベントの場所や時間を意識しておかなくてはならない。情報に統一様式のインデックス（索引）をつけて、イベントごとに関連情報を引き出せるようにしておかなくてはならないのだ。一例として、交通事故が起こるとさまざまな対応がなされ、その過程では警察、保険会社、車載コンピュータ、病院、自動車修理工場などからのデータが活用される。このすべてを結び付けるのは交通事故というイベントだ。一つの切り口をもとに必要な情報すべてを引き出し、多数の事故に関する情報から傾向や法則性などを導けるよう、マネジャーのために環境を整備すべきだ。

仮説の組立てと次の業務慣行づくりの支援

現行の業務プロセスが前提とするベストプラクティスを支えるだけでは、新しい情報インフラとして十分とはいえない。次代の業務慣行が何かを探り、それを根づかせるための支援ができなくてはいけない。つまり、経営資源に大きな影響を与えずに、従来とは別の業務手法に対応する必要があるのだ。併せて、マネジャーが仮説を立てたり、膨大なデータから好ましくない兆候や例外を見つけ出したりするのを、後押しできなくてはいけない。このような仕組みがあれば、単に傾向を把握できるだけでなく、文脈にふさわしい着想が得られる。仮にファイアストンがフォード・モーターの持つ情報、たとえばタイヤ関連の補償サービスの提供状況や、顧客からの苦情内容などを参照できていたなら、両社はもっと早くにタイヤのトラブルに気づいていたのではないだろうか。

アプリケーション・ポートフォリオ・アプローチ

ＩＴシステムには必ず古い部分が残る。更改のつどすべてが新しくなる、などということはありえないのだ。そもそも、従来のアプリケーションがうまく機能しているなら、そのままでよいではないか。筆者たちが同僚のＭ・Ｓ・クリシュナンと行った共同研究によれば、情報インフラを高度化させるには、アプリケーション・ポートフォリオ・アプローチを取り入れる必要がある。これは、以下のようなスコアカードを用いて、各アプリケーションを評価するというものだ。「このアプリケーションの役割は何か」「主要な役割か、それとも補助的な役割か」「業務プロセスは安定しているか、それとも改善の途上にあるか」「どの程度の変更が予想されるか」「データの性格はどのようなものか」「情報の質はどうか」。このような点に思いをめぐらすと、各システムについて改善、点検、あるいは抜本的な刷新のいずれが必要かが見えてくる。

消費者との多様なかかわり合いへの対応

消費者と多様なかかわり合い方をするには、対話の可能性が開かれていて、経営資源を容易に組み替えられる必要がある。細かい業務プロセスを厳しくコントロールしながら、多彩なかかわり合いを実現する仕組みが欠かせないのだ。製品やサービスの各構成要素にきわめて高い品質を持たせたうえで、常に新しい組合せを探求していくのである。

イノベーションと効率性の調和

柔軟性の高いインフラは、変化できる能力（試行、イノベーション、臨機応変な対応など）と効率性（標準化への対応など）の両方を備えているはずだ。すでに述べたとおり、経験の土台となる要素にうまく投資をして、（技術ではなく）統一感のある経験を生み出すことに力を注げば、経験イノベーションを実現し、なおかつ効率も高められる。

充実したITインフラを構築する：GEメディカルの事例

先進的な情報インフラの条件をいくつも挙げてきたが、その中で最も重要なのは、ラインマネジャーの存在と役割を重視することである。私たちは、ITを単なる支援ツールとしてではなく、経験志向の企業へと脱皮するのに欠かせない戦略的な武器と見なすべきである。情報インフラに、文脈に合わせてイノベーションを成し遂げる能力を備えさせれば、新たな経験促進要因を顧客とともに生み出せるだろう。言葉を換えれば、マネジャーと消費者が力を合わせて、経験のイノベーションを図れるのだ。

ここで取り上げるGEメディカルは、利用者向けのデータサービスをウェブ上で提供する方策を見つけ出した。こうして「iCenter」というアプリケーションが生まれ、MRI（磁気共鳴画像診断装置）などGE製の医療機器から患者データを取り出して、顧客であるレントゲン技師のもとに送信できるようになった。GEではこの他にも、複数の顧客のiCenterデータを分析して、同じ医療機器を用いる放射線科同士の生産性を比べている。

GEはこの取組みから得た教訓を、他の事業部でも活かしている。一例としてGEの電力システム事業部門は、iCenterと類似のアプリケーションを用いて、タービンの性能を同規模の他社と

図12-2 ラインマネジャーとITのかかわり合いをめぐる課題

新たなニーズ	多彩な消費者経験 文脈をふまえた着想 協働を通した価値共創 経営資源の迅速な組替え
↓	
ラインマネジャーの重要性	マネジャーを消費者になぞらえる マネジャーが十人十色だということを理解する
↓	
ITとのかかわり合い	システムを利用して情報の利用・解釈、消費者との交流、協働、試行などを実現する
↓	
ITの実情	旧式のシステムが残っている、 データの精度が低い、 データベースやアプリケーションが複数にわたる、効率だけを追求する

比較分析する機能を顧客に提供している。

情報インフラに求められる要件について、マネジャーたちがさらに考察を深められるように、ラインマネジャーとＩＴのかかわり合いをめぐる課題を、**図12－2**にまとめてある。

ＩＴインフラがなぜ重要かといえば、消費者の置かれた実情と消費者経験をラインマネジャーに伝える役目を果たすからだ。地図が実際の地形を知る手がかりになるのと同じである。地図が正確であればあるほど、旅行者は進むべき道を探しやすい。地形が複雑であればあるほど、より詳しくて正確な地図が求められる。企業がリアルタイムで行動する必要がある以上、地形の変化はは地図はすぐに地図に反映させなくてはならない。

ところがほとんどの情報システムは、マネジャーたちに古い地図を押し付けている。というのも、過去のデータだけをもとに分析を行い、特定の分析ツールにしか使えない不適当な地図を提供しているのである。システムがこのような状態では、未知の土地を探索しながら先へ進む作業は、複雑になるだけだろう。マネジャーたちは、試行錯誤やイノベーションに役立つ情報システムを要望すべきである。

加えてマネジャーは、新しい発想法を身につけなくてはいけない。ある大手金融企業のCIO（最高情報責任者）から先頃、「現行の情報インフラには制約があるため、その枠内で物事を考えるようにラインマネジャーを訓練しています」という言葉を聞いた。これと同じ問題は多くの業界が抱えているようだ。ある大手自動車メーカーでも、情報システムを利用してもすぐには知りたい情報が得られず、従業員もその状態に慣れてしまっている。たとえば特定の地域を対象に、販売実績が予測を下回っている製品を割り出しその理由を探ろうとしても、なかなかその情報がつかめないのだ。マネジャーたちは、現行の情報システムにとらわれずに自由に思考を広げ、新しい着想につながるような問いかけをすべきである。

経験志向の企業をめざすうえでの課題

従来型の企業が将来に備えようとするなら、組織形態とガバナンス体制に大胆にメスを入れる必要がある。「これまでどおりの役割を果たしていればそれでよい」などと安穏としていられる組織など、一つとして存在しない。ビジネスモデルが修正され、新たな事業機会と課題が生まれるのに合わせて、人材、機械設備、インフラ、資本などを絶えず組み替えていかなくてはならないのだ。

あなた自身も、これからの事業環境のもとでどのようなマネジメント技能が重要になりそうか、ぜひとも書き出してみていただきたい。そのきっかけとなるように、ここにいくつかの技能を挙げておく。

協働をマネジメントする能力

あらゆる階層のマネジャーに、協働の手法や、価値共創へ向けて精力的に交渉を行う力などを植え付けなくてはならない。従来の境界を超えて知識を吸収し、育み、共有し、広めていく力を身につければ、組織にとってきわめて大きな強みとなるだろう。文化の壁を越え、さまざまな人と良好な関係を築くことは、これからの時代に求められる重要な能力なのだ。

変化の過程をマネジメントする能力

マネジャーたちは、顧客と技術の両方が変化する過程をいかにマネジメントすべきか、学ばなくてはならない。製品を変える際には、顧客の変化に先駆けないまでも、歩調を合わせなくてはならない。かなり以前の話になるが、パソコン業界では、利用者が電池の駆動時間、手頃なサイズ、重さなどを重視していたにもかかわらず、メーカーの側では処理速度、メモリー、記憶媒体などにばかり注意を払っていた。顧客経験に合わせて製品を改良しようとの機運が芽生えたのは、ごく最近である。

意識や発想をマネジメントする能力

価値共創を実践できるようになるためには、マネジャーの意識や発想がおそらく最も重要だろう。変化を好む、グローバルな視野に立つ、「瞬間の意味」を大切にする、といった意識や発想が求められるのだ。組織のニーズが個人、会社全体、経験ネットワークにどう影響するかについても、心得ていなくてはいけない。これらを頭で、あるいは理屈のうえで理解しただけでは足りない。異なる前提をもとに働いてきた多数の個人やチームを変革するには、感情や行動の面でどれほどの痛みが伴うかを心の底から理解したうえで、立ち上がることが求められている。このような過程を通して、人と人とのつきあい方にも変化が芽生えている。いかにしてマネジャーたちを、快適な場所から事業機会のあふれる場所へと引っぱり出すかが問われている。

技能ベースをマネジメントする能力

新しい事業機会をマネジメントするには、二種類の技能が求められる。第一に、マネジャーが自身で、あるいは部下たちによる分析を通して、事業を支える技術や消費者に関する豊富な知識を蓄えるべきだ。第二に、対人スキル、異なる文化への理解、チームスキル、さらにはたゆまぬ学習など、確実に業務を果たしていくための能力が重要である。「新しい競争空間の先頭を走ろう」と高い志を抱くマネジャーは、自身の能力を磨くことに力を入れるべきである。

価値観や信条をマネジメントする能力

ビジネスモデルや各当事者との関係が急激に変わると、人々は安定を懐かしむものだ。組織に安定をもたらすのは、価値観や信条である。多くの企業が、明確な価値観や信条を掲げようとしてきたが、その中身を額面どおりに守り続けている例はごく一握りである。仮に多様性の尊重を掲げたとしても、誰かがあからさまに、あるいはそれとなく、年齢、性別、人種、民族、学歴といった面での偏見を示せば、組織のうたい文句は空々しく聞こえるだけだろう。化学工学畑の人材が幅を利かせる化学会社では、遺伝学の専門家はどの程度あたたかく迎えられるだろうか。

チームをマネジメントする能力

当然ながら、一人、あるいは一つのグループだけでは、価値創造に必要な業務をすべてこなすなど不可能だ。だが、チームマネジメントは骨の折れる仕事である。たとえ、メンバー構成や業務内容をいつでも変えてよい、との権限がチームマネジャーに与えられていたとしても、説明責任は明確にしておかなくてはならない。競争の現実を、業績評価や報奨の制度に反映させるべきだ。マネジャーは、これまでのような四半期ごと、年度ごとの業績査定ではなく、プロジェクト単位にマネジメント成果を把握する方向に、頭を切り替えなくてはいけない。

スピードをマネジメントする能力

迅速な対応とそれを支える力、具体的には危険信号を早めに察知する力、その意味合いを解釈する力、競合他社の先手を打って経営資源を組み替える力などが、競争優位の源泉として重みを増していくだろう。他社に差をつけるためには、ただ行動を早めるだけでなく、思考のスピードと質を高めることが重要である。

◉社内統治のジレンマ

経験志向の企業へと脱皮するためには、価値共創を統治するプロセスを重視しなくてはならない。企業統治の議論はほとんどが、取締役会と執行役員との関係をめぐる内容だ。これも大切なテーマではあるが、ここではむしろ、本社と各地域、職能、事業別組織との関係、つまり内部統治に焦点を当てたい。この内部統治の質に応じて、取締役会がどのような監視をどの程度厳しく行うかが決まる。さらに見落とせないのは、内部統治のあり方次第で、事業別、地域別、職能別の各組織が価値共創に向けてどう協働するかが決まるという点である。

アメリカでの内部統治に関する研究はおおむね、以下の各グループの関係に着目している。

・本社と各事業ユニット……本社と事業ユニットの関係は何を土台に成り立っているか。本社は事業全体の舵取り役、持株会社、あるいはその中間など、どの役割を担うべきか。

・本社と地域別組織……ヨーロッパ、東南アジア、ラテンアメリカなど、地域別の戦略も本社が定めるべきだろうか。

・事業ユニットと地域別組織事業……ユニットはグローバル規模の使命を担うべきか。地域別組織は事業ユニットに、事業ユニットは地域別組織に、それぞれどのような義務を負うのか。

・本社の職能別グループと地域の職能別グループ……すべての組織階層が長期にわたって高い職能水準を保つには、どうすればよいのか。どのような監視やコントロールが求められるのか。

このテーマをめぐっては三つの基本的なアプローチがありうる。第一は、組織構造、権限、指揮命令関係といった、経営資源の配分を左右する要因に着目したアプローチだ。第二は、各マネジメント階層相互の関係に力点を置いたアプローチ。そして第三が、企業の信条、社風、制度、業務プロセスなどの必要性にかかわるアプローチである。この三つはいずれも十分な資料や文献があり、広く知られているため、ここでは詳しい説明は控えたい。その代わりに本書では、価値共創についての筆者たちの見解に沿った、一味違ったアプローチを紹介する。

筆者たちの考えでは、企業が価値共創に向けて動き始めると、内部統治にまつわる五つの根本的な課題が持ち上がる。①複雑さを増すリレーションシップをマネジメントする、②さまざまな協働形態をマネジメントする、③競争環境の急変に対処する、④分権化を推し進めてスピーディな対応を実現する、⑤高い柔軟性を保ちながら責任を果たす、である。以下、これらを個々に説明していく。

リレーションシップの複雑化

今日の企業は、かつてないほど多数の仕入れ先、顧客、消費者コミュニティなどとつきあいがある。ウォルマートのように、強大なパワーを誇り、消費者をうまく取り込んでいる企業、ハーレーダビッドソンやマールボロのように、魅力あるテーマコミュニティに顧客をひきつけている企業もある。往々にして、環境保護団体や人権擁護団体など、NGOへの対応も求められる。これら団体のニーズ、関心、目標などは絶えず変化している。

問題は、当事者の数が多すぎて、一定の関係を築いて体系的にマネジメントすることができない点にある。このような状況の中で、厳格な制度に従って業務を進めるようマネジャーに期待するのは、あたかもジャズバンドのメンバーに、即興演奏の前にその内容を楽譜に書き出すよう求めるようなものだ。あるいは、南インドの伝統的なカルナティック音楽奏者に、演奏時間を尋ねるようなものだろう。このような問いに正直に答えようとすれば、「やってみなければわからない」ということになる。アーティスト、バックの演奏者、さらには観客の気分次第で演奏の中身は変わってくるのだ。ただし、演奏成果を具体的に予測することはできないが、技能水準は予測できるという事実は頭に入れておくべきだろう。

この点は、将来の共創空間においても同じである。各当事者との関係を予測・コントロールできないことには、体系立った解決策を用意しておいたとしても、およそ成果は期待できないはずだ。

協働プランの必要性

前の章で述べたとおり、新時代の共創空間では、通常の取引関係、仕入れ先との情報共有、新規の事業機会に経営資源を割り当てるための提携など、多彩な協働形態が求められる。このため各階層のマネジャーは、協働と競争を切り替えるタイミングや手法を学ばなくてはならない。どの情報を社外と共有すべきか。どの情報は社内だけにとどめておくべきか。協働から生まれた製品は誰が管理するのか。マネジャーは、こうした問いにその時々で答えを見出していかなくてはならない。

協働を行うといっても、そのつど事業ユニットを組み直すわけにはいかない。むしろ、必要な経営資源だけを取り込んだり、切り離したりする能力を培うべきだ。あたかも面ファスナーのように、経営資源を手軽に取り込み外して、スピーディな資源の組替えを実現するのである。自部門の利益と全体の利益、個人の評価と全体の成功、各人の個性とチームワークなどをうまく調和させるのは、決して容易ではない。マネジャーは、組織図に描かれた明快な組織形態に安住するのではなく、曖昧で厄介なリレーションシップに絶えず対応しなくてはならない。会社が明確なプランを掲げ、関係者全員に伝えない限り、臨機応変に協働を続けていくことはできないのだ。

競争環境の急変への対処

多くの企業が、グローバル規模で業務プロセスを統一しようとしている。「業務プロセスを標準化すれば、全員の業務状況を手に取るようにつかめるはずだ」というのだ。

たしかにそのとおりかもしれない。だがこれは、社内にばかり目を奪われた効率重視の発想である。競争環境の移ろいやすさを考えると、業務プロセスを標準化したのではかえって非生産的ではないだろうか。本当に求められるのは、業務プロセスに絶えず注意を払い、必要に応じて修正を加えていく能力だ。結果として標準化が望ましいとの判断に至る場合もあるだろうが、標準化そのものを目標にするのは意味がない。標準化は総合的な解決策にはなりえない。

経営資源の透明性を高め、業務プロセスに柔軟性を持たせ、その時々の文脈に応じた資源の組替えを可能にすれば、ラインマネジャーはＥＱＭ（経験の品質管理）を実践しやすい。目標は、ひずみを生まずに手軽に、経営資源の組替えを実現することである。

分権化によって迅速な対応を実現する

今から一〇年ほど前、筆者たちの一人は、ある大企業のリーダーとともに仕事をしていた。プロジェクトの過程でその人物は、自社が一二〇日分を超える完成品在庫を抱えている事実を知った。なぜ在庫にそこまで資金をかけるのかと問いただしたところ、その事業部の責任者は「ご存じかとは思いますが、私たちは顧客志向で動いています。お客様の要望に即応できるように、在庫を揃えているのです」と答えた。立派な答えのように聞こえなくもないが、実はこの企業では、まとまった注文を受けて一度にすべてを納品できる事例は全体の六割にすぎない、という悲惨な結果が出ていた。つまり工場は、顧客のニーズとは無関係に、ただ漫然と完成品在庫を積み上げていたのだ。

現在この企業は、完成品在庫を五日分しか持っていないが、一回ですべての製品を納める比率は九八％へと跳ね上がった。顧客ニーズをつかんで迅速に対応する術を身につけたわけだが、それができたのは倉庫を埋め尽くすほど在庫を揃えたからではなく、柔軟性とスピードを高めたからである。価値共創パラダイムのもとでは、いくら在庫を積み上げても、リアルタイムの対応にはかなわない。

加えてグローバル企業の場合には、競争環境に絶えず目を光らせ、迅速に対応する能力を培うためには、分権化が必要になる。周囲の環境を探ったうえで適切な判断を下すためのツールを、最前線のマネジャーに与えるのだ。組織階層に沿って指揮命令を下すだけでは、もはや時代の流れについていけない。

高い柔軟性を保ちながら責任を果たす

科学的管理法で知られるフレデリック・ウィンスロー・テイラーはかつて時間・動作研究を行ったが、その後時代は大きく変わった。筆者の一人は以前、生産技術者として工場の出来高給を定める仕事をしていた。作業内容は明確に決められており、単純な繰り返し作業だった。製品の仕様もわかりやすく、管理業務も単純明快だった。

だが現在では、状況は一変した。柔軟性、チームワーク、たゆまぬ問題解決、業務改善のあくなき追求、仕入れ先との協働などが、当然のこととして求められている。そのうえ、業務プロセスの標準化をテコにして、成果責任を最大限に果たす必要もある。柔軟性を高め、チームワークを強め、協働を実践したからといって、責任を放棄するわけにはいかないのだ。

明快に定められた組織の使命に従い、単純な業績尺度と成果責任にさえ注意を払っていればよいのなら、さぞかし楽だろう。だが、それでは予測しなかった機会を見落として、途方もなく大きな見えざるコストを抱え込むおそれがある。あるマネジャーは、「事業機会を見逃しても、誰の首も飛びません。首になるのは予算を守れなかった場合です」と述べている。だが新しいパラダイムのもとでは、事業機会と予算はどちらも重要なのである。

統治力を培う：決まりと規律を設ける

従来、社内に統治を徹底させるには、組織や体制の整備を図ったものだ。そのためには、組織と組織の間にはっきりと境界を設け、責任を厳密に定め、業務プロセスを明確に練り上げた。近年では、社内を活性化させる手段として、ビジネス・プロセス・リエンジニアリング（BPR）、社風、企業信条などが注目されている。では、これからの価値共創の時代を見通した場合、どのようなツールの組合せが望ましいのだろうか。

組織や体制も依然として重要である。緻密に設計された、重みに耐えられる鉄骨の枠組みがなければ、大きなオフィスビルは立ちゆかない。それと同じで、大規模企業も最小限の官僚制を必要としているのだ（「官僚制」という言葉は好ましいものではないが）。明快な業務プロセスも欠かせない。ただし、業務プロセスが情報システムに組み込まれてしまうと、変更するのは難しい。組織や秩序は必要ではあるが、変化の激しい環境で生き延びるには、それだけでは十分ではない。それどころか、臨機応変な対応をめざすうえでの足かせにもなりかねないのだ。

大規模企業が諸活動の足並みを揃えるための手法として、組織や業務プロセスに加えて、決まりと規律を用いた新しいアプローチが生まれつつある。その中身を説明するために、リナックスの開発事例を取り上げたい。リナックスは、ウィンドウズと競合するオープン・スタンダードのOSである。ウィンドウズと同じようにこのリナックスも、新しい機能やアプリケーションが開発されるたびに進化を遂げている。ただしウィンドウズとは違って、有志のプログラマーたちによって共同開発されており、開発作業を全体としてコントロールする組織があるわけではない。リナックスの開発は現在も続けられているが、その作業が混沌《カオス》状態に陥らないのはなぜだろうか。*7

実は、リナックスの開発には誰でも自由に参加できるのだが、参加する以上は、いくつかの明快な決まりと規律に従うことが求められる。ソフトウェアコードは、誰もが自由に参照できるように公開しなくてはならず、システム全体の整合性を取るために専門家グループによる検証を受ける。新しいコードが取り込まれるのは、この検証作業が終了してからだ。ごくシンプルな決まりだが、これによって開発コミュニティ全体が、自分たちで作業の規律を守りながら、高い信頼性と成果を生み出している。

ここで、極端に分権化が進んだウェブのようなネットワークを考えてみたい。ウェブは自然に成長を遂げ、高い柔軟性を発揮して、さまざまな試行錯誤を可能にする。文化の壁にも阻まれずに、見知らぬ人々同士の協働をも可能にする。ウェブ上では、テーマコミュニティが生まれては消えていく。TCP／IPやHTMLのような簡潔で明快な決まりさえ守れば、誰でもインターネットを利用できる。

このため、ウェブ上で何が起きるかは誰も予測できない。これまでのところ、複雑な作業を進めるための緊密な協働（例：ロスアラモス国立研究所のウェブサイト上での科学上のブレークスルー）、ポルノ画像の流出、テロの支援など、さまざまな動きが見られる。[*8] このような分権的な手法を企業統治に応用したら、どうなるだろうか。

決まりと規律による企業統治：イーベイの事例

ピエール・オミディアがイーベイを設立したのは、「市場のパワーを大企業から個人の手に戻したい」との思いからだった。誰もが参加できるオークションを開設して、売買取引のプロセスを変えたのだ。二〇〇一年には、イーベイは一億七〇〇〇万件、総額九三億ドルの取引を媒介した。製品種類は一万八〇〇〇件を超え、イーベイの売上高は七億四九〇〇万ドルを超えた。取引ごとに最高五・二二〇〇二年には一五億ドルもの売上を叩き出した。[*9] イーベイが生み出したプラットフォームが、グローバル規模で経済の民主化を促したのは明らかだろう。従来の取引所とは違い、イーベイは売り手と買い手を区別しない。参加者の役割はその時々で異なるのだ。アンティーク家具を売る一方で、同時にデジタルカメラを購入することもできる。

当初イーベイは、①多彩な製品やサービスを揃える、②オークションならではの費用対効果を実現する、③使いやすいツールと明快なルールによって取引を楽にする、の三点に主に力を入れていた。ところが実際に運用が始まると、参加者たちがコミュニティを形成して独自にルールを設けていった。売り手は買い手に「お買い上げありがとうございます」といったメッセージを出す。「フィードバック・フォーラム」で売り手と買い手が個々の取引を評価する。このように徐々に新しい参加ルールが生まれ、それがユニークな顧客経験をもたらした。

産声を上げた当初のイーベイは、一般の人々が不用品を売るマーケットにすぎなかった。しかしその後、発見と効果的なイノベーションを通して、新しい戦略が築かれた。IBM、シアーズ・ローバック、ウォルト・ディズニーといった巨大企業までもが、イーベイを通して取引を行うようになった。イーベイの法人向けマーケットプレイスは二〇〇三年に開設され、すでに一〇億ドル以上の取引を仲介している。イーベイではこれまでに総額三〇億ドル超の自動車が売買され、四九〇〇万ドルのガルフストリーム製ジェット機まで出品された。

イーベイはメグ・ホイットマンCEOのもとで、価値共創を支える要素、DARTを統治プロセスに組み込んだ。イーベイの利用者は、一週間当たり推定二〇万通を超えるメッセージを送受信して、ヒント、問題点、サイト改善案などを交換している。このような対話は利用者と従業員の間で自由に交わされており、売り手、買い手の取引情報などを除いてほとんどすべての情報を利用できるほど、高い透明性が保たれている。リスク管理はどうかというと、利用者と取引数の多さを考えると、イーベイ上での不正件数は比較的低く抑えられている。これは、利用者に取引規則の遵守を求めていて、それが徹底されているからだ。銃器のような危険物の取引を禁止でも、イーベイは他社に先駆けた。

ここで、決まりと規律を柱とした企業自身による統治制度の基本が何か、まとめておきたい。

統治計画を広く知らせる

会社がどこをめざしているのかが見えなければ、従業員は自分の役割や果たすべき貢献を正確に理解できないだろう。従業員に計画を広く知らせ、その内容を拠り所に、創造性を発揮してイノベーションを成し遂げたり、重要な判断を下したりする必要がある（「この行動によって目標に近づけるだろうか」）。

マネジャーの相互支援や協働の指針を設ける

ある事業ユニットは、大学教授の協力を得て技術上の問題を解決しようとしている。別のユニットは、マイクロソフトやウォルマートと独自に購買契約を結ぼうとしている。社としては、このどちらを受け入れるべきだろうか。各企業は、協働ネットワーク内での各種類の取引や契約について、最低限の決まりを設けておく必要がある。イーベイのように、まずは従業員の暗黙知を活かしてごく簡単な決まりを設け、あとは経験に応じて少しずつ中身を改めていく、という方法もあるだろう。この方法を取ると、知的財産を守りながら、マネジャーたちに独自に動きやすい環境を用意できる。

価値観や信条を共有する

価値観を明確にして、絶えず実地に移していかない限り、大規模な組織や仕組みは生き残れない。価値観が共有されていると、各メンバーはそれを支えにして変革に立ち向かえる。半面、価値観をないがしろにしようものなら、消費者、マネジャー、投資家、政府・規制当局の信頼を一気に失いかねない。エンロンや児童への性的虐待問題を抱えるカトリック教会の事例を思い起こしてみるとよい。

市場の発展についての見通しを共有する

何か危険信号が察知されたとしても、マネジャーごとに異なる解釈をするかもしれない。シリコンバレーで働く人と、ドイツのハンブルクで仕事をする人とでは、市場の発展についての見方が分かれるだろう。技術の専門家と、マーケティング、あるいは財務畑のマネジャーとでは、やはり見解が異なる可能性が高い。このような多様性をプラスの方向に活かすには、すべての従業員が同じ枠組みに沿って市場の発展を捉える必要がある。

設計・開発上の決まりを設ける

設計・開発について標準化された明快な仕組みがなければ、協働は不可能である。あるグローバル企業などは、五種類の電子メール・システムを用いていて、CAD（コンピュータ援用設計）システムも複数の種類を導入している。経営陣はいかに協働を推し進めるか、グローバル性をいかに活かすか、といった話をしきりにしていたが、実務に携わるマネジャーたちは鼻で笑っていた。電子メール・システムもCADも統一されていないようでは、協働などできるはずがないのだ。

フォーラムで優先順位を決める

分権化の進んだグローバル組織では、優先順位を上から押し付けるわけにはいかない。そこで、フォーラムのような場で優先順位を議論して決めていく必要がある。話し合いを土台としたこのような仕組みを支えるのは、タスクグループ、全社の代表者で構成する実践コミュニティ他、さまざまな知識、専門性、考え方を集めた臨時委員会などである。これらグループの構成員を選ぶ際には、肩書ではなく、貢献度や功績を基準とすべきだ。

共通の言葉を用いる

大規模企業では、用語の定義を決め、それを組織全体に知らせておくことが重要である。会計や財務の分野では、これをすでに徹底している組織が多いが、人材開発、戦略立案といった分野の専門家は、言葉の使い分けや定義が曖昧だとして悪名高い。「パフォーマンス」「アカウンタビリティ」などが、実質的な意味を伴わないきわめて広い概念として用いられているのだ。業務のカギを握る概念について用語を決め、その意味を明確にしておけば、誤解や見落としは目覚ましく減るだろう。

譲れない条件を決めておく

決まりや規則を定めるにあたって上層部は、実務レベルのマネジャーと相談して、いくつかの「譲れない条件」を決めておくべきである。決まりが明快でない限り、権限をうまく委譲できるはずがない。たとえば、協働を行う際には移転価格を決めなくてはならないが、筆者たちの知る限り、当事者すべてが喜ぶような落としどころなど存在しないため、これは厄介な問題だ。だが、「できる限り市場価格を適用する。市場価格がつかめない場合には、経営陣が移転価格を決める」というシンプルきわまりないルールを用いる方法もある。肝心なのは、議論に終止符を打って、より生産的な活動に取り組むことだ。

企業の内部統治の基本は以上の他にもあるが、その骨子は「仕入れ先、事業パートナー、消費者などとのネットワークを管理するうえで、決まりや規律の重要性を軽視してはならない」という一点に尽きる。

図12-3｜企業統治の新しい枠組み

企業統治の新理論を築く

組織・体制、業務プロセスなどは、企業を安定させる骨組みの役目を果たす。しかしそれだけでは、十分な柔軟性を身につけて、分権化の進んだ環境で新しい事業機会に対応することはできない。このため、①正規の組織や体制、②業務プロセス、③マネジメント上の規律や決まり、という三要素を統治プロセスにうまく組み込む必要がある（図12―3）。

価値共創を契機にして、企業の内部統治には大きな変化が生じるはずだ。これはあまりに激しい変化であるため、統治のための理論にも刷新が求められるだろう。新しい統治理論の主な構成要素を、以下で見ていきたい。

分析の単位は何か

企業統治をめぐる従来の議論では、企業が分析単位だった。社内の経営資源だけに目を留め、「価値を生み出し、消費者との取引を通してその価値の一部を手に入れる」のが企業の役割だとされた。消費者との取引に際して、交渉のポイントとなるのは価格である。

ところが、共創空間ではこのような前提は崩れる。個別企業に代わって、仕入れ先、事業パートナー、顧客を含めたネットワークが分析の単位として浮上するだろう。企業は社内の経営資源だけでなく、こうしたネットワーク全体の資源を利用するのだ。価値は単独で生み出すのではなく、顧客との共創が基本となる。そして価値を創造したら、今度はその獲得をめぐって顧客と競うことになる。

顧客や競合他社との役割分担はどうなっているか

これまでの理論では、企業、顧客、競合他社の役割はあらかじめ明確に分けられていた。しかし、この前提はもはや実情に合わなくなってきている。消費者は価値共創のパートナーとして、企業との距離を縮め、半ば内部に取り込まれている。顧客は、時によって受け身にもなれば、積極的に共創に加わる場合もあり、価値をめぐって企業と競争を展開することもある。固定的な役割分担は消え、瞬間ごとに役割が移り変わっていくのだ。

戦略や事業の範囲はどこまでか

企業の規模や範囲については、法律の定義ではなく、事業の実情をもとに判断する必要が生じている。仕入れ先、事業パートナー、消費者などとネットワークを形成するノード企業の場合、戦略や事業内容はそのつど見直し、改めていくことになる。ノード企業が仕入れ先との取引を止める、仕入れ先がみずからネットワークを離れていく、といった事態もありうる。メンバー間の関係は変わりやすく、ネットワークの範囲も一定ではない。このような状況は、業績報告の作成にも大きな影響を与えるだろう。現行の会計規則は、企業が法的に所有する資産に着目して作られているが、実際に各企業が利用する経営資源は、自社資産だとは限らない。では、ノード企業単独ではなく、ネットワーク全体の経済効率を明らかにするには、どのような方法があるのだろうか。今後は、企業が利用してはいても、所有権を持たない経営資源、あるいは一部しか所有していない資源も反映できるよう、会計規則を検討していく必要がある。

どのような視点で利益を捉えるべきか

企業は、取引ごとに利益の最大化をめざすべきだろうか。あるいは、長期間にわたって複数の取引から得られる便益全体に注意を向けるのがよいのか。そもそも企業の目標とは、目の前の競争に勝利することなのだろうか。それとも、次回戦うためのチャンスを得ることだろうか。企業の購買マネジャーが仕入れ先から製品やサービスを購入する、という事例をもとに考えてみたい。このマネジャーは、個別の購入案件ごとに可能な限り単価を引き下げるのがよいのだろうか。あるいは、仕入れ先との間で長期的な関係を築いて、複数の取引を行い、仕入れ先のコンピタンスや経営資源を利用することを通して、全体としての便益を最大化したほうが得策なのだろうか。

投資家の定義は何か

従来は、投資家とそれ以外の利害関係者は明確に区別されてきた。だが今後の統治理論は、両者の役割が変容し、区別が付きにくくなっているという現状に着目しなくてはいけない。ストックオプション（自社株購入権）を付与された従業員は、投資家と見なすのが適切なのだろうか。レゴ・マインドストームのアプリケーション開発に力を貸し、レゴ社とその将来に投資する消費者はどうだろうか。多大な知識を共有する仕入れ先は。ブランドを広めるのに一役買う消費者コミュニティは……。このように、投資家の定義は広げる必要がありそうだ。資金の提供者だけを投資家と見なしていたのでは、新しいパラダイムのもとでの複雑な役割関係を十分に捉えられない。

以上で紹介した統治理論の概要を、従来の理論と比較しながら**表12－2**にまとめてある。

●すべての中心には個人がいる

新しい価値創造の現実は、さまざまな意味で私たちに発想の転換を促している。つまり、価値共創の機会が無数に生まれているため、これからの時代に期待が持てるということだ。ただし、この新しい競争空間で優位に立つためには、発想と行動を転換しなくてはならない。改めて述べるまでもなく、

表12-2 企業統治の変容

	従来の理論	今後のあり方
分析の単位	企業	仕入れ先、事業パートナー、消費者などを含むネットワーク
価値の土台	製品とサービス	共創経験
インフラの範囲	有形資産と金融資産	利用できる経営資源すべて（知識とネットワークを含む）
「企業」の定義	法律による	戦略と事業の実情による
企業と外部との境界	固定	常に変化
社外とのかかわり合いの性質とねらい	取引を主体とした関係。取引ごとに利益の最大化を図る。既存の競争ルールのもとで勝利をめざす	長期間の取引関係と共創経験。全体の利益と自社の利益をともに最大化する。競争の進化についていく
投資家の定義	実際の出資者	すべての利害関係者

この点こそが本書のテーマである。

おそらく、企業と経営者、マネジャーにとって最も重要なのは、すべての中心には個人がいる、という事実を認識することだろう。その個人が消費者、従業員、株主、仕入れ先など、どのような立場であってもかまわない。いずれにしても、個人を中心に据えて発想し、行動すべきなのだ。「企業が主体となって価値を創造する」から「消費者を主体にして価値を共創する」へと考え方を改めるのは、劇的な発想転換ではあるが、これを成し遂げるだけではまだ十分でない。組織の視点で個人を見るのをやめて、個人の視点で組織を眺める方向へと、時代は進んでいる。将来については誰も十分に予測できずにいるが、以上のような変化に目を留めると、実に多くの事柄が読み取れる。

しかも、そこから読み取れる将来像は、ビジネスの世界に閉じたものではないのだ。個人を中心に据えて組織を眺めるというトレンドは、政治や行政、教育、医療、文化・芸術、科学、宗教など、あらゆる分野において、もはや止めようのない大きな流れとなっている。やがてこの流れに沿って、世の中のあらゆる種類の大規模組織にとっての正当性の土台が形作られるだろう。ビジネスの分野では、エイブラハム・リンカーンの言葉になぞらえれば、やがては「人民の、人民による、人民のための」経済が生まれると思われる。ビジネス以外の分野も広く視野に入れれば、真に民主的なグローバル社会が生まれ、組織の都合ではなく、人々の権利、ニーズ、価値観が重視されるだろう。

価値共創の時代がもうすぐ始まろうとしている。あなた自身もぜひその動きに参加してほしい。競争の未来へ、そして未来を共創する機会へようこそ。

訳者紹介

翻訳家。東京大学法学部卒業。ロンドン・ビジネススクール経営学修士（MBA）。通信会社勤務を経て翻訳に携わる。主な訳書に『ブルー・オーシャン戦略』『経営は何をすべきか』（ともにダイヤモンド社）、『スタートアップ！』（日経BP社）、『つながらない生活』（プレジデント社）、『イノベーションの新時代』『ハーバード流ボス養成講座』（ともに日本経済新聞出版社）などがある。

コ・イノベーション経営

2013年8月1日 発行

訳者 有《ある》賀《が》裕《ゆう》子《こ》
発行者 山縣裕一郎
発行所 〒103-8345 東京都中央区日本橋本石町1-2-1 東洋経済新報社
電話 東洋経済コールセンター03(5605)7021
印刷・製本 ベクトル印刷

Printed in Japan　ISBN 978-4-492-52208-0　http://www.toyokeizai.net/

原著者紹介

C・K・プラハラード（C. K. Prahalad）

元ミシガン大学ビジネススクール教授。1941年インドのタミル・ナードゥ州に生まれる。1966年インド経営大学院（IIM）アーメダバード校で経営学修士、1975年ハーバード・ビジネススクールで経営学博士号を取得。企業戦略論の第一人者として研究を重ねるとともに、数々の国際企業でコンサルタントを務める。著書はいずれも世界的なベストセラーとなり、2007〜09年の「世界で最も影響力のあるビジネス思想家」第1位に選ばれる。2010年4月に逝去。主な著書に*Competing for the Future*（邦訳『コア・コンピタンス経営』）、*The New Age of Innovation*（邦訳『イノベーションの新時代』）（ともに日本経済新聞出版社）、*The Fortune at the Bottom of the Pyramid*（邦訳『ネクスト・マーケット』英治出版）などがある。

ベンカト・ラマスワミ（Venkat Ramaswamy）

ミシガン大学ビジネススクール教授。インド工科大学マドラス校卒業、ペンシルベニア大学ウオートン・ビジネススクールにて博士号取得。専門はマーケティング。関心分野は幅広く、イノベーション、顧客経験、コミュニティ、新市場の創造、ネットワーク、IT、人的資源、事業戦略などに及ぶ。最先端の研究により数々の賞を受賞。主な著書に*The Power of Co-Creation*（邦訳『生き残る企業のコ・イノベーション戦略』徳間書店）などがある。

解説者紹介

一條和生（いちじょう・かずお）

一橋大学大学院国際企業戦略研究科教授。IMD（国際経営開発研究所、ローザンヌ、スイス）兼任教授。1958年東京都生まれ。一橋大学大学院社会学研究科、ミシガン大学経営大学院卒業、経営学博士（ミシガン大学）。専攻は組織論（知識創造論）、リーダーシップ、企業変革論。主な著書に『バリュー経営』『シャドーワーク』『MBB：「思い」のマネジメント』（ともに東洋経済新報社）、Enabling Knowledge Creation（*Oxford University Press*、邦訳『ナレッジ・イネーブリング』東洋経済新報社）、『企業変革のプロフェッショナル』（ダイヤモンド社）などがある。

参考文献・原注

本書で筆者たちは，総合的な視点からビジネスの未来像を示した。インターネットの普及を背景に，豊富な情報が次々と得られる今日，読者は思いのままに情報を探索できるだろう。みなさんの探索をお手伝いするために，ここでは各章の内容に関係した書籍，論文，URLなどを，一部だが紹介する。「はじめに」でも述べたように，筆者たちは以下に挙げる研究者，著述家ほか，数多くの人々の業績から恩恵を受けた。

◉参考文献

Alderson, Wroe [1965] *Dynamic Marketing Behavior*. Homewood, IL: Richard D. Irwin (『動態的マーケティング行動』田村正紀ほか訳，千倉書房).

Becker, Brian E., Mark A. Huselid, and Dave Ulrich [2001] *The HR Scorecard: Linking People, Strategy, and Performance*. Boston: Harvard Business School Press (『HRスコアカード』菊田良治訳，日経BP社).

Brown, John Seely, and Paul Duguid [2000] *The Social Life of Information*. Boston: Harvard Business School Press (『なぜITは社会を変えないのか』宮本喜一訳，日本経済新聞社).

Brown, Shona L., and Kathleen M. Eisenhardt [1998] *Competing on the Edge: Strategy as Structured Chaos*. Boston: Harvard Business School Press (『変化に勝つ経営』佐藤洋一監訳，トッパン).

Cairncross, Frances [2002] *The Company of the Future: How the Communications evolution Is Changing Management*. Boston: Harvard Business School Press.

Castells, Manuel [1996] *The Rise of the Network Society,* Volume I. Maiden, MA: Blackwell.

Christensen, Clayton M. [1997] *The Innovator's Dilemma: When New Technologies Cause Great Firms to Fail*. Boston: Harvard Business School Press (『イノベーションのジレンマ』伊豆原弓訳，翔泳社).

Collins, Jim [2002] *Good to Great: Why Some Companies Make the Leap... and Others Don't*. New York: HarperCollins (『ビジョナリーカンパニー2』山岡洋一訳，日経BP社).

Davenport, Thomas H., and John C. Beck [2001] *The Attention Economy: Understanding the New Currency of Business*. Boston: Harvard Business School Press.

Davis, Stan, and Christopher Meyer [2000] *Future Wealth*. Boston: Harvard Business School Press (『インターネット資本論』キャップジェミニアーンスト&ヤング訳，富士通経営研修所).

Dertouzos, Michael (2001) *The Unfinished Revolution*. New York: HarperBusiness (『ダートウゾス教授のIT学講義』栗原潔訳，翔泳社).

Doz, Yves. Jose Santos, and Peter Williamson [2001] *From Global to Metanational:*

How Companies Win in the Knowledge Economy. Boston: Harvard Business School Press.

Drucker. Peter F.［2002］*Managing in the Next Society*. New York: St. Martin's Press(『ネクスト・ソサエティ』上田惇生訳，ダイヤモンド社).

Evans, Philip, and Thomas S. Wurster［1999］*Blown to Bits: How the New Economics of Information Transforms Strategy*. Boston: Harvard Business School Press (『ネット資本主義の企業戦略』ボストン・コンサルティング・グループ訳，ダイヤモンド社).

Foster, Richard, and Sarah Kaplan［2001］*Creative Destruction: Why Companies That Are Built to Last Underperform the Market-And How to Successfully Transform Them*. New York: Doubleday (『創造的破壊』柏木亮二訳，翔泳社).

Ghoshal, Sumantra, and Christopher A. Bartlett［1997］*The Individualized Corporation: A Fundamentally New Approach to Management*. New York: HarperBusiness(『［新装版］個を活かす企業』グロービス経営大学院訳，ダイヤモンド社).

Grove, Andrew S.［1996］*Only the Paranoid Survive: How to Exploit the Crisis Points That Challenge Every Company*. New York: Doubleday (『インテル戦略転換』佐々木かをり訳，七賢出版).

Haeckel, Stephan H.［1999］*Adaptive Enterprise: Creating and Leading Sense-and-Respond Organizations*. Boston: Harvard Business School Press (『適応力のマネジメント』坂田哲也・八幡和彦訳，ダイヤモンド社).

Hagel III. John［2002］*Out of the Box: Strategies for Achieving Profits Today and Growth Tomorrow through Web Services*. Boston: Harvard Business School Press.

Hamel, Gary, and C. K. Prahalad［1994］*Competing for the Future*. Boston: Harvard Business School Press (『コア・コンピタンス経営』一條和生訳，日経ビジネス人文庫).

Hamel, Gary［2002］*Leading the Revolution: How to Thrive in Turbulent Times by Making Innovation a Way of Life*. Boston: Harvard Business School Press (『リーディング・ザ・レボリューション』鈴木主税・福嶋俊造訳，日本経済新聞社).

Handy, Charles［1990］*The Age of Unreason*. Boston: Harvard Business School Press(『ビジネスマン価値逆転の時代』平野勇夫訳，TBSブリタニカ).

Hayek, F. A. von［1948］*Individualism and Economic Order*. Chicago: University of Chicago Press (『個人主義と経済秩序』嘉治元郎・嘉治佐代訳，春秋社).

Kelley, Tom［2001］*The Art of Innovation*. New York: Doubleday (『発想する会社！』鈴木主税・秀岡尚子訳，早川書房).

Kelly, Kevin［1999］*New Rules for the New Economy*. New York: Penguin (『ニューエコノミー勝者の条件』酒井泰介訳，ダイヤモンド社).

Kim, Chan W., and Renee Mauborgne［1997］"Value Innovation: The Strategic Logic of High Growth." *Harvard Business Review*, January-February (「バリュー・イノベーション——連続的価値創造の戦略」『DIAMONDハーバード・ビジネス・レビュー』1997年7月号).

Kotler, Philip［2002］*Marketing Management*. New Jersey: Prentice Hall (『コトラーのマー

ケティング・マネジメント　ミレニアム版』恩蔵直人監訳，月谷真紀訳，ピアソン・エデュケーション）.

Leonard-Barton, Dorothy [1998] *Wellsprings of Knowledge: Building and Sustaining the Sources of Innovation*. Boston: Harvard Business School Press(『知識の源泉』阿部孝太郎・田畑暁生訳，ダイヤモンド社).

McKenna, Regis [2002] *Total Access: Giving Customers What They Want in an Anytime, Anywhere World*. Boston: Harvard Business School Press.

Mintzberg, Henry [1994] *The Rise and Fall of Strategic Planning: Reconceiving Roles for Planning, Plans, Planners*. New York: Free Press（『「戦略計画」創造的破壊の時代』中村元一監訳，黒田哲彦・崔大龍・小高照男訳，産能大学出版部）.

Naisbitt, John, Nana Naisbitt. and Douglas Phillips [2001] *High Tech / High Touch: Technology and Our Accelerated Search for Meaning*. London: Nicholas Brealey（『ハイテクハイタッチ』久保恵美子訳，ダイヤモンド社）.

Negroponte. Nicholas [1995] *Being Digital*. New York: Knopf（『ビーイング・デジタル』福岡洋一訳，アスキー）.

Nonaka, Ikujiro, and Hirotaka Takeuchi [1995] *The Knowledge-Creating Company: How Japanese Companies Create the Dynamics of Innovation*. Oxford, U.K. : Oxford University Press（『知識創造企業』梅本勝博訳，東洋経済新報社）.

Normann, Richard, and Rafael Ramirez [1994] *Designing Interactive Strategy: From Value Chain to Value Constellation*. Chichester: Wiley（『「ネットワーク型」価格創造の時代』中村元一・崔大龍訳，産能大学出版部）.

Peppers, Don, and Martha Rogers [1993] *The One to One Future: Building Relationships One Customer at a Time*. New York: Doubleday(『ONE to ONEマーケティング』井関利明監訳，ベルシステム24訳，ダイヤモンド社）.

Peters. Tom [1994] *The Pursuit of Wow!* New York: Random House（『トム・ピーターズの経営創造』平野勇夫訳，TBSブリタニカ）.

Pine II, B. Joseph, and James H. Gilmore [1999] *The Experience Economy: Work Is Theater and Every Business a Stage*. Boston: Harvard Business School Press（『[新訳]経験経済』岡本慶一・小高尚子訳，ダイヤモンド社）.

Porter, Michael E. [1980] *Competitive Strategy: Techniques for Analyzing Industries and Competitors*. New York: Free Press（『競争の戦略』土岐坤訳，ダイヤモンド社）.

Rheingold, Howard [2002] *Smart Mobs*. Cambridge, MA: Perseus Publishing（『スマートモブズ』公文俊平・会津泉訳，NTT出版）.

Sawhney, Mohanbir, and Jeff Zabin [2001] *The Seven Steps to Nirvana: Strategic Insights into eBusiness Transformation*. New York: McGraw-Hill.

Schmitt, Bernd H. [1999] *Experiential Marketing: How to Get Customers to Sense, Feel, Think, Act, and Relate to Your Company and Brands*. New York: Free Press（『経験価値マーケティング』嶋村和恵・広瀬盛一訳，ダイヤモンド社）.

Schrage, Michael [2000] *Serious Play: How the World's Best Companies Simulate to*

Innovate. Boston: Harvard Business School Press. 2000.

Schumpeter, Joseph A. [1942] *Capitalism, Socialism and Democracy*. New York: Harper & Brothers (『資本主義, 社会主義, 民主主義』中山伊知郎・東畑精一訳, 東洋経済新報社).

Senge, Peter [1990] *The Fifth Discipline: The Art and Practice of the Learning Organization*. New York: Doubleday (『最強組織の法則』守部信之訳, 徳間書店).

Seybold, Patricia B. (with Ronni T. Marshak and Jeffrey M. Lewis) [2001] *The Customer Revolution: How to Thrive When Customers Are in Control*. New York: Crown Publishing Group (『「個」客革命』有賀裕子訳, 翔泳社).

Shapiro, Carl, and Hal R. Varian [1998] *Information Rules: A Strategic Guide to the Network Economy*. Boston: Harvard Business School Press (『ネットワーク経済の法則』千本倖生監訳, 宮本喜一訳, IDGコミュニケーションズ).

Silverstein, Michael J., and George Stalk Jr. [2000] *Breaking Compromises: Opportunities for Action in Consumer Markets*. New York: John Wiley & Sons (『戦略マーケティング』ボストン・コンサルティング・グループ訳, ダイヤモンド社).

Slywotzky, Adrian J., and David J. Morrison (with Karl Weber) [2000] *How Digital Is Your Business: Creating the Company of the Future*. New York: Crown Publishing Group (『デジタル・ビジネスデザイン戦略』成毛眞監訳, 佐藤徳之訳, ダイヤモンド社).

Stewart, Thomas A. [1997] *Intellectual Capital: The New Wealth of Organizations*. New York: Doubleday (『知識構築企業』徳岡晃一郎監訳, 大川修二訳, ランダムハウス講談社).

Tapscott, Don, David Ticoll, and Alex Lowy [2000] *Digital Capital: Harnessing the Power of Business Webs*. Boston: Harvard Business School Press (『bウェブ革命』糸川洋訳, インプレス).

Thomke, Stefan H. [2003] *Experimentation Matters: Unlocking the Potential of New Technologies for Innovation*. Boston: Harvard Business School Press.

Tichy, Noel ML (with Nancy Cardwell) [2002] *The Cycle of Leadership: How Great Leaders Teach Their Companies to Win*. New York: HarperCollins (『リーダーシップ・サイクル』一條和生訳, 東洋経済新報社).

Toffler. Alvin [1981] *The Third Wave*. New York: Bantam Books (『第三の波』徳岡孝夫訳, 中央公論新社).

Vandermerwe, Sandra [1999] *Customer Capitalism: A New Business Model of Increasing Returns in New Market Spaces*. London: Nicholas Brealey.

von Hippel, Eric [1988] *The Sources of Innovation*. New York: Oxford University Press (『イノベーションの源泉』榊原清則訳, ダイヤモンド社).

Zaltman, Gerald [2003] *How Customers Think: Essential Insights into the Mind of the Market*. Boston: Harvard Business School Press (『心脳マーケティング』藤川佳則・阿久津聡訳, ダイヤモンド社).

Zuboff, Shoshana, and James Maxmin [2002] *The Support Economy: Why Corporations Are Failing Individuals and the Next Episode of Capitalism*. New York:

Viking Press.

◉原注

第1章

1. Prahalad. C. K., and Venkatram Ramaswamy [2002] "The Co-Creation Connection." *Strategy and Business*, Second Quarter. 以下も参照. Hagel III, John, and Arthur G. Armstrong [1997] *Net Gain: Expanding Markets Through Virtual Communities*. Boston: Harvard Business School Press (『ネットで儲けろ』マッキンゼー・ジャパン・バーチャルコミュニティー・チーム訳, 日経BP社) ; Rheingold, Howard [2000] *The Virtual Community: Homesteading on the Electronic Frontier*. Cambridge, MA: MIT Press (『バーチャル・コミュニティ』会津泉訳, 三田出版会).
2. Moore, Stephen D. [2002] "Blood Test: News about Leukemia Unexpectedly Puts Novartis on the Spot" *Wall Street Journal*, 6 June; Landro, Laura [2002] "Health Web Sites Usher in New Era of Patient Activism." *Asian Wall Street Journal*, 12 November.
3. <http://www.medtronic.com/newsroom/media_kit_CareLink.html> ; Carlson, Andy [2002] "Strong Medicine." *Context* June, <http://www.contextmag.com/archives/200206/Cataiyst2.asp>.
4. Kambil, Ajit, G. Bruce Friesen, and Arul Sundaram [1999] "Co-creation: A New Source of Value." *Outlook Journal*, June;LaSalle, Diana, and Terry A. Britton [2002] *Priceless: Turning Ordinary Products into Extraordinary Experiences*. Boston: Harvard Business School Press (『バナナがバナナじゃなくなるとき』小髙尚子訳, ダイヤモンド社) ; Peppers and Rogers [1993] ; Pine and Gilmore [1999] ; Ramirez, Rafael [1999] "Value Co-Production: Intellectual Origins and Implications for Practice and Research." *Strategic Management Journal* 20: 49-65 ; Seybold. Patricia B. (with Ronni T. Marshak) [1998] *Customers, com: How to Create a Profitable Business Strategy for the Internet and Beyond*. New York: Times Books (『ネットビジネス戦略入門』鈴木純一訳, 翔泳社) ; Schmitt [1999] ; Thomke, Stefan, and Eric von Hippel. [2002] "Customers as Innovators: A New Way to Create Value." *Harvard Business Review*, April (「R&Dを顧客に転嫁する事業モデル」『DIAMONDハーバード・ビジネス・レビュー』2002年7月号).

第2章

1. Caggiano, Christopher [2000] "Cruising for Profits." *Inc. Magazine*, Web Awards 2000, 15 November, "Inc/Cisco: Growing with Technology Awards." 以下も参照. McWhirter, Douglas [1999] "Sailing into e-Commerce." *eCRM*, December ; <http://www.sumersethouseboats.com> ; <http://www.cisco.com/warp/public/cc/general/growing/full/sumer_cp.htm>.
2. PR Newswire Association [2001] "Sumerset Custom Houseboats' Innovative Dry Stack Exhaust Design to Be Featured on CBS News Program '48 Hours.'" 5

September.

3. Wacker, Brian. "The Great Debate: Callaway vs. the USGA." *Golf Digest.* <http://www.golfdigest.com/features/index.ssfP/equipment/ the_grea_alb45kec.html>.

4. 同上.

5. 同上.

6. Lohr, Steve [2001] "Some IBM Software Tools to Be Put in Public Domain." *New York Times*. 5 November.

7. <http://www.innocentive.com>.

8. Baker, Chris [2002] "Taiwan Semiconductor." *Wired*, July. <http://www.wired.com/wired/archive/

10. 07/Semiconductorj?r.html>; Jacob, Rahul [2000] "Buyers and Sellers Flock to Online Asian Bazaar." *Financial Times*, 29 April; <http://www.tsmc.com>.

9. Hyman, Gretchen [2002] "Gateway Finds Good Use for Showroom PCs." 10 December. <http://siliconvalley.internet.com/news/ printphp/1554991>.

10. Lohr, Steve [2002] "The New Leader of IBM Explains Its Strategic Course." *New York Times*, 31 October; Ante, Spencer E. [2001] "Big Blue's Tech on Tap." *BusinessWeek*, 27 August.

11. <http://www.carsharing.net/>; <http://wwwl.mobility.ch/e/index.htm>.

12. Prahalad, C. K., and Stuart L. Hart [2002] "The Fortune at the Bottom of the Pyramid." *Strategy and Business*, First Quarter. 以下も参照. Kriplani, Manjeet, and Pete Engardio [2002] "Small Is Profitable." *BusinessWeek*, 26 August; <http://www.businessweek.com:/print/magazine/content/02_34/b3796>.

13. Kirn. Walter [1999] "The 60-Second Book." Time Magazine, 2 August; <http://www.lightningsource.com>.

14. Kolata, Gina [2002] "Race to Fill Void in Menopause Drug Market." *New York Times*, 1 September. 以下も参照. Brody, Jane E. [2002] "Sorting Through the Confusion over Estrogen." *New York Times*, 3 September.

15. Nemecek, Sasha [2001] "Does the World Need GM Foods?" *Scientific American*, 18 April; "Villain or Hero, Monsanto Moving GM Food Forward," 28 March 2001. <http://www.planetark.org/dailynewsstoryxfm/newsid/10281/newsDate/28-Mar-2001/story.htm>.

16. "Poison Plants?" *Scientific American*, 5 July 1999.

17. Jonietz, Erika [2001] "Population Inc.: Q&A with Kari Stefansson." *Technology Review*, April; Wade, Nicholas [2002] "A Genomic Treasure Hunt May Be Striking Gold." *New York Times*, 18 June.

18. Grady, Denise [2002] "U.S. Lets Drug Tied to Deaths Back to Market." *New York Times*, 8 June.

19. <http://www.instinet.com>; "No Such Thing as a Free Trade." *Economist*, 7

December 2000；Colarusso, Dan [2002] "Going One-up on Electronic Traders?" *New York Times*, 23 June.

20. Wade, Nicholas [2001] *Life Script: How the Human Genome Discoveries Will Transform Medicine and Enhance Your Health*. New York: Simon and Schuster（『医療革命』高野利也訳，岩波書店）；Edwards, Aled M., Cheryl H. Arrowsmith, and Bertrand des Pallieres [2000] "Proteomics: New Tools for a New Era." Modern Drug Discovery, September；Zacks, Rebecca [2001] "Medicines New Millennium: Q&A with Mark Levin." *Technology Review*, December.

21. "Firestone and Ford Place Blame." 19 December 2000, <http:// www.cbsnews.com/stories/2000/12/06/national/main25511l.shtml>；<http://www.citizen.org/autosafety/firestone/>；Fairclough, Gordon [2002] "Philip Morris Tells Smokers 'Light' Cigarettes Aren't Safer." *Wall Street Journal*, 20 November.

第3章

1. Alderman, John [2001] *Sonic Boom: Napster, MP3f and the New Pioneers of Music*. Cambridge, MA: Perseus Publishing. 以下も参照. Shirky, Clay [2001] "Where Napster Is Taking the Publishing World." *Harvard Business Review*, February.

2. Grover, Ronald, and Heather Green [2003] "Hollywood Heist." *BusinessWeek*. 14 July.

3. Leonard, Devin [2003] "Apple: Songs in the Key of Steve." *Fortune*, 28 April.

4. Strauss. Neil [2001] "A New Industry Threat: CDs Made from Webcasts." *New York Times*, 12 December.

5. Prahalad, C. K., and Richard A. Bettis [1986] "The Dominant Logic: A New Linkage between Diversity and Performance." *Strategic Management Journal* 7(6): 485-501.

6. Prahalad, C. K.. and Venkatram Ramaswamy [2001] "The Value Creation Dilemma." Working paper. University of Michigan Business School. Ann Arbor, October；Prahalad. C. K.. and Venkatram Ramaswamy [2002] "The Co-Creation Connection." *Strategy and Business*, Second Quarter.

7. Fox. Loren [2001] "Turn Your Company Outside In." *Business 2.0*, March.

8. Chappel. Lindsay [2002] "BMW Gives Z3 Buyers More Time to Change Order." *Autoweek*, 16 April.

9. Wayner. Peter [2002] "The Packaging of Video on Demand." *New York Times*, 23 September;Null, Christopher [2003] "How Netflix Is Fixing Hollywood." *Business 2.0*, July.

10. Atluru, Rajesh. Kevin Wasserstein. and Thomas J. Kosnik. "Palm Computing: The Pilot Organizer." Case 9-599-040. Boston: Harvard Business School. 1998, <http://www.hbsp.harvard.edu>.

11. "Cipla Launches New AIDS Drug." *The Hindu*, 7 August 2001.

12. McDonough, William [2003] "How Much Can We Give for All We Get?" May.

<http://www.mbdc.com/features/feature_may2003.htm>；Rubin. Harriet [2001] "The Perfect Vision Dr. V." *Fast Company*, February.

第4章

1. <http://www.lego.com>.
2. Pesce. Mark [2000] *The Playful World: How Technology Is Transforming Our Imagination*. New York: Ballantine Books (『プレイフル・ワールド』金子浩訳，早川書房).
3. Keegan, Paul [2001] "Lego: Intellectual Property Is Not a Toy." *Business 2.0*, October, <https://www.business2.com/subscribers/articles/mag/0.1640.16981,00.html>.
4. Keegan. Paul [2001] "Go Forth and Hack." *Business 2.0*, November, <http://www.business2.eom/articles/mag/0.1640.17435.FF.html>.
5. <http://www.technologyreview.com>；<http://www.economist.com/forums/>；Saffo, Paul [2002] "Untangling the Future." *Business 2.0*, June；"Red Herring 100: No Limits." *Red Herring*, Special Issue, June 2002；Schmidt, Charlie [2001] "Beyond the Bar Code." *Technology Review*, March；"No Hiding Place for Anyone." *Economist*, 20 September 2001；Lewis. Michael [2000] "Boom Box." *New York Times*, 13 August；Lewis, Peter [2002] "Sony Re-dreams Its Future." *Fortune*, 25 November；Shim, Richard [2002] "Sony's Ando; PCs to Function Like a Brain." ZDNet. December, <http://Zdnet.com.com/2100-1105-976269.html>.
6. Lohr. Steve [2002] "A Computing Chameleon in a Little Black Box." *New York Times*, 7 February.
7. たとえば，以下を参照. Kelley [2001]；Berry, Leonard, Lewis P. Carbone. and Stephan H. Haeckel. [2002] "Managing the Total Customer Experience." *Sloan Management Review*, Spring, 85-89；Moore, Carol [2002] "The New Heart of Your Brand: Transforming Business Through Customer Experience." *Design Management Journal*, Winter 2002；Shedroff, Nathan [2001] *Experience Design*. Indianapolis: Pearson Education；<http://cooltown.com/cooltownhome/index.asp>.
8. Brown, Jeanette [2002] "PRADA Gets Personal." *BusinessWeek*, 18 March；<http://www.ideo.com>.
9. Buchenau, Marion and Jane Fulton Suri [2000] "Experience Prototyping." *ACM Symposium on Designing Interactive Systems*.
10. “E-nabling the Store Next Door.” *Business World*, January 2003.
11. “Digital Ink Meets Electronic Paper.” *Economist*, 7 December 2000；Cameron, David [2002] "Flexible Displays Gain Momentum." *Technology Review*, January 2002.
12. Lawrence, Stacy [2002] "Child's Play." *Red Herring*. 17 October；Pereira, Joe [2002] "Parents Turn Teaching Tool into Must-Have Holiday Gift." *Wall Street Journal*, 27 November.
13. Mucha, Thomas [2002] "The Payoff for Trying Harder." *Business 2.0*, July.

14. "The Beast of Complexity." *Economist*, 12 April 2001.

15. Rauch, Jonathan [2001] "The New Old Economy: Oil, Computers, and the Reinvention of the Earth." *The Atlantic Monthly*, January.

16. Breen,. Bill [2002] "Stock Futures." *Fast Company*, June.

17. <http://energycommerce.house.gov/107/hearings/12192001Hearing458/OHara778.htm>.

18. Prahalad, C. K., and Venkatram Ramaswamy [2003] "The New Frontier of Experience Innovation." *Sloan Management Review*, Summer, 12-18.

第5章

1. <http://www.intel.com/pressroom/archive/releases/CO092498.htm>; Teicholz, Nina [1999] "Touring the Museum with a Small PC to Serve as a Guide." *New York Times*, 6 May; Prahalad, C. K. and Venkatram Ramaswamy [1999] "The Market as a Forum." Working paper, University of Michigan Business School, Ann Arbor, August.

2. Billsus, Daniel Clifford A. Brunk, Craig Evans, Brian Gladish, and Michael Pazzani[2002] "The Adaptive Web: Adaptive Web Interfaces for Ubiquitous Web Access." *Communications of the ACM*, May.

3. Pool, Robert [2001] "If It Ain't Broke, Fix It." *Technology Review*, September; <http://www.geae.com>.

4. Deford, Frank [2002] "Faux Football" National Public Radio, "Morning Edition," 9 October; <http://www.npr.org/ramfiles/me/20021009.me.14.ram>.

5. Schultz, Howard (with Dori Jone Yang) [1997] *Pour Your Heart into It: How Starbucks Built a Company One Cup at a Time*. New York: Hyperion (『スターバックス成功物語』小幡照雄・大川修二訳, 日経BP社); Bedbury, Scott (with Stephen Fenichell, contributor) [2002] *A Brand New World*. New York: Viking Press (『なぜみんなスターバックスに行きたがるのか?』土屋京子訳, 講談社).

6. Takahashi, Dean [2000] "Games Get Serious." *Red Herring*, December; <http://www.sonyonline.com>.

7. <http://www.microsoft.com/resources/spot/defaultl.mspx>.

8. Fournier, Susan, Silvia Sensiperjames MacAlexander, and John Schouten [2000] "Building Brand Community on the Harley-Davidson Posse Ride." Multimedia Case 9-501-009. Boston: Harvard Business School, <http://harvardbusinessonline.hbsp.harvard.edu/b02/en/common/i tem_detail.jh tml?id=5O1009>.

9. Ozcan, Kerimcan [2003] *Consumer-to-Consumer Interactions: Word-of-Mouth Theory, Consumer Experiences, and Network Dynamics*. Unpublished Ph.D. diss. University of Michigan Business School.

10. Warner, Fara [2002] "Detroit Muscle." *Fast Company*, June.

11. Goldberg, Carey [2001] "Auditing Classes at MIT, on the Web and for Free." *New*

York Times, 4 April.

12. Pine II B. Joseph, and James H. Gilmore [1998] "Welcome to the Experience Economy." *Harvard Business Review*, July-August (「体験価値の創造をビジネスにする法」(『DIAMONDハーバード・ビジネス・レビュー』1999年1月号).
13. Thomke and von Hippel [2002].

第6章

1. Peterson, Thane [2000] "Gazing into the Future with Deere's Top Ag Man." *BusinessWeek*, 17 April ; "Technology Brings Dealers, Customers Closer Together." *Seattle Daily Journal of Commerce* Online Edition, 23 March 2000 ; Lane, Robert W [2001] "Farming the Future." *Context*, August-September.
2. Prahalad, C K., Venkatram Ramaswamy, and M. S. Krishnan [2000] "Consumer Centricity." *Information Week*, April.
3. Ody, Penelope [2000] "Survey on Supply Chain Management." *Financial Times*, 5 October ; Tapscott, Don, David Ticoll, and Alex Lowy [2000] "Internet Nirvana." *Business 2.0*, December ; "Customer Fulfillment Networks: Beyond Supply Chains," <http:// www.digital4sight.com>.
4. Griffith, Victoria [2002] "Welcome to Tesco: Your 'Glocal' Superstore." *Strategy and Business*, Issue 26: First Quarter 2002 ; "Surfm USA." *Economist*, 28 June 2001.
5. “Why Japanese Are Mad for i-mode.” *BusinessWeek*, Asian Edition, 17 January 2000 ; <http://nttdocomo.com>.
6. Schwartz, Evan I. [2001] "Digital Cash Payoff." *Technology Review*, December ; Wolveton, Troy [2001] "Citibank to Make Web Payment Service Free." CNET News.com, 15 November ; <http://news.com.com/2100-1017-275930.html> ; Donahue, Sean [2001] "Pay Ya Later." *Business 2.0*, May.
7. Colledge, Justin A. Jason Hicks, James B. Robb, and Dilip Wagle [2002] "Power by the Minute." *The McKinsey Quarterly* I.
8. Herper, Matthew [2002] "FDA Panel Backs Astra Zeneca's Cancer Drug." Forbes. com, 24 September, <http://www.forbes.com/2002/09/24/ 0924azn.html>.
9. Kleinman, Heather [2001] "Interview with Don Donovan. Fragrance Designer." Reflect.com, March, <http://cosmeticconnection.com/reflectinterview.html> ; Levinson, Meredith [2002] "Getting to Know You." *CIO Magazine*, 15 February ; Cullen, Takeuchi Lisa [2002] "Have It Your Way." *Time Magazine*, 23 December.
10. <http://rei.com> ; Fisher. Lawrence M. [2000] "REI Climbs Online: A Clicks and Mortar Chronicle." *Strategy and Business,* First Quarter.
11. <http://www.cemex.com> ; "The Cemex Way." *Economist*, 14 June 2001.
12. “Spain’s Retail Success Story.” BBC News Online. 23 May 2001 ; <http://news.bbc.co.uk/2/hi/business/1346473.stm> ; Pich. Michael, and L. Van der Heyden [2002] "Marks and Spencer and Zara: Process Competition in the Textile Apparel Industry."

INSEAD Case 602-010-1, February.

13. Magretta, Joan [1998] "Fast. Global, and Entrepreneurial: Supply Chain Management, Hong Kong Style: An Interview with Victor Fung." *Harvard Business Review*, September-October ; Tanzer, Andrew [1999] "Stitches in Time." Forbes.com, 6 September, <http://www.forbes.com/global/1999/0906/0217038a.html> ; Lee-Young. Joan [2001] "Furiously Fast Fashions." *Industry Standard*, 11 June.

14. Schonfeld, Erick [2001] "The Total Package." *Business 2.0*, May ; <http://www.ups.com>.

15. Jaffe, Sam [2000] "CheckFree May Be Ready for a Healthy Bounce." *BusinessWeek*, 5 December.

16. Jaffe, Sam [2001] "Flextronics Breaks the Mold." *BusinessWeek*. 30 July.

17. Prahalad. C. K.. and M. S. Krishnan [1999] "The New Meaning of Quality in the Information Age." *Harvard Business Review*, September-October (「IT統合を左右するアプリケーション・ソフトの品質観」(『DIAMONDハーバード・ビジネス・レビュー』2000年7月号).

第7章

1. Prahalad. C. K.. and Venkatram Ramaswamy [2001] "The Value Creation Dilemma." Working paper, University of Michigan Business School, Ann Arbor, October.

2. Prahalad and Ramaswamy [1999].

3. Gladwell, Malcolm [2000] *The Tipping Point: How Little Things Can Make a Big Difference*. Boston: Little, Brown (『ティッピング・ポイント』高橋啓訳, 飛鳥新社) ; Locke, Christopher, David Weinberger, and Doc Searls [2001] *The Cluetrain Manifesto: The End of Business as Usual*. Cambridge. MA: Perseus Publishing (『これまでのビジネスのやり方は終わりだ』倉骨彰訳, 日本経済新聞社) ; Watts, Duncan J. [2002] *Six Degrees: The Science of a Connected Age*. New York: W. W. Norton (『スモールワールド・ネットワーク』辻竜平・友知政樹訳, 阪急コミュニケーションズ).

4. Dahan, Ely [2002] "A Bull Market in Market Research." *Strategy and Business*, Second Quarter.

5. Weingarten, Marc [2002] "Get Your Buzz to Breed Like Hobbits." *Business 2.0*, January.

6. Prahalad and Ramaswamy [1999].

7. Aaker, David [1996] *Building Strong Brands*. New York: The Free Press (『ブランド優位の戦略』陶山計介・小林哲・梅本春夫・石垣智徳訳, ダイヤモンド社) ; Keller, Kevin Lane [2002] *Strategic Brand Management*. Upper Saddle River. NJ: Prentice Hall (『戦略的ブランド・マネジメント』恩蔵直人・亀井昭宏訳, 東急エージェンシー).

8. Kapferer, Jean-Noel [2001] *Re-inventing the Brand*. London: Kogan Page (『ブランドマーケティングの再創造』博報堂ブランドコンサルティング監訳, 東洋経済新報社).

第8章

1. Prahalad. C. K., and Venkatram Ramaswamy [2000] "Co-opting Customer Competence." *Harvard Business Review*, January-February (「カスタマー・コンピタンス経営」(『DIAMONDハーバード・ビジネス・レビュー』2000年11月号).
2. Sawhney, Mohan, and Emanuela Prandelli [2000] "Communities of Creation: Managing Distributed Innovation in Turbulent Markets." *California Management Review*, Summer.
3. Glanz, James [2001] "Web Archive Opens a New Realm of Research." *New York Times*, 1 May.
4. Keighley, Geoff [2002] "Game Development a La Mod." *Business 2.0*, October.
5. Croal, N'Gai [2002] "Sims Family Values." <http://www.msnbc.com/news/835533.asp>, 25 November.
6. Prahalad and Ramaswamy [2000].
7. Gerstner Jr., Louis V. [2002] *Who Says Elephants Can't Dance? Inside IBM's Historic Turnaround*. New York: HarperBusiness(『巨象も踊る』山岡洋一・高遠裕子訳, 日本経済新聞社).
8. Rocks. David [2000] "Reinventing Herman Miller." *BusinessWeek* Online. 3 April 2000, <http://www.businessweek.eom/@@vkDZGocQWJbPPhIA/2000/00_14/b3675047.htm>.

第9章

1. Prahalad. C. K., Venkatram Ramaswamy, and M. S. Krishnan [2002] "Manager as Consumer." Working paper, University of Michigan Business School, Ann Arbor, August.
2. Guernsey, Lisa [2000] "Hard Hat, Lunch Bucket, Keyboard." *New York Times*, 14 December.
3. Prahalad, C. K.. M. S. Krishnan, and Venkatram Ramaswamy [2002] "The Essence of Business Agility." *Optimize*, September.
4. Whiting, Rick [2002] "Museums Exhibit Sharing Tendencies." *Information Week*, 11 May.
5. Sullivan, Missy [2002] "High Octane Hog." Forbes.com, 10 September 2002, <http://www.forbes.com/best/2001/0910/008.html>.
6. Friedman, Ted, and Jim Sinur [2002] "Business Activity Monitoring: The Data Perspective." Gartner G2 Research Report, 20 February ; Hellinger, Mark, and Scott Fingerhut. "Business Activity Monitoring: EAI Meets Data Warehousing." *EAI Journal*, July 2002 ; Smith, Howard, and Peter Fingar [2003] *Business Process Management: The Third Wave*. New York: Meghan-Kiffer Press.

第10章

1. Prahalad, C. K., and Venkatram Ramaswamy [2001] "Managing in an Era of Discontinuities: The Challenge of Organizational Transformation." Working paper, University of Michigan Business School, presented at the International Consortium for Executive Development Research Forum, June.
2. <http://www.buckman.com>；<http://www.knowledge-nurture.com>；"Balancing Act-What Do You Know? Getting Employees to Share Their Knowledge Isn't as Simple as Installing New Software: Just Ask Buckman Labs." Special Report on Technology, *Wall Street Journal*, 21 June 1999.
3. Rifkin, Glen [1996] "Buckman Labs Is Nothing but Net" *Fast Company*, June.
4. Stepanek, Marcia [2000] "Spread the Knowhow." *BusinessWeek*, 23 October.
5. Davenport Thomas, and Laurence Prusak [2000] *Working Knowledge*. Boston: Harvard Business School Press (『ワーキング・ナレッジ』梅本勝博訳, 生産性出版)；Ikujiro, Nonaka, and Toshihiro Nishiguchi [2000] *Knowledge Emergence: Social, Technical, and Evolutionary Dimensions of Knowledge Creation*. New York: Oxford University Press；Krogh, Georg Von, Ikujiro Nonaka, and Kazuo Ichijo [2000] *Enabling Knowledge Creation: How to Unlock the Mystery of Tacit Knowledge and Release the Power of Innovation*. New York: Oxford University Press (『ナレッジ・イネーブリング』東洋経済新報社)；Polanyi, M. [1962] *Personal Knowledge: Towards a Post-Critical Philosophy*. Chicago: Routledge (『個人的知識』長尾史郎訳, 地方・小出版流通センター)；Polanyi, M. [1996] *The Tacit Dimension*. New York: Doubleday, 1966 (『暗黙知の次元』高橋勇夫訳, 筑摩書房). Brown, John Seely, and Paul Duguid [1991] "Organizational Learning and Communities of Practice: Toward a Unified View of Working, Learning, and Innovation." *Organization Science* 2,: 40-57；Wenger, Etienne [1999] *Communities of Practice: Learning, Meaning and Identity*. Cambridge, U.K.: Cambridge University Press, 1999 (『コミュニティ・オブ・プラクティス」櫻井祐子訳, 翔泳社)；Zack, Michael [1999] "Managing Codified Knowledge." *Sloan Management Review*, Summer.
6. <http://www.archimuse.com>.
7. "Of High Priests and Pragmatists." *Economist*, 21 June 2001.
8. Rumizen, Melissa [1998] "How Buckman Laboratories' Shared Knowledge Sparked a Chain Reaction." *The Journal for Quality and Participation*, July-August.
9. Collison, Chris, and Geoff Parcell [2001] *Learning to Fly: Practical Lessons from One of the World's Leading Kpowledge Companies*. New York: John Wiley and Sons；Collison, Chris [2000] "Making Connections: BP's System for Connecting People and Generating Tacit Knowledge." *IHRIM Journal*, March.
10. Barrow, David C. [2001] "Sharing Know-How at BP Amoco." *Research Technology Management*, May-June.
11. Prokesch, Steven E. [1997] "Unleashing the Power of Learning: An Interview with

British Petroleum's John Browne." *Harvard Business Review*, September-October.

12. Echikson, William [2001] "When Oil Gets Connected." *BusinessWeek*, 3 December.
13. Collison, Chris [1999] "Connecting the New Organization." *Knowledge Management Review* 7, March-April.
14. Buderi, Robert [2001] "Intel Re-vamps R&D." *Technology Review*, October.

第11章

1. Prahalad, C. K.. and Venkatram Ramaswamy [2001] "The Collaboration Continuum." *Optimize*, November.
2. Brown and Eisenhardt [1998].
3. von Hayek, Friedrick A. [1965] "Competition as a Discovery Procedure." In *New Studies in Philosophy, Politics, Economics, and the History of Ideas*. Chicago: University of Chicago Press（古賀勝次郎監訳「発見の過程としての競争」『ハイエク全集II-6　経済学論集』春秋社に所収）.
4. Weick, Karl E. [1998] "Improvisation as a Mindset for Organizational Analysis." *Organizational Science* 9(5): 543-555.

第12章

1. Shedroff [2001].
2. Moore, Carol [2002] "The New Heart of Your Brand: Transforming Business Through Customer Experience." *Design Management Journal*, Winter.
3. Prahalad and Ramaswamy [2000].
4. Prahalad, et al. [2000].
5. Kaihla. Paul [2002] "Inside Cisco's $2 Billion Blunder." *Business 2.0*, March.
6. Prahalad, C. K., and M. S. Krishnan [2002] "The Dynamic Synchronization of Strategy and Information Technology." *Sloan Management Review*, Summer.
7. <http://www.linux.org>.
8. Garfinkel, Simpson L. [1998] "The Web's Unelected Government." *Technology Review*, November-December ; Lee, Tim-Berners, with Mark Fischetti [2000] *Weaving the Web: The Original Design and Ultimate Destiny of the World Wide Web*. San Francisco: Harper（『Webの創成』高橋徹訳，毎日コミュニケーションズ）; Lessig, Lawrence [2001] *The Future of Ideas: The Fate of Commons in a Connected World*. New York: Random House（『コモンズ』山形浩生訳，翔泳社）.
9. Hoff, Robert [2001] "eBay: The People's Company." *BusinessWeek*, December, <http://www.businessweek.com/@@Ep*L84cQW5bPPhIA/magazine/content/01_49/b3760601.htm> ; Patsuris, Penelope [2003] "The eBay Economy." Forbes.com, April, <http://www.forbes.com/2003/04/16/cx_pp_0416ebaylander.html>.